고등수학,
전국 수학 선생님들이 검토한
9교시로 시작하세요.

생생 Review

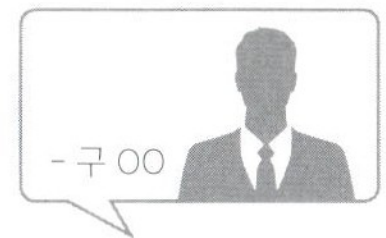

"기존 특강서는 어려운 문제들이 중간중간 들어가 있어서 진도 나가기가 어려웠는데, 9교시는 문제 난이도 흐름이 정선되어서 진도나가기가 수월할 것 같아요."

"문제의 난이도가 처음 고등 수학을 배우는 학생들에게 적당해서 이해가 잘 될 것 같아요."

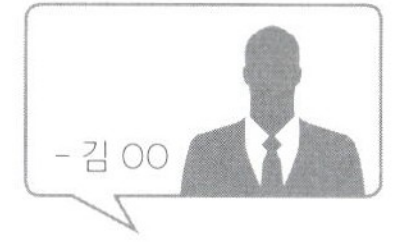

"교과서 변형문제가 수록되어서 학생들에게 다양한 교과서 문제 풀이를 시킬 수 있어서 좋아요."

검토위원

강수민	부산	박영선	전남	이동지	부산	정갑성	경북
구본희	대구	박 용	경기	이상일	서울	정 석	광주
구태현	경기	박은옥	대전	이선미	대구	정욱진	경기
김도환	경북	박정수	경북	이 영	경기	조승현	서울
김명기	경기	박종회	경기	이용우	서울	진창수	서울
김미경	서울	박주엘	전남	이용준	서울	채미진	서울
김민채	경남	방영현	전남	이윤배	서울	채소라	서울
김보흥	울산	서하늘	서울	이정화	부산	최경희	경기
김상근	서울	손영민	경기	이정환	전북	최병희	경기
김상미	경기	손창훈	대구	이정훈	경기	최승환	경기
김상수	경기	안중학	서울	이종진	경기	최원길	경기
김순경	울산	양경실	서울	이종창	경기	최원준	서울
김승호	경기	양구근	서울	이종훈	경기	한성수	전남
김연아	서울	양은진	인천	이찬희	서울	한승엽	서울
김우찬	서울	양재진	서울	이창성	인천	한은선	서울
김인혁	전북	양종선	전북	이화진	경기	한정희	경북
김태우	인천	오성진	광주	임귀선	경북	허경훈	대전
김혜숙	경기	우명식	충남	임정희	울산		
김희찬	서울	윤영진	대전	장석진	경기		
목철수	경기	윤필윤	인천	장정수	충남		
민대식	경남	이강화	전남	장진규	경기		
박미현	인천	이경환	서울	전경수	경기		
박민경	서울	이계형	경기	전구왕	인천		
박상현	경남	이고운	광주	전지호	경기		

| 발행일 | 2018년 12월 1일 초판 1쇄 |
| 지은이 | 개념원리 수학연구소 |

| 개발 총괄 | 박지혜 |
| 개발 책임 | 최진경, 배레나, 홍은사, 문지혜, 안수현 |

사업 총괄	이효원
영업 책임	구본민
마케팅 책임	남정우, 박지수
디자인 책임	개념원리 디자인팀, (주)이츠북스
유통 책임	김기철, 황은정, 조경수
제작 책임	황석필

펴낸이	고사무열
펴낸곳	(주)개념원리
등록번호	제 22-2381호
주소	서울시 강남구 강남대로 262, 14층 (도곡동, 캠코양재타워) 06265
고객센터	1644-1248

쉽고 빠르게 정리하는
수학 I
9종
교과서
시크릿

차례

▌되짚어 보기 & 도입학습

대단원 도입에 필요한 선수 학습 문제를 제시하였
고 이 대단원에서 학습하게 될 내용과 관련된 이
전에 배운 내용, 이후에 배울 내용을 연계하여 나
타내었습니다.

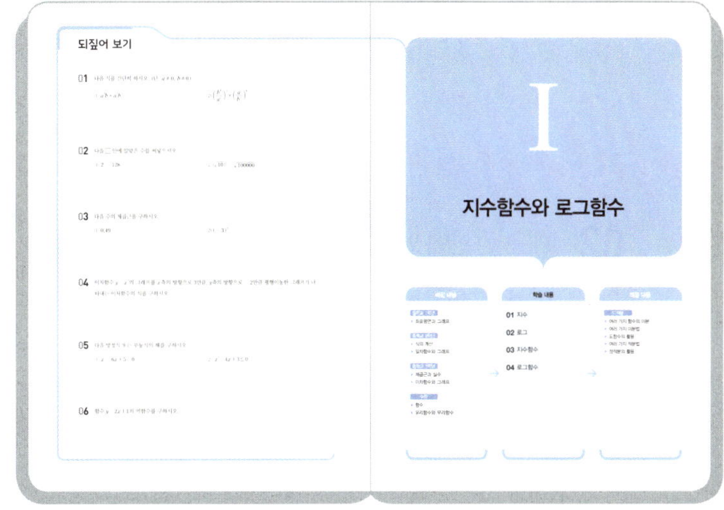

▌교과서 핵심 개념 정리

교과서에서 다루는 핵심 개념만을 모아 알차고 이
해하기 쉽게 정리하였습니다.

개념 플러스 개념 이해나 문제 해결에 유용한 내
용 등을 제공하였습니다.

▌교과서 유형 흐름잡기

반드시 풀어야 할 교과서 핵심 유형의 대표 문제
와 숫자, 표현을 유사하게 바꾼 문제를 제시하여
핵심 유형을 확실히 익힐 수 있도록 하였습니다.
또, 문제 해결에 필요한 내용을 **Point**, **Tip** 으
로 제시하였습니다.

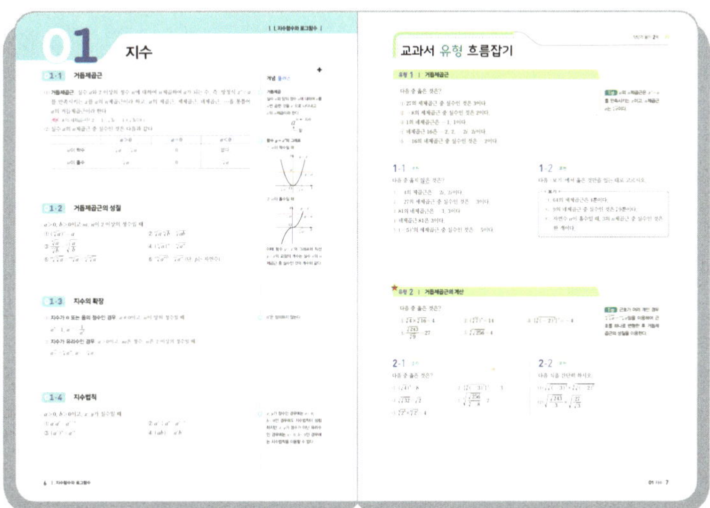

▌교과서 문제 정복하기

교과서 핵심 유형을 제대로 이해할 수 있는 문제
가 제시되어 있어 앞에서 배운 핵심 개념과 핵심
유형을 완벽히 이해하였는지 체크할 수 있습니다.

9종 교과서 변형 문제 15개정 교육과정에 합격한
9종 교과서를 완벽히 분석하여 변형 문제를 제시
하였습니다.

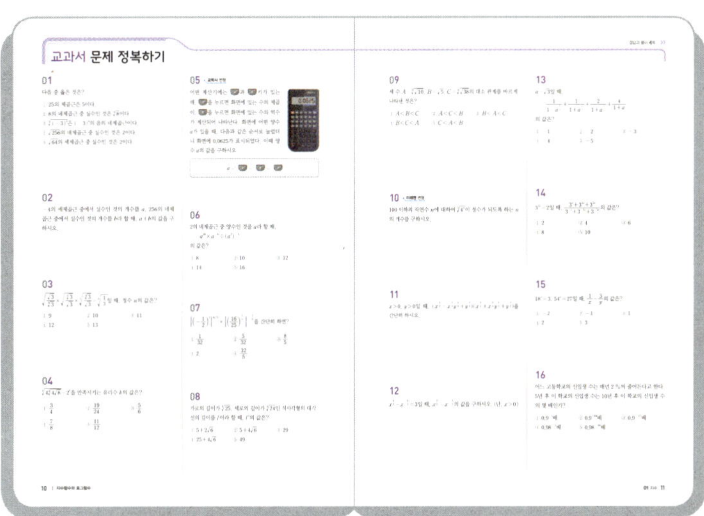

되짚어 보기

01 다음 식을 간단히 하시오. (단, $a \neq 0$, $b \neq 0$)

(1) $a^3 b \times a^2 b^3$

(2) $\left(\dfrac{b^4}{a^2}\right)^3 \times \left(\dfrac{a}{b^2}\right)^6$

02 다음 □ 안에 알맞은 수를 써넣으시오.

(1) $2^{\square} = 128$

(2) $(\sqrt{10})^{\square} = \sqrt{100000}$

03 다음 수의 제곱근을 구하시오.

(1) 0.49

(2) $(-3)^2$

04 이차함수 $y = x^2$의 그래프를 x축의 방향으로 3만큼, y축의 방향으로 -2만큼 평행이동한 그래프가 나타내는 이차함수의 식을 구하시오.

05 다음 방정식 또는 부등식의 해를 구하시오.

(1) $x^2 - 6x + 5 = 0$

(2) $x^2 - 4x + 3 \leq 0$

06 함수 $y = 2x + 1$의 역함수를 구하시오.

I

지수함수와 로그함수

<table>
<tr><td>

배운 내용

중학교 1학년
- ▶ 좌표평면과 그래프

중학교 2학년
- ▶ 식의 계산
- ▶ 일차함수와 그래프

중학교 3학년
- ▶ 제곱근과 실수
- ▶ 이차함수와 그래프

수학
- ▶ 함수
- ▶ 유리함수와 무리함수

</td><td>

학습 내용

01 지수

02 로그

03 지수함수

04 로그함수

</td><td>

배울 내용

미적분
- ▶ 여러 가지 함수의 미분
- ▶ 여러 가지 미분법
- ▶ 도함수의 활용
- ▶ 여러 가지 적분법
- ▶ 정적분의 활용

</td></tr>
</table>

01 지수

01·1 거듭제곱근

(1) **거듭제곱근**: 실수 a와 2 이상의 정수 n에 대하여 n제곱하여 a가 되는 수, 즉 방정식 $x^n=a$ 를 만족시키는 x를 a의 n제곱근이라 하고, a의 제곱근, 세제곱근, 네제곱근, …을 통틀어 a의 거듭제곱근이라 한다.

  ex 8의 세제곱근은 $2,\ -1-\sqrt{3}i,\ -1+\sqrt{3}i$이다.

(2) 실수 a의 n제곱근 중 실수인 것은 다음과 같다.

	$a>0$	$a=0$	$a<0$
n이 짝수	$\sqrt[n]{a},\ -\sqrt[n]{a}$	0	없다.
n이 홀수	$\sqrt[n]{a}$	0	$\sqrt[n]{a}$

01·2 거듭제곱근의 성질

$a>0$, $b>0$이고 m, n이 2 이상의 정수일 때

① $(\sqrt[n]{a})^n=a$

② $\sqrt[n]{a}\,\sqrt[n]{b}=\sqrt[n]{ab}$

③ $\dfrac{\sqrt[n]{a}}{\sqrt[n]{b}}=\sqrt[n]{\dfrac{a}{b}}$

④ $(\sqrt[n]{a})^m=\sqrt[n]{a^m}$

⑤ $\sqrt[m]{\sqrt[n]{a}}=\sqrt[mn]{a}=\sqrt[n]{\sqrt[m]{a}}$

⑥ $\sqrt[np]{a^{mp}}=\sqrt[n]{a^m}$ (단, p는 자연수)

01·3 지수의 확장

(1) **지수가 0 또는 음의 정수인 경우**: $a\neq0$이고, n이 양의 정수일 때

  $$a^0=1,\ a^{-n}=\frac{1}{a^n}$$

(2) **지수가 유리수인 경우**: $a>0$이고, m은 정수, n은 2 이상의 정수일 때

  $$a^{\frac{m}{n}}=\sqrt[n]{a^m},\ a^{\frac{1}{n}}=\sqrt[n]{a}$$

01·4 지수법칙

$a>0$, $b>0$이고, x, y가 실수일 때

① $a^x a^y=a^{x+y}$

② $a^x \div a^y=a^{x-y}$

③ $(a^x)^y=a^{xy}$

④ $(ab)^x=a^x b^x$

개념 플러스 ＋

● **거듭제곱**

실수 a와 양의 정수 n에 대하여 a를 n번 곱한 것을 a^n으로 나타내고, a의 n제곱이라 한다.

$$a^{n}\ \leftarrow\ \text{지수}$$
$$\ \ \ \llcorner\ \text{밑}$$

● **함수 $y=x^n$의 그래프**

① n이 짝수일 때

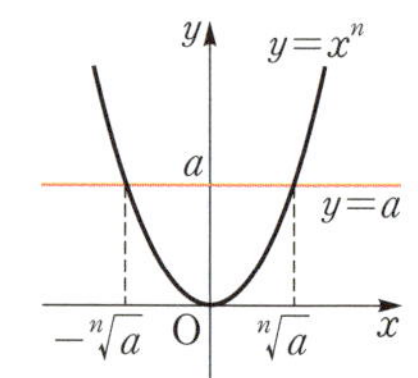

② n이 홀수일 때

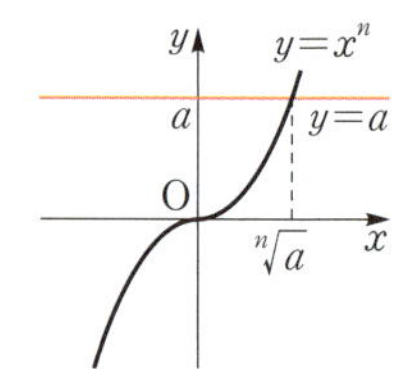

이때 함수 $y=x^n$의 그래프와 직선 $y=a$의 교점의 개수는 실수 a의 n제곱근 중 실수인 것의 개수와 같다.

● 0^0은 정의하지 않는다.

● x, y가 정수인 경우에는 $a<0$, $b<0$인 경우에도 지수법칙이 성립하지만 x, y가 정수가 아닌 유리수인 경우에는 $a<0$, $b<0$인 경우에는 지수법칙을 이용할 수 없다.

교과서 유형 흐름잡기

유형 **1** | 거듭제곱근

다음 중 옳은 것은?

① 27의 세제곱근 중 실수인 것은 3이다.
② -8의 세제곱근 중 실수인 것은 2이다.
③ 1의 네제곱근은 -1, 1이다.
④ 네제곱근 16은 -2, 2, $-2i$, $2i$이다.
⑤ -16의 네제곱근 중 실수인 것은 -2이다.

Tip a의 n제곱근은 $x^n=a$ 를 만족시키는 x이고, n제곱근 a는 $\sqrt[n]{a}$이다.

1-1 숫자

다음 중 옳지 **않은** 것은?

① -4의 제곱근은 $-2i$, $2i$이다.
② -27의 세제곱근 중 실수인 것은 -3이다.
③ 81의 네제곱근은 -3, 3이다.
④ 네제곱근 81은 3이다.
⑤ $(-5)^3$의 세제곱근 중 실수인 것은 -5이다.

1-2 표현

다음 〈보기〉에서 옳은 것만을 있는 대로 고르시오.

> → 보기 ←
>
> ㄱ. 64의 세제곱근은 4뿐이다.
> ㄴ. 9의 네제곱근 중 실수인 것은 $\sqrt[4]{9}$뿐이다.
> ㄷ. 자연수 n이 홀수일 때, 3의 n제곱근 중 실수인 것은 한 개이다.

★ 유형 **2** | 거듭제곱근의 계산

다음 중 옳은 것은?

① $\sqrt[3]{4} \times \sqrt[3]{16}=4$
② $(\sqrt[4]{7})^8=14$
③ $\{\sqrt[3]{(-2)^2}\}^3=-4$
④ $\dfrac{\sqrt[3]{243}}{\sqrt[3]{9}}=27$
⑤ $\sqrt[4]{\sqrt{256}}=4$

Tip 근호가 여러 개인 경우 $\sqrt[m]{\sqrt[n]{a}}=\sqrt[mn]{a}$임을 이용하여 근호를 하나로 변형한 후 거듭제곱근의 성질을 이용한다.

2-1 숫자

다음 중 옳은 것은?

① $(\sqrt{4})^4=8$
② $\{\sqrt[4]{(-3)^2}\}^2=-3$
③ $\sqrt{\sqrt[5]{32}}=\sqrt{2}$
④ $\sqrt[3]{\dfrac{\sqrt{256}}{\sqrt[3]{-8}}}=2$
⑤ $\sqrt[9]{2^6} \times \sqrt[6]{2^2}=4$

2-2 표현

다음 식을 간단히 하시오.

(1) $\sqrt{\sqrt{(-3)^4}} \times \sqrt[3]{\sqrt{(-2)^6}}$

(2) $\sqrt{\dfrac{\sqrt{243}}{3}} \times \sqrt{\dfrac{27}{\sqrt{3}}}$

$\sqrt{\sqrt{a^3b^2} \div \sqrt[3]{ab^2}}$을 간단히 하면? (단, $a>0$, $b>0$)

① $a^{\frac{7}{12}}b^{-\frac{1}{6}}$ ② $a^{\frac{7}{12}}b^{\frac{1}{6}}$ ③ $a^{\frac{7}{12}}b^{\frac{1}{2}}$

④ $a^{\frac{1}{2}}b^{-\frac{1}{6}}$ ⑤ $a^{\frac{1}{2}}b^{\frac{1}{6}}$

Tip 식이 복잡한 경우의 거듭제곱근의 계산은 거듭제곱근을 유리수인 지수로 나타낸 후 지수법칙을 이용하면 편리하다.

3-1 숫자

$\sqrt{\dfrac{\sqrt[3]{a^2}}{\sqrt{a} \times \sqrt[4]{a^3}}}$을 간단히 하면? (단, $a>0$)

① $a^{-\frac{1}{8}}$ ② $a^{-\frac{1}{6}}$ ③ $a^{-\frac{5}{24}}$

④ $a^{-\frac{1}{4}}$ ⑤ $a^{-\frac{7}{24}}$

3-2 표현

$\sqrt[4]{ab^3} \times \sqrt{\sqrt[3]{a^2b}} \div \sqrt{ab} = a^x b^y$을 만족시키는 유리수 x, y에 대하여 $x+y$의 값을 구하시오. (단, $a>0$, $b>0$)

세 수 $\sqrt[6]{6}$, $\sqrt[3]{2}$, $\sqrt[4]{\sqrt[3]{10}}$의 대소 관계를 바르게 나타낸 것은?

① $\sqrt[6]{6} < \sqrt[3]{2} < \sqrt[4]{\sqrt[3]{10}}$ ② $\sqrt[3]{2} < \sqrt[4]{\sqrt[3]{10}} < \sqrt[6]{6}$ ③ $\sqrt[3]{2} < \sqrt[6]{6} < \sqrt[4]{\sqrt[3]{10}}$

④ $\sqrt[4]{\sqrt[3]{10}} < \sqrt[3]{2} < \sqrt[6]{6}$ ⑤ $\sqrt[4]{\sqrt[3]{10}} < \sqrt[6]{6} < \sqrt[3]{2}$

Tip $\sqrt[m]{a}$, $\sqrt[n]{b}$의 대소를 비교할 때는
$$\sqrt[m]{a} = \sqrt[mn]{a^n} = (a^n)^{\frac{1}{mn}}$$
$$\sqrt[n]{b} = \sqrt[mn]{b^m} = (b^m)^{\frac{1}{mn}}$$
으로 변형하여 a^n, b^m을 비교한다.

4-1 숫자

세 수 $\sqrt[3]{\sqrt[4]{6}}$, $\sqrt[8]{3}$, $\sqrt[6]{2}$의 대소 관계를 바르게 나타낸 것은?

① $\sqrt[3]{\sqrt[4]{6}} < \sqrt[8]{3} < \sqrt[6]{2}$ ② $\sqrt[3]{\sqrt[4]{6}} < \sqrt[6]{2} < \sqrt[8]{3}$

③ $\sqrt[8]{3} < \sqrt[3]{\sqrt[4]{6}} < \sqrt[6]{2}$ ④ $\sqrt[6]{2} < \sqrt[3]{\sqrt[4]{6}} < \sqrt[8]{3}$

⑤ $\sqrt[6]{2} < \sqrt[8]{3} < \sqrt[3]{\sqrt[4]{6}}$

4-2 표현

다음 네 수 중 가장 작은 수를 a, 가장 큰 수를 b라 할 때, ab의 값은?

$$\sqrt{2}, \quad \sqrt[3]{4}, \quad \sqrt[4]{6}, \quad \sqrt[6]{12}$$

① 2 ② $2^{\frac{7}{6}}$ ③ $2^{\frac{4}{3}}$

④ $2^{\frac{3}{2}}$ ⑤ $2^{\frac{5}{3}}$

유형 5 | 지수법칙과 곱셈 공식

$(a^{\frac{1}{3}}-b^{-\frac{1}{3}})(a^{\frac{2}{3}}+a^{\frac{1}{3}}b^{-\frac{1}{3}}+b^{-\frac{2}{3}})$을 간단히 하면? (단, $a>0$, $b>0$)

① $a-b$ ② $a+b$ ③ $a-b^2$

④ $a-\dfrac{1}{b}$ ⑤ $a+\dfrac{1}{b}$

Point 공통부분을 치환하여 곱셈 공식을 이용한다.

5-1 [숫자]

$(x^{\frac{2}{3}}+x^{-\frac{2}{3}}+1)(x^{\frac{2}{3}}-x^{-\frac{2}{3}})\div(x-x^{-1})$을 간단히 하면?

(단, $x>0$, $x\neq1$)

① $x^{\frac{1}{3}}+x^{-\frac{1}{3}}$ ② $x^{\frac{1}{3}}-x^{-\frac{1}{3}}$ ③ $x+x^{-1}$

④ $x-x^{-1}$ ⑤ 1

5-2 [표현]

$(1-3^{\frac{1}{4}})(1+3^{\frac{1}{4}})(1+3^{\frac{1}{2}})(1+3)(1+3^2)$의 값을 구하시오.

★ **유형 6** | a^x을 포함한 식의 값

$a^{2x}=2$일 때, $\dfrac{a^x+a^{-x}}{a^x-a^{-x}}$의 값은? (단, $a>0$)

① 1 ② 2 ③ 3

④ 4 ⑤ 5

Point a^{2x}의 값이 주어졌으므로 주어진 식을 a^{2x}을 포함한 식으로 변형한다.

6-1 [숫자]

$a^{2x}=3$일 때, $\dfrac{a^{3x}+a^{-3x}}{a^x+a^{-x}}$의 값은? (단, $a>0$)

① 2 ② $\dfrac{7}{3}$ ③ $\dfrac{8}{3}$

④ 3 ⑤ $\dfrac{10}{3}$

6-2 [표현]

$a^{2x}=\sqrt{2}+1$일 때, $(a^{3x}-a^{-3x})(a^x-a^{-x})^{-1}$의 값은?

(단, $a>0$)

① $\sqrt{2}-1$ ② 1 ③ $2\sqrt{2}-1$

④ $\sqrt{2}+1$ ⑤ $2\sqrt{2}+1$

교과서 문제 정복하기

01

다음 중 옳은 것은?

① 25의 제곱근은 5이다.
② 8의 네제곱근 중 실수인 것은 $\sqrt[4]{8}$이다.
③ $\sqrt[4]{(-3)^6}$은 $(-3)^6$의 음의 네제곱근이다.
④ $\sqrt{256}$의 네제곱근 중 실수인 것은 2이다.
⑤ $\sqrt{64}$의 세제곱근 중 실수인 것은 2이다.

02

-4의 세제곱근 중에서 실수인 것의 개수를 a, 256의 네제곱근 중에서 실수인 것의 개수를 b라 할 때, $a+b$의 값을 구하시오.

03

$\sqrt{\dfrac{\sqrt{3}}{\sqrt[3]{3}}} \times \sqrt{\dfrac{\sqrt[4]{3}}{\sqrt{3}}} \times \sqrt[4]{\dfrac{\sqrt[3]{3}}{\sqrt{3}}} = \sqrt[n]{\dfrac{1}{3}}$일 때, 정수 n의 값은?

① 9   ② 10   ③ 11
④ 12   ⑤ 13

04

$\sqrt[4]{4\sqrt[3]{4\sqrt{8}}} = 2^k$을 만족시키는 유리수 k의 값은?

① $\dfrac{3}{4}$ ② $\dfrac{19}{24}$ ③ $\dfrac{5}{6}$
④ $\dfrac{7}{8}$ ⑤ $\dfrac{11}{12}$

05   교학사 변형

어떤 계산기에는 $\boxed{x^2}$과 $\boxed{x^{-1}}$ 키가 있는데, $\boxed{x^2}$을 누르면 화면에 있는 수의 제곱이, $\boxed{x^{-1}}$을 누르면 화면에 있는 수의 역수가 계산되어 나타난다. 화면에 어떤 양수 a가 있을 때, 다음과 같은 순서로 눌렀더니 화면에 0.0625가 표시되었다. 이때 양수 a의 값을 구하시오.

06

2의 네제곱근 중 양수인 것을 a라 할 때,
$$a^{20} \times a^{-6} \div (a^2)^{-1}$$
의 값은?

① 8   ② 10   ③ 12
④ 14   ⑤ 16

07

$\left\{\left(-\dfrac{1}{2}\right)^4\right\}^{0.75} \times \left\{\left(\dfrac{16}{25}\right)^{\frac{5}{4}}\right\}^{-\frac{2}{5}}$을 간단히 하면?

① $\dfrac{1}{32}$ ② $\dfrac{5}{32}$ ③ $\dfrac{8}{5}$
④ 2   ⑤ $\dfrac{32}{5}$

08

가로의 길이가 $\sqrt[4]{25}$, 세로의 길이가 $\sqrt[4]{24}$인 직사각형의 대각선의 길이를 l이라 할 때, l^2의 값은?

① $5+2\sqrt{6}$ ② $5+4\sqrt{6}$ ③ 29
④ $25+4\sqrt{6}$ ⑤ 49

09

세 수 $A=\sqrt[3]{\sqrt{10}}$, $B=\sqrt{5}$, $C=\sqrt[3]{\sqrt{38}}$의 대소 관계를 바르게 나타낸 것은?

① $A<B<C$ ② $A<C<B$ ③ $B<A<C$
④ $B<C<A$ ⑤ $C<A<B$

10 미래엔 변형

100 이하의 자연수 n에 대하여 $\sqrt[3]{4^n}$이 정수가 되도록 하는 n의 개수를 구하시오.

11

$x>0$, $y>0$일 때, $\left(x^{\frac{1}{2}}-x^{\frac{1}{4}}y^{\frac{1}{4}}+y^{\frac{1}{2}}\right)\left(x^{\frac{1}{2}}+x^{\frac{1}{4}}y^{\frac{1}{4}}+y^{\frac{1}{2}}\right)$을 간단히 하시오.

12

$x^{\frac{1}{2}}-x^{-\frac{1}{2}}=3$일 때, $x^{\frac{3}{2}}-x^{-\frac{3}{2}}$의 값을 구하시오. (단, $x>0$)

13

$a=\sqrt{3}$일 때,

$$\frac{1}{1-a^{\frac{1}{4}}}+\frac{1}{1+a^{\frac{1}{4}}}+\frac{2}{1+a^{\frac{1}{2}}}+\frac{4}{1+a}$$

의 값은?

① -1 ② -2 ③ -3
④ -4 ⑤ -5

14

$3^{2x}=2$일 때, $\dfrac{3^x+3^{3x}+3^{5x}}{3^{-x}+3^{-3x}+3^{-5x}}$의 값은?

① 2 ② 4 ③ 6
④ 8 ⑤ 10

15

$18^x=3$, $54^y=27$일 때, $\dfrac{1}{x}-\dfrac{3}{y}$의 값은?

① -2 ② -1 ③ 1
④ 2 ⑤ 3

16

어느 고등학교의 신입생 수는 매년 2 %씩 줄어든다고 한다. 5년 후 이 학교의 신입생 수는 10년 후 이 학교의 신입생 수의 몇 배인가?

① 0.9^{-5}배 ② 0.9^{-10}배 ③ 0.9^{-15}배
④ 0.98^{-5}배 ⑤ 0.98^{-10}배

02 로그

02·1 로그의 정의

$a>0$, $a\neq 1$일 때, 양수 N에 대하여 $a^x=N$을 만족시키는 실수 x를 a를 밑으로 하는 N의 로그라 하고, 기호 $x=\log_a N$으로 나타낸다. 이때 N을 $\log_a N$의 진수라 한다.

02·2 로그의 성질

$a>0$, $a\neq 1$, $x>0$, $y>0$일 때
(1) $\log_a 1=0$, $\log_a a=1$
(2) $\log_a xy=\log_a x+\log_a y$
(3) $\log_a \dfrac{x}{y}=\log_a x-\log_a y$
(4) $\log_a x^n=n\log_a x$ (단, n은 실수)

02·3 로그의 밑의 변환

$a>0$, $a\neq 1$, $b>0$일 때
(1) $\log_a b=\dfrac{\log_c b}{\log_c a}$ (단, $c>0$, $c\neq 1$)
(2) $\log_a b=\dfrac{1}{\log_b a}$ (단, $b\neq 1$)

02·4 상용로그

(1) **상용로그**: 10을 밑으로 하는 로그, 즉 $\log_{10} N\,(N>0)$을 상용로그라 하고, 보통 밑 10을 생략하여 $\log N$과 같이 나타낸다.
(2) **상용로그표**: 0.01의 간격으로 1.00에서 9.99까지의 수에 대한 상용로그의 값을 반올림하여 소수점 아래 넷째 자리까지 나타낸 표

   ex 상용로그표에서 $\log 4.63$의 값은 4.6의 가로줄과 3의 세로줄이 만나는 곳의 수를 찾으면 된다.
    즉, $\log 4.63=0.6656$

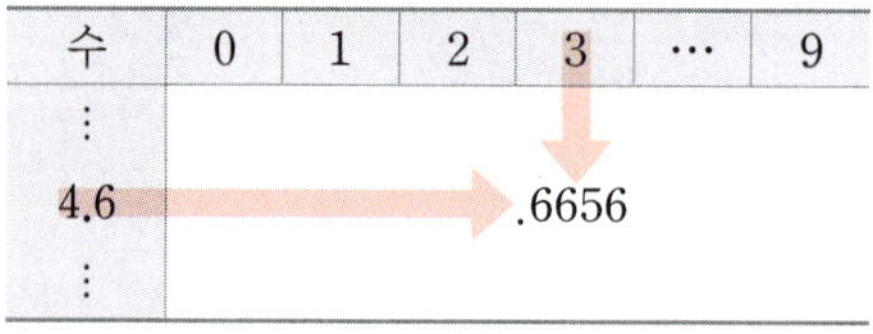

수	0	1	2	3	⋯	9
⋮						
4.6				.6656		
⋮						

02·5 상용로그의 표현과 성질

(1) 양수 N에 대하여 상용로그 $\log N$의 값은 $\log N=n+\log a$ (n은 정수, $0\leq \log a<1$)로 나타낼 수 있다.
(2) **상용로그의 정수 부분**
  ① 정수 부분이 n자리인 수의 상용로그의 정수 부분은 $n-1$이다.
  ② 소수점 아래 n째 자리에서 처음으로 0이 아닌 숫자가 나타나는 양수의 상용로그의 정수 부분은 $-n$이다.
(3) **상용로그의 소수 부분**
  숫자의 배열이 같고 소수점의 위치만 다른 양수의 상용로그의 소수 부분은 모두 같다.

개념 플러스

로그의 밑과 진수

$a^x=N \iff x=\log_a N$ (진수 / 밑)

① 밑의 조건: $a>0$, $a\neq 1$
② 진수의 조건: $N>0$

로그의 여러 가지 성질

$a>0$, $a\neq 1$, $b>0$일 때
① $\log_{a^m} b^n=\dfrac{n}{m}\log_a b$
   (단, m, n은 실수, $m\neq 0$)
② $a^{\log_c b}=b^{\log_c a}$ (단, $c>0$, $c\neq 1$)
③ $a^{\log_a b}=b$

상용로그표에 있는 상용로그의 값은 어림한 값이지만 등호를 사용하여 $\log 4.63=0.6656$과 같이 나타낸다.

$N>1$일 때, $\log N$의 정수 부분이 n이다.
$\iff n\leq \log N<n+1$
$\iff 10^n\leq N<10^{n+1}$
$\iff N$의 정수 부분은 $n+1$자리이다.

$\log A$와 $\log B$의 소수 부분이 같다.
$\Rightarrow \log A-\log B=$(정수)

$\log A$와 $\log B$의 소수 부분의 합이 1이다.
$\Rightarrow \log A+\log B=$(정수)

교과서 유형 흐름잡기

유형 1 | 로그의 정의

$\log_2 \dfrac{1}{32}=x$, $\log_9 y=0.5$를 만족시키는 실수 x, y에 대하여 $x+y$의 값은?

① -2 ② -1 ③ 0
④ 1 ⑤ 2

Point 로그의 정의를 이용하여 $\log_a N=x$를 $a^x=N$의 꼴로 변형한 후 지수법칙을 이용한다.

1-1 숫자

$\log_{\sqrt{3}} 9=x$, $\log_{27} y=\dfrac{4}{3}$를 만족시키는 실수 x, y에 대하여 $x+y$의 값은?

① 81 ② 82 ③ 83
④ 84 ⑤ 85

1-2 표현

$\log_2 (\log_4 x)=-1$을 만족시키는 실수 x의 값을 구하시오.

유형 2 | 밑이 같은 로그의 계산

$\log_3 \sqrt{27}-\log_3 \dfrac{1}{4}-\dfrac{1}{2}\log_3 48$의 값은?

① -2 ② -1 ③ 0
④ 1 ⑤ 2

Point 로그의 성질을 이용하여 진수를 간단히 한다.

2-1 숫자

$\dfrac{1}{2}\log_3 16+\log_3 \sqrt{5}-\dfrac{3}{2}\log_3 \sqrt[3]{240}$의 값은?

① -2 ② $-\dfrac{1}{2}$ ③ 0
④ $\dfrac{1}{2}$ ⑤ 2

2-2 표현

다음 식의 값을 구하시오.

$$\log_{10} 5+\dfrac{1}{2}\log_{10} 11+\log_{10} 4+\dfrac{1}{2}\log_{10} \dfrac{25}{11}$$

$\log_{10} 2 = a$, $\log_{10} 3 = b$라 할 때, $\log_{10} \sqrt{15}$를 a, b에 대한 식으로 나타내면?

① $1-a-b$　　　② $1-a+b$　　　③ $\dfrac{1}{2}(1-a-b)$

④ $\dfrac{1}{2}(1-a+b)$　　　⑤ $1+\dfrac{a}{2}+\dfrac{b}{2}$

Tip 구하는 식의 진수를 곱의 형태로 바꾼 후 로그의 성질을 이용한다.

3-1 숫자

$\log_3 2 = a$, $\log_3 5 = b$라 할 때, $\log_3 \dfrac{2}{15}$를 a, b에 대한 식으로 나타내면?

① $-a-b$　　　② $a-b$　　　③ $a-b-1$

④ $a-b+1$　　　⑤ $a+b-1$

3-2 표현

$\log_3 6 = a$라 할 때, $\log_3 72$를 a에 대한 식으로 나타내면?

① $2a-1$　　　② $2a+1$　　　③ $3a-1$

④ $3a$　　　⑤ $3a+1$

$\log_3 2 = a$, $\log_3 5 = b$라 할 때, $\log_{10} 150$을 a, b에 대한 식으로 나타내면?

① $\dfrac{a+2b-1}{a+b}$　　　② $\dfrac{a+2b+1}{a+b}$　　　③ $\dfrac{a-2b-1}{a+b}$

④ $\dfrac{a-2b+1}{a+b}$　　　⑤ $\dfrac{a+2b}{a+b}$

Point 로그의 밑이 다르면 밑의 변환 공식을 이용하여 밑을 같게 한다.

4-1 숫자

$\log_{10} 2 = a$, $\log_{10} 3 = b$라 할 때, $\log_5 \sqrt{12}$를 a, b에 대한 식으로 나타내면?

① $\dfrac{2a-b}{2(1-a)}$　　　② $\dfrac{2a-b}{1-a}$　　　③ $\dfrac{2a+b}{2(1-a)}$

④ $\dfrac{2a+b}{1-a}$　　　⑤ $\dfrac{2a+b}{2a}$

4-2 표현

$\log_a 2 = 3$, $\log_b 4 = -1$이라 할 때, $\log_b a$의 값은?
(단, $a>0$, $b>0$, $a \neq 1$, $b \neq 1$)

① $-\dfrac{1}{6}$　　　② $-\dfrac{1}{3}$　　　③ $-\dfrac{1}{2}$

④ -1　　　⑤ -2

유형 5 | 상용로그의 값

다음 상용로그표를 이용하여 $\log \sqrt{375}$의 값을 구하면?

수	0	1	2	3	4	5
3.5	.5441	.5453	.5465	.5478	.5490	.5502
3.6	.5563	.5575	.5587	.5599	.5611	.5623
3.7	.5682	.5694	.5705	.5717	.5729	.5740

① 1.2870 ② 1.5740 ③ 2.2870
④ 2.5740 ⑤ 4.5740

Point 상용로그의 진수를 $a \times 10^n$ ($1 \le a < 10$, n은 정수)의 꼴로 나타낸 다음 로그의 성질을 이용한다.

5-1 [숫자]

위의 상용로그표를 이용하여 $\log 0.036^3$의 값을 구하면?

① -5.6689 ② -4.6689 ③ -4.3311
④ -3.6689 ⑤ -3.3311

5-2 [표현]

$\log 26 = 1.4150$일 때, $\log x = -1.5850$을 만족시키는 x의 값을 구하시오.

유형 6 | 상용로그의 실생활에의 활용

소리의 강도가 P ($\mathrm{W/m^2}$)일 때, 소리의 크기 D dB(데시벨)은

$$D = 10 \log \frac{P}{P_0} \ (\text{단}, P_0 \text{은 상수})$$

라 한다. 서로 다른 두 지점 A, B에서의 소리의 크기가 각각 30 dB, 40 dB일 때, B 지점에서의 소리의 강도는 A 지점에서의 소리의 강도의 몇 배인가?

① 1배 ② 2배 ③ $\frac{4}{3}$배
④ 10배 ⑤ $10^{\frac{4}{3}}$배

Tip 실생활 활용 문제를 풀 때는 주어진 식의 문자가 나타내는 것을 정확하게 파악하고 수를 대입하도록 한다.

6-1 [숫자]

용액의 산성도를 나타내는 pH는 용액 1 L에 녹아 있는 수소 이온($\mathrm{H^+}$)의 그램 이온수이고, 다음과 같은 관계식이 성립한다.

$$\mathrm{pH} = \log \frac{1}{(\mathrm{H^+}\text{의 농도})} = -\log (\mathrm{H^+}\text{의 농도})$$

pH 5인 용액의 수소 이온 농도는 pH 7인 용액의 수소 이온 농도의 몇 배인지 구하시오.

6-2 [표현]

별의 등급 m과 별의 밝기 I 사이에는 다음과 같은 관계식이 성립한다.

$$m = -\frac{5}{2} \log I + C \ (\text{단}, C\text{는 상수})$$

북극성의 등급이 2등급일 때, 북극성보다 24배 밝은 별인 시리우스의 등급을 구하시오.

(단, $\log 2 = 0.30$, $\log 3 = 0.48$로 계산한다.)

01

$\log_5 (\log_{32} x) = -1$을 만족시키는 실수 x의 값은?

① 1   ② 2   ③ 3
④ 4   ⑤ 5

02

$x = \log_5 27$일 때, $5^{\frac{x}{3}}$의 값은?

① 2   ② 3   ③ 5
④ 6   ⑤ 10

03

$\log_{\sqrt{3}} a = 2$, $\log_{\frac{1}{8}} 4 = b$를 만족시키는 실수 a, b에 대하여 ab의 값은?

① -4 ② -2 ③ -1
④ 2   ⑤ 4

04

$\log_x (-x^2 + 2x + 8)$이 정의되도록 하는 정수 x의 개수는?

① 1   ② 2   ③ 3
④ 4   ⑤ 5

05

$2 \log_2 \sqrt{27} + \dfrac{1}{2} \log_2 \sqrt{2} + 3 \log_2 \dfrac{\sqrt[3]{2}}{3}$의 값은?

① $\dfrac{3}{4}$ ② 1   ③ $\dfrac{5}{4}$
④ $\dfrac{3}{2}$ ⑤ $\dfrac{7}{4}$

★ 06

$(\log_{18} 2)^2 + (2 \log_{18} 3)^2 + \log_{18} 4 \times \log_{18} 9$의 값은?

① -1 ② 0   ③ 1
④ 2   ⑤ 3

★ 07

$\log_3 2 = a$, $\log_3 5 = b$라 할 때, $\log_3 2.5 + \log_3 20$을 a, b에 대한 식으로 나타내면?

① $2a$ ② $2b$ ③ $a + 2b$
④ $2(a+b)$ ⑤ $2(a-b)$

08

$\log_{10} \left(1 - \dfrac{1}{2}\right) + \log_{10} \left(1 - \dfrac{1}{3}\right) + \log_{10} \left(1 - \dfrac{1}{4}\right)$
$+ \cdots + \log_{10} \left(1 - \dfrac{1}{10}\right)$의 값은?

① -2 ② -1 ③ 0
④ 1   ⑤ 2

09

$(\log_3 2+\log_{27} 8)(\log_8 3+\log_2 27)$의 값은?

① 6　　　　② $\dfrac{19}{3}$　　　　③ $\dfrac{20}{3}$

④ 7　　　　⑤ $\dfrac{22}{3}$

10

$\log_5 1+5^{\log_5 2+3\log_5 3}$의 값은?

① 51　　　　② 52　　　　③ 53

④ 54　　　　⑤ 55

11

$\log_6 2=a$라 할 때, $\log_9 6$을 a에 대한 식으로 나타내면?

① $\dfrac{1}{2(1-a)}$　　　② $\dfrac{1}{1-a}$　　　③ $\dfrac{2}{1-a}$

④ $\dfrac{1}{2(a-1)}$　　　⑤ $\dfrac{1}{a-1}$

12

0이 아닌 세 실수 a, b, c에 대하여

$$\dfrac{\log_{10} 4}{a}=\dfrac{\log_{10} 9}{b}=\dfrac{\log_{10} 36}{c}=\log_{10} 6$$

일 때, $a+b-c$의 값을 구하시오.

13

$2^a=3$, $2^b=7$이라 할 때, $\log_{56} 63$을 a, b에 대한 식으로 나타내면?

① $\dfrac{2a+b}{3a+b}$　　　② $\dfrac{2+b}{3a+b}$　　　③ $\dfrac{a+b}{3+b}$

④ $\dfrac{a+2b}{3+b}$　　　⑤ $\dfrac{2a+b}{3+b}$

14　교학사 변형

$\log_5 \alpha$, $\log_5 \beta$가 이차방정식 $x^2-4x+2=0$의 서로 다른 두 근일 때, $\log_\alpha \beta+\log_\beta \alpha$의 값을 구하시오.

15

$\log a=3.3118$, $\log b=-0.6882$를 만족시키는 실수 a, b에 대하여 $a+b$의 값은? (단, $\log 2.05=0.3118$이다.)

① 205.205　　② 2050.205　　③ 20500.205

④ 205.0205　　⑤ 2050.0205

16　좋은책 신사고 변형

어느 회사는 앞으로 10년 동안 매출량을 매년 6 %씩 증가시키려는 목표를 가지고 있다. 이 회사가 목표를 달성했을 때, 10년 후 매출량은 현재 매출량의 몇 배가 되는지 구하시오.

　(단, $\log 1.06=0.025$, $\log 1.78=0.250$으로 계산한다.)

03 지수함수

03·1 지수함수

$a>0$, $a\neq1$일 때, $y=a^x$을 a를 밑으로 하는 **지수함수**라 한다.

$a>0$, $a\neq1$일 때, 실수 x에 대하여 a^x의 값은 하나로 정해지므로 $y=a^x$은 x의 함수이다.

03·2 지수함수 $y=a^x\,(a>0,\ a\neq1)$의 성질

⑴ 정의역은 실수 전체의 집합이고, 치역은 양의 실수 전체의 집합이다.

⑵ $a>1$일 때, x의 값이 증가하면 y의 값도 증가한다.

　　$0<a<1$일 때, x의 값이 증가하면 y의 값은 감소한다.

⑶ 그래프는 항상 점 $(0,\ 1)$을 지나고, x축을 점근선으로 갖는다.

⑷ 일대일함수이다.

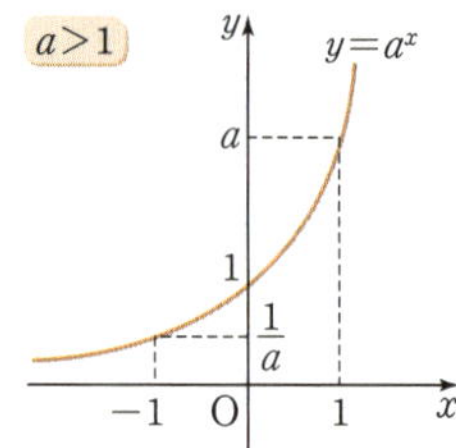
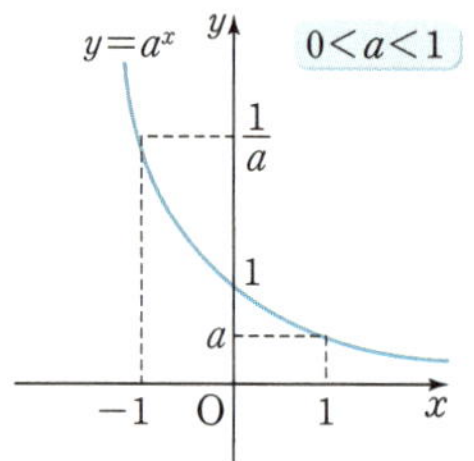

$a>0$, $a\neq1$일 때, 모든 실수 x에 대하여 $a^x>0$

$a>1$일 때
$x_1<x_2\Longleftrightarrow a^{x_1}<a^{x_2}$
$0<a<1$일 때
$x_1<x_2\Longleftrightarrow a^{x_1}>a^{x_2}$

함수 $y=a^x$의 그래프와 함수 $y=\left(\dfrac{1}{a}\right)^x$의 그래프는 y축에 대하여 대칭이다.

함수 $y=a^x\,(a>0,\ a\neq1)$의 그래프를 x축의 방향으로 m만큼, y축의 방향으로 n만큼 평행이동하면 $y=a^{x-m}+n$

03·3 지수방정식

지수방정식을 풀 때
$$a^{x_1}=a^{x_2}\Longleftrightarrow x_1=x_2\ (a>0,\ a\neq1)$$
임을 이용한다.

⑴ **밑을 같게 할 수 있는 경우**: 주어진 방정식을 $a^{f(x)}=a^{g(x)}$의 꼴로 변형하여 푼다.

⑵ a^x**의 꼴이 반복되는 경우**: $a^x=t$로 치환하여 t에 대한 방정식을 푼다. 이때 $a^x=t>0$임에 주의한다.

지수에 미지수가 있는 방정식을 지수방정식이라 한다.

함수 $y=a^x\,(a>0,\ a\neq1)$은 일대일함수이므로 $a^{f(x)}=a^{g(x)}\Longleftrightarrow f(x)=g(x)$

$a^{f(x)}=b^{f(x)}$의 꼴이면 $a=b$ 또는 $f(x)=0$을 푼다. (단, $a>0,\ b>0$)

03·4 지수부등식

지수부등식을 풀 때
　　$a>1$일 때, $a^{x_1}<a^{x_2}\Longleftrightarrow x_1<x_2$
　　$0<a<1$일 때, $a^{x_1}<a^{x_2}\Longleftrightarrow x_1>x_2$
임을 이용한다.

⑴ **밑을 같게 할 수 있는 경우**: 주어진 부등식을 $a^{f(x)}>a^{g(x)}$의 꼴로 변형하여 푼다.

⑵ a^x**의 꼴이 반복되는 경우**: $a^x=t$로 치환하여 t에 대한 부등식을 푼다. 이때 $a^x=t>0$임에 주의한다.

지수에 미지수가 있는 부등식을 지수부등식이라 한다.

지수에 미지수가 있는 부등식을 풀 때는 밑이 1보다 큰지 작은지에 따라 부등호의 방향이 달라짐에 유의한다.

교과서 유형 흐름잡기

함수 $y=\left(\dfrac{1}{3}\right)^{x}+1$의 그래프의 점근선의 방정식과 치역을 각각 바르게 나타낸 것은?

① $y=0$, $\{y|y>0\}$ ② $y=1$, $\{y|y<1\}$ ③ $y=1$, $\{y|y>1\}$

④ $y=2$, $\{y|y<2\}$ ⑤ $y=2$, $\{y|y>2\}$

Point 지수함수의 점근선의 방정식을 구하기 위해서 지수함수의 그래프를 그려 본다.

1-1 숫자

함수 $y=-4^{x}-1$의 그래프의 점근선의 방정식과 치역을 각각 바르게 나타낸 것은?

① $y=-2$, $\{y|y<-2\}$

② $y=-2$, $\{y|y>-2\}$

③ $y=-1$, $\{y|y<-1\}$

④ $y=-1$, $\{y|y>-1\}$

⑤ $y=0$, $\{y|y<0\}$

1-2 표현

함수 $y=2^{x-1}-\dfrac{1}{2}$의 그래프에 대한 설명으로 옳은 것만을 〈보기〉에서 있는 대로 고른 것은?

> **보기**
>
> ㄱ. $y=2^{x}$의 그래프를 x축의 방향으로 -1만큼, y축의 방향으로 $-\dfrac{1}{2}$만큼 평행이동한 것이다.
>
> ㄴ. 점근선의 방정식은 $y=-\dfrac{1}{2}$이다.
>
> ㄷ. 치역은 $\left\{y\middle|y>-\dfrac{1}{2}\right\}$이다.

① ㄱ ② ㄴ ③ ㄱ, ㄴ

④ ㄴ, ㄷ ⑤ ㄱ, ㄴ, ㄷ

세 수 $A=\sqrt{2}$, $B=\sqrt[3]{4}$, $C=\sqrt{8}$의 대소 관계를 바르게 나타낸 것은?

① $A<B<C$ ② $A<C<B$ ③ $B<A<C$

④ $B<C<A$ ⑤ $C<A<B$

Point 주어진 거듭제곱근을 밑이 같은 거듭제곱의 꼴로 나타낸 후, 지수함수의 성질을 이용하여 대소를 비교한다.

2-1 숫자

세 수 $A=\left(\dfrac{1}{5}\right)^{-0.2}$, $B=\dfrac{1}{25}$, $C=\left(\sqrt{\dfrac{1}{5}}\right)^{3}$의 대소 관계를 바르게 나타낸 것은?

① $A<B<C$ ② $A<C<B$

③ $B<A<C$ ④ $B<C<A$

⑤ $C<B<A$

2-2 표현

다음 세 수 A, B, C의 대소를 비교하시오.

$$A=\sqrt[3]{0.2}, \ B=\sqrt[4]{0.04}, \ C=\sqrt[12]{0.008}$$

정의역이 $\{x \mid -1 \leq x \leq 2\}$인 함수 $y=2^x-3$의 최댓값과 최솟값의 합은?

① $-\dfrac{5}{2}$ ② $-\dfrac{3}{2}$ ③ $-\dfrac{1}{2}$

④ $\dfrac{1}{2}$ ⑤ $\dfrac{3}{2}$

Point 함수 $y=a^x\,(a>0,\,a\neq1)$의 최대, 최소를 구할 때는 밑의 범위가 $a>0$인지, $0<a<1$인지를 먼저 확인한다.

3-1 [숫자]

정의역이 $\{x \mid -3 \leq x \leq -1\}$인 함수 $y=\left(\dfrac{1}{4}\right)^x-1$의 최댓값과 최솟값의 합은?

① 57 ② 60 ③ 63

④ 66 ⑤ 69

3-2 [표현]

정의역이 $\{x \mid -2 \leq x \leq 1\}$인 함수 $y=(2^x)^2\times9^{-x}$의 최댓값을 M, 최솟값을 m이라 할 때, Mm의 값은?

① $\dfrac{16}{81}$ ② $\dfrac{4}{9}$ ③ $\dfrac{3}{2}$

④ $\dfrac{9}{4}$ ⑤ $\dfrac{81}{16}$

방정식 $9^{-x}=81\times3^x$의 해는?

① $x=-\dfrac{5}{3}$ ② $x=-\dfrac{4}{3}$ ③ $x=-1$

④ $x=-\dfrac{2}{3}$ ⑤ $x=-\dfrac{1}{3}$

Point 지수방정식
$a^{f(x)}=a^{g(x)}\,(a>0,\,a\neq1)$에서 밑이 서로 같으면 $f(x)=g(x)$이다.

4-1 [숫자]

방정식 $2^{2x+1}=\left(\dfrac{1}{2}\right)^{1-x}$을 푸시오.

4-2 [표현]

방정식 $(\sqrt{2})^{x^2}=4^{x+3}$의 두 근을 α, β라 할 때, $\alpha-\beta$의 값을 구하시오. (단, $\alpha>\beta$)

⭐ 유형 **5** | 지수부등식

부등식 $2^{x-3} \geq \left(\dfrac{1}{2}\right)^{3x+2}$ 을 만족시키는 정수 x의 최솟값은?

① -1 ② 0 ③ 1

④ 2 ⑤ 3

Point 밑이 같은 지수부등식에서 (밑)>1이면 부등호의 방향은 그대로, $0<$(밑)<1이면 부등호의 방향이 바뀐다.

5-1 숫자

부등식 $5^{2x-1} > \left(\dfrac{1}{5}\right)^{4-3x}$ 을 만족시키는 정수 x의 최댓값은?

① -2 ② -1 ③ 0

④ 1 ⑤ 2

5-2 표현

부등식 $\left(\dfrac{1}{9}\right)^{x+2} < \left(\dfrac{1}{9}\right)^{x} < \left(\dfrac{1}{9}\right)^{3x-2}$ 의 해가 $\alpha < x < \beta$일 때, $\alpha + \beta$의 값을 구하시오.

유형 **6** | 지수방정식과 지수부등식의 실생활에의 활용

어떤 세균은 한 시간에 두 배씩 개체 수가 증가한다고 한다. 상자에 이 세균을 2마리 넣고 시간이 경과한 후 열어 보았더니 세균의 수가 128마리 이상이었다고 한다. 최소 몇 시간이 경과한 것인가?

① 2시간   ② 3시간   ③ 4시간

④ 5시간   ⑤ 6시간

Tip 처음의 양이 a, 매시간마다 p배씩 변하는 물질의 x시간 후의 양 $\Rightarrow a \times p^x$

6-1 숫자

어떤 박테리아는 한 시간에 20 %씩 개체 수가 증가한다고 한다. 오전 9시에 박테리아의 개체 수가 625마리이었다고 할 때, 박테리아의 개체 수가 처음으로 1296마리 이상이 되는 것은 몇 시 이후인가?

① 오후 12시   ② 오후 1시   ③ 오후 2시

④ 오후 3시   ⑤ 오후 4시

6-2 표현

어떤 농약을 과수원에 살포하면 해충의 수가 일정한 비율로 줄어 들고 전체 해충의 수가 절반으로 줄어드는 데 4시간이 소요된다. 농약을 살포한 후 해충의 수가 처음 해충의 수의 $\dfrac{1}{16}$이 되기까지 몇 시간이 걸리는가?

① 12시간   ② 16시간   ③ 20시간

④ 24시간   ⑤ 30시간

교과서 문제 정복하기

01

다음 중 지수함수인 것만을 〈보기〉에서 있는 대로 고른 것은?

① ㄱ, ㄴ   ② ㄱ, ㄷ   ③ ㄱ, ㄹ
④ ㄴ, ㄷ   ⑤ ㄷ, ㄹ

02

$0<a<1$일 때, 다음 중 지수함수 $y=a^x$에 대한 설명으로 옳지 <u>않은</u> 것은?

① 일대일함수이다.
② 그래프는 점 $(0,\ 1)$을 지난다.
③ 그래프의 점근선의 방정식은 $x=0$이다.
④ 정의역은 실수 전체의 집합이다.
⑤ x의 값이 증가하면 y의 값은 감소한다.

03

함수 $y=3^x$의 그래프를 평행이동 또는 대칭이동하여 겹쳐질 수 있는 그래프의 식인 것만을 〈보기〉에서 있는 대로 고르시오.

★ 04

함수 $y=9\times3^x-3$의 그래프는 함수 $y=3^x$의 그래프를 x축의 방향으로 m만큼, y축의 방향으로 n만큼 평행이동한 것이다. $m-n$의 값을 구하시오.

05

오른쪽 그림과 같이 함수 $y=f(x)$의 그래프는 점 $(0,\ 1)$을 지나고, 점근선은 직선 $y=-2$이다. $f(x)=3^{x-m}+n$일 때, $m-n$의 값을 구하시오. (단, m, n은 상수)

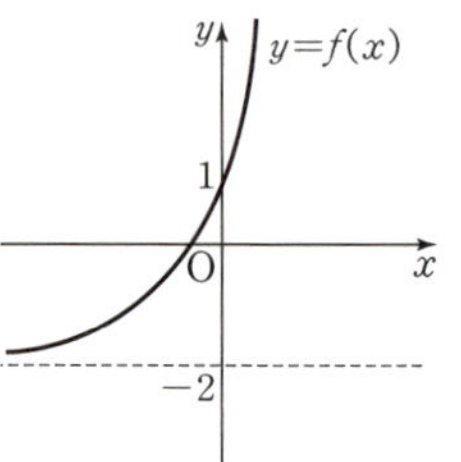

06

함수 $y=\left(\dfrac{1}{9}\right)^{x-2}+n$의 그래프가 제3사분면을 지나지 않도록 하는 정수 n의 최솟값은?

① -80 ② -81 ③ -82
④ -83 ⑤ -84

07

$a>1$이고 n이 2 이상의 자연수일 때, 세 수
$$A=\sqrt[n]{a^{n+1}},\ B=\sqrt[n+1]{a^{n+2}},\ C=\sqrt[n+2]{a^{n+3}}$$
의 대소 관계를 바르게 나타낸 것은?

① $A<B<C$ ② $A<C<B$
③ $B<A<C$ ④ $B<C<A$
⑤ $C<B<A$

08

정의역이 $\{x\,|\,-3\leq x\leq1\}$인 함수 $y=2^{1-x}\times3^{x-1}$의 최댓값을 M, 최솟값을 m이라 할 때, Mm의 값은?

① $\dfrac{4}{9}$ ② $\dfrac{8}{27}$ ③ $\dfrac{16}{81}$
④ $\dfrac{81}{16}$ ⑤ $\dfrac{16}{9}$

09

함수 $y=3^{x^2-6x+7}$의 최솟값은?

① $\dfrac{1}{27}$　　　② $\dfrac{1}{9}$　　　③ $\dfrac{1}{3}$

④ 3　　　⑤ 9

★ 10

방정식 $2^{2x}-2^{x+2}-32=0$을 푸시오.

11

방정식 $3^{2x}-4\times3^{x+1}+27=0$의 두 근을 α, β라 할 때, $\alpha+\beta$의 값은?

① 2　　　② 3　　　③ 4

④ 5　　　⑤ 6

12

부등식 $\sqrt{2}<2^{2x}<64$를 만족시키는 정수 x의 개수는?

① 1　　　② 2　　　③ 3

④ 4　　　⑤ 5

13

다음 중 부등식 $2^{2x}\geq6\times2^{x}+16$을 만족시키는 실수 x의 값이 될 수 <u>없는</u> 것은?

① 2　　　② 3　　　③ 4

④ 5　　　⑤ 6

14

부등식 $\left(\dfrac{1}{9}\right)^{x}-10\times\left(\dfrac{1}{3}\right)^{x-1}+81<0$을 만족시키는 해가 $\alpha<x<\beta$일 때, $\beta-\alpha$의 값을 구하시오.

★ 15 　천재 교과서 변형

방사성 물질의 질량이 절반으로 줄어드는 시간을 그 물질의 반감기라 한다. 반감기가 12일인 방사성 물질 A의 양이 1024 g에서 64 g으로 줄어드는 데 걸리는 기간을 구하면?

① 24일　　　② 36일　　　③ 48일

④ 60일　　　⑤ 72일

16 　지학사 변형

어느 정수 필터를 한 번 통과하면 불순물의 양은 정수하기 전 불순물의 양의 $\dfrac{1}{8}$이 된다고 한다. 이 정수 필터를 이용하여 정수 작업을 할 때, 불순물의 양이 정수하기 전의 불순물의 양의 $\dfrac{1}{512}$ 이하가 되도록 하려면 최소 몇 번의 정수 작업을 해야 하는지 구하시오.

 04 로그함수

04·1 로그함수

$a>0$, $a\neq1$일 때, $y=\log_a x$를 a를 밑으로 하는 **로그함수**라 한다.

04·2 로그함수 $y=\log_a x\,(a>0,\,a\neq1)$의 성질

(1) 정의역은 양의 실수 전체의 집합이고, 치역은 실수 전체의 집합이다.

(2) $a>1$일 때, x의 값이 증가하면 y의 값도 증가한다.

  $0<a<1$일 때, x의 값이 증가하면 y의 값은 감소한다.

(3) 그래프는 항상 점 $(1,\,0)$을 지나고, y축을 점근선으로 갖는다.

(4) 일대일함수이다.

(5) 그래프는 지수함수 $y=a^x$의 그래프와 직선 $y=x$에 대하여 대칭이다.

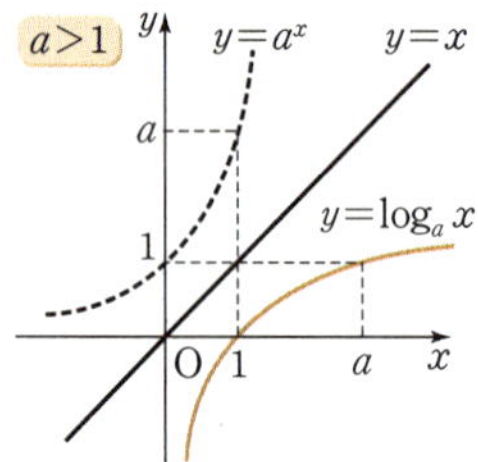 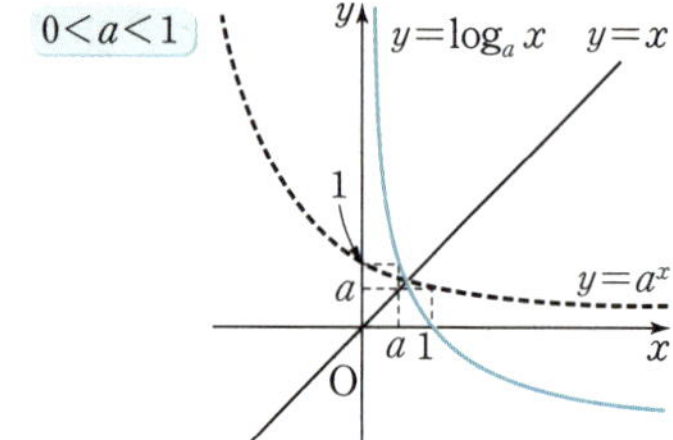

04·3 로그방정식

로그방정식을 풀 때

$$\log_a x_1=p \iff x_1=a^p$$

$$\log_a x_1=\log_a x_2 \iff x_1=x_2$$

임을 이용한다. (단, $a>0$, $a\neq1$, $x_1>0$, $x_2>0$)

(1) **밑을 같게 할 수 있는 경우**: 주어진 방정식을 $\log_a f(x)=\log_a g(x)$의 꼴로 변형하여 푼다.

$$(단,\ f(x)>0,\ g(x)>0)$$

(2) **$\log_a x$의 꼴이 반복되는 경우**: $\log_a x=t$로 치환하여 t에 대한 방정식을 푼다.

04·4 로그부등식

로그부등식을 풀 때

$$a>1일 때,\ \log_a x_1<\log_a x_2 \iff x_1<x_2$$

$$0<a<1일 때,\ \log_a x_1<\log_a x_2 \iff x_1>x_2$$

임을 이용한다. (단, $x_1>0$, $x_2>0$)

(1) **밑을 같게 할 수 있는 경우**: 주어진 부등식을 $\log_a f(x)>\log_a g(x)$의 꼴로 변형하여 푼다.

$$(단,\ f(x)>0,\ g(x)>0)$$

(2) **$\log_a x$의 꼴이 반복되는 경우**: $\log_a x=t$로 치환하여 t에 대한 부등식을 푼다.

개념 플러스

- 로그함수 $y=\log_a x\,(a>0,\,a\neq1)$는 지수함수 $y=a^x$의 역함수이다.

- $a>1$일 때
  $x_1<x_2 \iff \log_a x_1<\log_a x_2$
  $0<a<1$일 때
  $x_1<x_2 \iff \log_a x_1>\log_a x_2$

- $y=\log_{\frac{1}{a}} x=-\log_a x$이므로 두 함수 $y=\log_a x$와 $y=\log_{\frac{1}{a}} x$의 그래프는 x축에 대하여 대칭이다.

- 함수 $y=\log_a x\,(a>0,\,a\neq1)$의 그래프를 x축의 방향으로 m만큼, y축의 방향으로 n만큼 평행이동하면
  $y=\log_a(x-m)+n$

- 로그의 진수 또는 밑에 미지수가 있는 방정식을 로그방정식이라 한다.

- 로그의 밑이 같지 않은 경우에는
  $\log_a N=\dfrac{\log_b N}{\log_b a}$,
  $\log_a b=\dfrac{1}{\log_b a}$
  을 이용하여 밑을 같게 한다.

- 로그의 진수 또는 밑에 미지수가 있는 부등식을 로그부등식이라 한다.

- 로그방정식과 로그부등식을 풀 때에는 구한 해가 (밑)>0, (밑)$\neq1$, (진수)>0의 조건을 모두 만족시키는지 확인한다.

교과서 유형 흐름잡기

유형 1 | 로그함수의 그래프

함수 $y=\log_2(x+1)-2$의 그래프의 점근선의 방정식과 정의역을 각각 바르게 나타낸 것은?

① $x=1$, $\{x|x>1\}$

② $x=1$, $\{x|x<1\}$

③ $x=-1$, $\{x|x>-1\}$

④ $x=-1$, $\{x|x<-1\}$

⑤ $x=-2$, $\{x|x>-2\}$

Point 로그함수의 점근선의 방정식을 구하기 위해서 로그함수의 그래프를 그려 본다.

1-1 숫자

함수 $y=\log_{\frac{1}{2}}(x-2)+1$의 점근선의 방정식과 정의역을 각각 바르게 나타낸 것은?

① $x=-2$, $\{x|x<-2\}$

② $x=1$, $\{x|x<1\}$

③ $x=1$, $\{x|x>1\}$

④ $x=2$, $\{x|x<2\}$

⑤ $x=2$, $\{x|x>2\}$

1-2 표현

함수 $y=\log_3\dfrac{x+3}{9}$의 그래프에 대한 설명으로 옳은 것만을 〈보기〉에서 있는 대로 고른 것은?

> **보기**
> ㄱ. $y=\log_3 x$의 그래프를 x축의 방향으로 -3만큼, y축의 방향으로 -2만큼 평행이동한 것이다.
> ㄴ. 정의역은 $\{x|x>-3\}$이다.
> ㄷ. 점근선의 방정식은 $x=3$이다.

① ㄱ

② ㄴ

③ ㄱ, ㄴ

④ ㄴ, ㄷ

⑤ ㄱ, ㄴ, ㄷ

유형 2 | 로그함수를 이용한 수의 대소 비교

세 수 $A=\log_4 81$, $B=\log_2 12$, $C=\log_{\frac{1}{2}} 0.1$의 대소 관계를 바르게 나타낸 것은?

① $A<B<C$

② $A<C<B$

③ $B<A<C$

④ $B<C<A$

⑤ $C<B<A$

Point 주어진 로그를 밑이 같은 로그의 꼴로 나타낸 후, 로그함수의 성질을 이용하여 대소를 비교한다.

2-1 숫자

세 수 $A=-2\log_2\dfrac{1}{7}$, $B=3+\log_2 5$, $C=2+2\log_2 3$의 대소 관계를 바르게 나타낸 것은?

① $A<B<C$

② $A<C<B$

③ $B<A<C$

④ $B<C<A$

⑤ $C<B<A$

2-2 표현

다음 중 가장 큰 값과 가장 작은 값의 합을 구하시오.

$$\log_5 3, \quad \log_5 \frac{2}{3}, \quad \log_{\frac{1}{5}} \frac{2}{3}$$

정의역이 $\{x\,|\,15\leq x\leq 255\}$인 함수 $y=-\log_4(x+1)$의 최댓값과 최솟값의 합은?

① -7 ② -6 ③ -5
④ -4 ⑤ -3

Point 함수 $y=\log_a x$ $(a>0,\ a\neq 1)$의 최대, 최소를 구할 때에는 밑의 범위가 $a>1$인지, $0<a<1$인지를 먼저 확인한다.

3-1 [숫자]

정의역이 $\left\{x\,\left|\,\dfrac{2}{5}\leq x\leq\dfrac{8}{5}\right.\right\}$인 함수 $y=\log_{\frac{1}{2}}5x-2$의 최댓값과 최솟값의 합은?

① -5 ② -6 ③ -7
④ -8 ⑤ -9

3-2 [표현]

정의역이 $\{x\,|\,7\leq x\leq 127\}$인 함수 $y=-\log_{\frac{1}{5}}(x-2)+1$의 최댓값을 M, 최솟값을 m이라 할 때, Mm의 값을 구하시오.

방정식 $\log_{\frac{1}{3}}(3x+7)-2\log_{\frac{1}{3}}(x+1)=0$을 풀면?

① $x=-2$ ② $x=3$ ③ $x=-2$ 또는 $x=3$
④ $x=6$ ⑤ $x=3$ 또는 $x=6$

Point 방정식의 각 항의 밑을 같게 하고
$$\log_a f(x)=\log_a g(x)$$
$(a>0,\ a\neq 1,\ f(x)>0,\ g(x)>0)$
임을 이용한다.

4-1 [숫자]

방정식 $\log_9(x+8)=\log_3(x-4)$를 푸시오.

4-2 [표현]

방정식 $\log(2x+5)+\log(2-x)=1$의 모든 근의 합은?

① -1 ② $-\dfrac{1}{2}$ ③ 0
④ $\dfrac{1}{2}$ ⑤ 1

⭐ 유형 **5** | 로그부등식

부등식 $\log_2(x+1) \geq \log_4(2x+10)$을 만족시키는 정수 x의 최솟값은?

① 0   ② 1   ③ 2

④ 3   ⑤ 4

Point 밑이 같은 로그부등식에서 (밑)>1이면 부등호의 방향은 그대로, 0<(밑)<1이면 부등호의 방향이 바뀐다.

5-1 숫자

부등식 $\log_5(12-2x)+\log_{\frac{1}{5}}(x-3)>0$을 만족시키는 정수 x의 값을 구하시오.

5-2 표현

부등식 $\log_{\frac{1}{9}}(x^2+4x-5)>\log_{\frac{1}{3}}(x+1)$을 만족시키는 해가 $\alpha<x<\beta$일 때, $\alpha+\beta$의 값은?

① 1   ② 2   ③ 3

④ 4   ⑤ 5

유형 **6** | 로그방정식과 로그부등식의 실생활에의 활용

온도가 $T_0\,°\mathrm{C}$인 어떤 물체를 주위의 온도가 $T_8\,°\mathrm{C}$인 곳에 놓았을 때, t분 후 이 물체의 온도를 $T\,°\mathrm{C}$라 하면 $t=-10\log\dfrac{T-T_8}{T_0-T_8}$가 성립한다고 하자. 온도가 $100\,°\mathrm{C}$인 물체를 온도가 $20\,°\mathrm{C}$로 일정한 실내에 놓을 때, 10분 후 이 물체의 온도는? (단, $T_0 \neq T_8$)

① $26\,°\mathrm{C}$ ② $27\,°\mathrm{C}$ ③ $28\,°\mathrm{C}$

④ $29\,°\mathrm{C}$ ⑤ $30\,°\mathrm{C}$

Tip 구하는 값을 미지수로 놓고 일정한 비율로 늘어나거나 줄어드는 상황을 방정식 또는 부등식으로 나타낸 후 해를 구한다.

6-1 숫자

전파가 어떤 벽을 투과할 때, 전파의 세기가 A에서 B로 바뀌면 그 벽의 전파감쇄비 F는

$$F=10\times\log\frac{B}{A}\ (\text{데시벨})$$

로 정의한다. 전파감쇄비가 -7(데시벨)인 벽을 투과한 전파의 세기는 투과하기 전 전파의 세기의 몇 배인지 구하시오. (단, $10^{\frac{3}{10}}=2$로 계산한다.)

6-2 표현

학생 30명이 10일 동안 매일 같은 영어 단어 시험을 본다. n번째 영어 단어 시험에서 학생 30명의 평균 점수 $T(n)$은

$$T(n)=40+15\log_2 n\ (\text{단, } 1\leq n\leq 10)$$

이라 할 때, 학생 30명의 평균 점수는 몇 번째 시험에서 처음으로 85점 이상이 되는가?

① 2번째   ② 4번째   ③ 6번째

④ 8번째   ⑤ 10번째

01

함수 $f(x)=\log_3 x$에 대하여 〈보기〉에서 옳은 것만을 있는 대로 고른 것은?

> ─ 보기 ─
> ㄱ. $f(14)=f(2)+f(7)$
> ㄴ. $f(6)=3f(2)$
> ㄷ. $f(\sqrt{5})=\dfrac{1}{2}f(5)$

① ㄱ   ② ㄴ   ③ ㄷ
④ ㄱ, ㄴ   ⑤ ㄱ, ㄷ

02 ★

다음 〈보기〉의 함수 중 그 그래프가 함수 $y=\log_4 x$의 그래프를 평행이동 또는 대칭이동하여 겹쳐질 수 있는 것만을 있는 대로 고르시오.

> ─ 보기 ─
> ㄱ. $y=4^x$ ㄴ. $y=\log_4 (-x)$
> ㄷ. $y=2\log_2 x$ ㄹ. $y=\dfrac{1}{2}\log_2 x+2$

03

함수 $y=\log_a x\ (a>0,\ a\neq1)$에 대한 설명으로 옳지 <u>않은</u> 것은?

① 정의역은 양의 실수 전체의 집합이다.
② 그래프는 점 $(0,\ 1)$을 지난다.
③ 그래프의 점근선의 방정식은 $x=0$이다.
④ $0<a<1$일 때, x의 값이 증가하면 y의 값은 감소한다.
⑤ 그래프가 $y=a^x$의 그래프와 직선 $y=x$에 대하여 대칭이다.

04 ★

함수 $y=\log_3 x$의 그래프를 x축의 방향으로 m만큼, y축의 방향으로 n만큼 평행이동하였더니, 오른쪽 그림과 같이 점 $(5,\ 0)$을 지나고, 점근선은 직선 $x=2$이었다. 이때 $m-n$의 값을 구하시오.

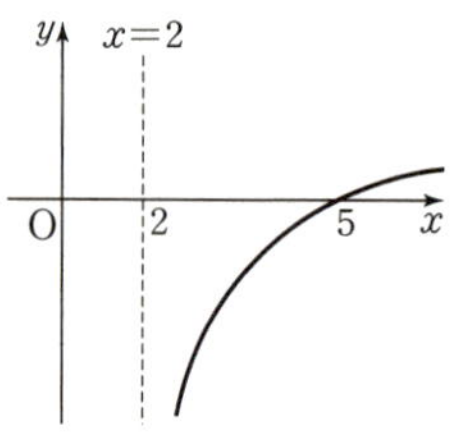

05 천재 교과서 변형

함수 $y=\log_2 x$의 그래프가 오른쪽 그림과 같을 때, c의 값은? (단, 점선은 x축 또는 y축에 평행하다.)

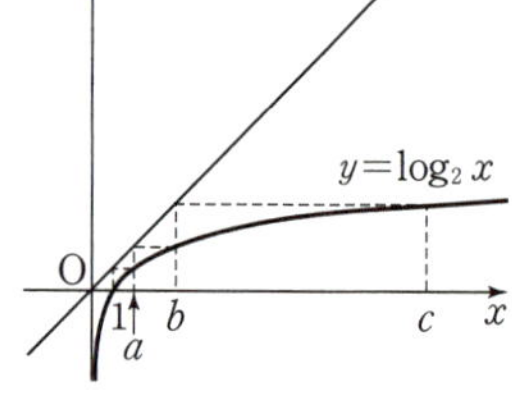

① 2   ② 4
③ 8   ④ 12
⑤ 16

06

$1<x<2$일 때, 세 수
$$A=2\log_2 x,\quad B=(\log_2 x)^2,\quad C=\log_2 (\log_2 x)$$
의 대소 관계를 바르게 나타낸 것은?

① $A<B<C$ ② $B<A<C$
③ $B<C<A$ ④ $C<A<B$
⑤ $C<B<A$

07

정의역이 $\{x\,|\,0\leq x\leq3\}$인 함수 $y=\log_2 (-x^2+2x+7)$의 최댓값과 최솟값의 합을 구하시오.

08 ★

정의역이 $\left\{x \mid \dfrac{1}{8} \leq x \leq 1\right\}$ 인 함수

$y = \left(\log_{\frac{1}{2}} x\right)^2 - 4 \log_{\frac{1}{2}} x + 3$의 최댓값을 M, 최솟값을 m 이라 할 때, $M - m$의 값을 구하시오.

09

방정식 $\dfrac{1}{2} \log (5x + 5) + \log \sqrt{3x - 1} = 1$을 푸시오.

10 ★

방정식 $\left(\log_2 4x\right)^2 - 3 \log_2 4x^2 = 0$의 두 근을 α, β라 할 때, $\alpha\beta$의 값은?

① 2   ② 3   ③ 4
④ 8   ⑤ 10

11

부등식 $\log_3 (x - 5) < 1 - \log_3 (x - 3)$의 해가 $\alpha < x < \beta$일 때, $\alpha + \beta$의 값은?

① 7   ② 8   ③ 9
④ 10   ⑤ 11

12

부등식 $\log_3 (\log_2 x) \leq 1$을 만족시키는 정수 x의 개수는?

① 7   ② 8   ③ 9
④ 10   ⑤ 11

13

부등식 $\left(\log_2 x\right)^2 + \log_2 x - 2 < 0$을 만족시키는 정수 x의 값은?

① 1   ② 2   ③ 3
④ 4   ⑤ 5

14

이차방정식
$$x^2 - 2(1 + \log_{\frac{1}{3}} a)x + 2(1 + \log_{\frac{1}{3}} a) = 0$$
이 실근을 갖지 않도록 하는 상수 a의 값의 범위를 구하시오.

15   좋은책 신사고 변형

화재가 발생한 장소의 온도는 시간에 따라 변한다. 어떤 화재 장소의 초기 온도를 T_0 ℃, 화재가 발생한 지 t분 후의 온도를 $f(t)$ ℃라 하면
$$f(t) = T_0 + k \log (8t + 1) \quad (단, k는 상수)$$
이라 한다. 초기 온도가 20 ℃인 화재 장소에서 화재가 발생한 지 $\dfrac{9}{8}$분 후의 온도가 365 ℃이었다고 할 때, 화재가 발생한 후 온도가 710 ℃가 되는 데 걸리는 시간은 몇 분인지 구하시오.

되짚어 보기

01 오른쪽 그림과 같은 직각삼각형 ABC에서 $\overline{AC}=3$, $\overline{BC}=4$일 때, 다음 삼각비의 값을 구하시오.

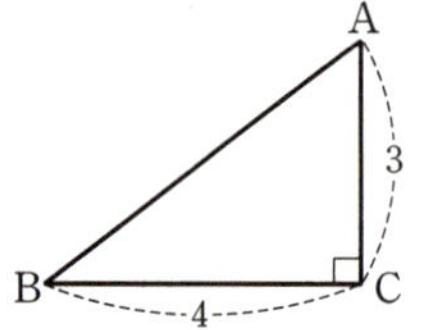

(1) $\sin B$　　　　(2) $\cos B$　　　　(3) $\tan B$

02 다음 표를 완성하시오.

삼각비 \ A	$0°$	$30°$	$45°$	$60°$	$90°$
$\sin A$					
$\cos A$					
$\tan A$					

03 오른쪽 그림과 같이 반지름의 길이가 1이고 중심각의 크기가 30°인 부채꼴에 대하여 다음을 구하시오.

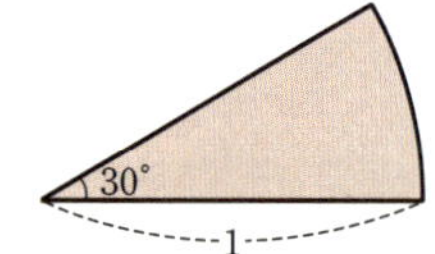

(1) 부채꼴의 호의 길이
(2) 부채꼴의 넓이

04 오른쪽 그림과 같은 직각삼각형 ABC에서 $\overline{AB}=13$, $\overline{AC}=5$일 때, 다음을 구하시오.

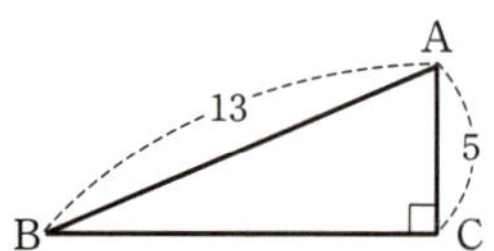

(1) 변 BC의 길이
(2) 삼각형 ABC의 넓이

II

삼각함수

<table>
<tr><th>배운 내용</th><th>학습 내용</th><th>배울 내용</th></tr>
<tr><td>

중학교 3학년
▶ 삼각비

</td><td>

05 삼각함수

06 삼각함수의 그래프

07 삼각함수의 활용

</td><td>

미적분
▶ 여러 가지 함수의 미분
▶ 여러 가지 미분법
▶ 여러 가지 적분법

</td></tr>
</table>

05 삼각함수

05·1 일반각과 호도법

(1) **일반각**: 시초선 OX와 동경 OP가 나타내는 한 각의 크기를 $a°$라 할
때, 동경 OP가 나타내는 일반각의 크기는
$$360°\times n+a° \text{ (단, } n\text{은 정수)}$$

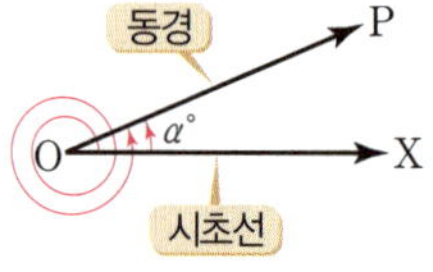

(2) **호도법**

① 1라디안(radian): 반지름의 길이가 r인 원에서 길이가 r인 호에 대
한 중심각의 크기
② 호도법: 라디안을 단위로 하여 각의 크기를 나타내는 방법
③ 1라디안$=\dfrac{180°}{\pi}$, $1°=\dfrac{\pi}{180}$라디안

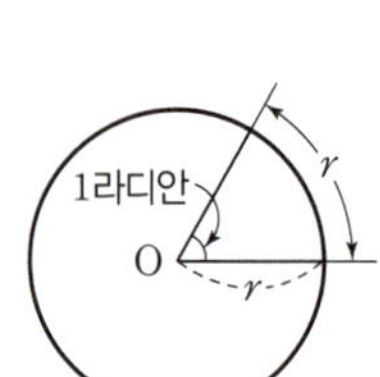

ex $\dfrac{\pi}{4}$(라디안)$=\dfrac{\pi}{4}\times\dfrac{180°}{\pi}=45°$, $60°=60\times\dfrac{\pi}{180}=\dfrac{\pi}{3}$(라디안)

05·2 부채꼴의 호의 길이와 넓이

반지름의 길이가 r, 중심각의 크기가 θ(라디안)인 부채꼴의 호의 길이를 l,
넓이를 S라 하면
$$l=r\theta,\ S=\frac{1}{2}r^2\theta=\frac{1}{2}rl$$

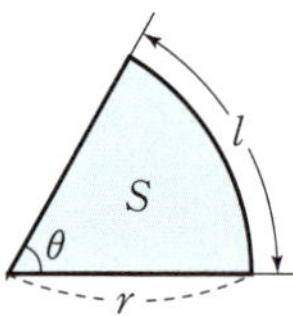

05·3 삼각함수의 뜻

동경 OP가 나타내는 일반각의 크기 θ에 대하여
$$\sin\theta=\frac{y}{r},\ \cos\theta=\frac{x}{r},\ \tan\theta=\frac{y}{x}\ (x\neq0)$$
를 각각 θ에 대한 사인함수, 코사인함수, 탄젠트함수라 하고, 이 함수
들을 통틀어 θ에 대한 삼각함수라 한다.

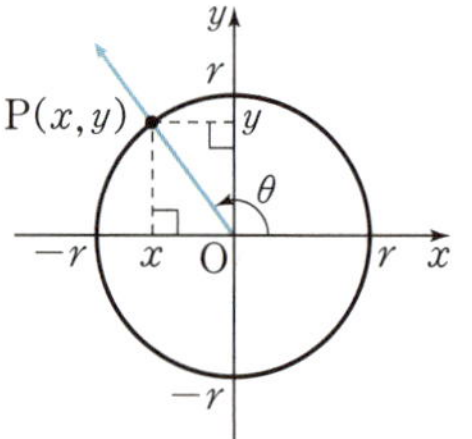

05·4 삼각함수의 값의 부호

각 사분면에 삼각함수의 값의 부호가 양의 부호(+)인 것을 나타내
면 오른쪽 그림과 같다.

05·5 삼각함수 사이의 관계

(1) $\tan\theta=\dfrac{\sin\theta}{\cos\theta}$
(2) $\sin^2\theta+\cos^2\theta=1$

개념 **플러스**

- 좌표평면에서 시초선은 보통 x축의 양의 부분으로 정한다.

- 각의 크기는 회전 방향이 양의 방향이면 $+$, 음의 방향이면 $-$를 붙여서 나타낸다.

- 일반각으로 나타낼 때, $a°$는 보통 $0°\leq a°<360°$인 것을 택한다.

- 각의 크기를 호도법으로 나타낼 때는 단위인 라디안은 생략하고 실수처럼 쓴다.

- 부채꼴의 중심각의 크기 θ는 호도법으로 나타낸 각임에 유의한다. 중심각의 크기가 육십분법으로 주어지면 호도법으로 고쳐서 계산한다.

- 부채꼴의 호의 길이와 넓이는 중심각의 크기에 정비례하므로
$l:2\pi r=\theta:2\pi$에서 $l=r\theta$
$S:\pi r^2=\theta:2\pi$에서 $S=\dfrac{1}{2}r^2\theta$

- sin, cos, tan는 각각 sine, cosine, tangent의 약자이다.

- 원점을 중심으로 하고 반지름의 길이가 1인 원을 단위원이라 한다.

- $(\sin\theta)^2$, $(\cos\theta)^2$은 각각 $\sin^2\theta$, $\cos^2\theta$로 나타낸다.

교과서 유형 흐름잡기

유형 1 | 사분면의 각

다음 〈보기〉에서 제3사분면의 각인 것만을 있는 대로 고르시오.

> **보기**
> ㄱ. $400°$ ㄴ. $950°$ ㄷ. $-200°$ ㄹ. $-520°$

Point θ가 제3사분면의 각이면

$360° \times n + 180° < \theta$
$< 360° \times n + 270°$
(n은 정수)

1-1 [숫자]

다음 〈보기〉에서 제2사분면의 각인 것만을 있는 대로 고르시오.

> **보기**
> ㄱ. $-700°$ ㄴ. $-240°$ ㄷ. $1180°$ ㄹ. $1400°$

1-2 [표현]

θ가 제2사분면의 각일 때, $\dfrac{\theta}{3}$를 나타내는 동경이 존재할 수 없는 사분면은?

① 제1사분면   ② 제2사분면   ③ 제3사분면
④ 제4사분면   ⑤ 모든 사분면에 존재할 수 있다.

★ 유형 2 | 부채꼴의 호의 길이와 넓이

중심각의 크기가 $\dfrac{\pi}{6}$이고, 호의 길이가 3π인 부채꼴의 넓이는?

① 15π ② 18π ③ 21π
④ 24π ⑤ 27π

Point 부채꼴의 반지름의 길이를 r, 중심각의 크기를 θ, 호의 길이를 l, 넓이를 S라 하면

$l = r\theta$, $S = \dfrac{1}{2}r^2\theta = \dfrac{1}{2}rl$

2-1 [숫자]

중심각의 크기가 $\dfrac{\pi}{4}$이고, 호의 길이가 $\dfrac{3}{4}\pi$인 부채꼴의 넓이는?

① $\dfrac{7}{8}\pi$ ② π ③ $\dfrac{9}{8}\pi$
④ $\dfrac{5}{4}\pi$ ⑤ $\dfrac{11}{8}\pi$

2-2 [표현]

호의 길이가 2π이고 넓이가 6π인 부채꼴의 중심각의 크기는?

① $\dfrac{\pi}{6}$ ② $\dfrac{\pi}{4}$ ③ $\dfrac{\pi}{3}$
④ $\dfrac{\pi}{2}$ ⑤ $\dfrac{3}{4}\pi$

원점 O와 점 P$(-3, 4)$를 지나는 동경 OP가 나타내는 각의 크기를 θ라 할 때, $\sin\theta + \cos\theta$의 값은?

① $-\dfrac{7}{5}$　　　② -1　　　③ $-\dfrac{1}{5}$

④ $\dfrac{1}{5}$　　　⑤ $\dfrac{7}{5}$

Tip 중심이 원점이고 점 P를 지나는 원을 그린 후, 점 P의 x좌표, y좌표와 $\overline{\text{OP}}$의 길이를 이용하여 삼각함수의 값을 구한다.

3-1 [숫자]

원점 O와 점 P$(5, -12)$를 지나는 동경 OP가 나타내는 각의 크기를 θ라 할 때, $\sin\theta - \cos\theta$의 값은?

① $-\dfrac{17}{13}$　　② $-\dfrac{7}{13}$　　③ 0

④ $\dfrac{7}{13}$　　⑤ $\dfrac{17}{13}$

3-2 [표현]

각 θ를 나타내는 동경과 원점 O를 중심으로 하는 원의 교점이 점 P$(-6, -8)$일 때, $\sin\theta + \cos\theta$의 값은?

① $-\dfrac{7}{5}$　　② $-\dfrac{3}{5}$　　③ $-\dfrac{1}{5}$

④ $\dfrac{1}{5}$　　⑤ $\dfrac{3}{5}$

$\sin\theta\cos\theta < 0$, $\cos\theta\tan\theta < 0$을 동시에 만족시키는 각 θ는 제몇 사분면의 각인가?

① 제 1 사분면　　　② 제 2 사분면　　　③ 제 3 사분면
④ 제 4 사분면　　　⑤ 제 2 사분면 또는 제 3 사분면

Point 각 사분면에서 값이 양수인 삼각함수를 좌표평면 위에 나타내면 다음과 같다.

4-1 [숫자]

$\sin\theta\tan\theta < 0$, $\cos\theta\tan\theta > 0$을 동시에 만족시키는 각 θ는 제몇 사분면의 각인가?

① 제 1 사분면　　② 제 2 사분면　　③ 제 3 사분면
④ 제 4 사분면　　⑤ 제 2 사분면 또는 제 3 사분면

4-2 [표현]

다음 조건을 모두 만족시키는 각 θ는 제몇 사분면의 각인지 구하시오.

$$\sin\theta\cos\theta > 0, \quad \frac{\sin\theta}{\tan\theta} < 0$$

유형 5 | 삼각함수 사이의 관계 이용하기

θ가 제3사분면의 각이고 $\cos\theta=-\dfrac{4}{5}$일 때, $\sin\theta+\tan\theta$의 값은?

① $\dfrac{1}{20}$ ② $\dfrac{1}{10}$ ③ $\dfrac{3}{20}$

④ $\dfrac{1}{5}$ ⑤ $\dfrac{1}{4}$

Tip 각 θ가 존재하는 사분면과
$\tan\theta=\dfrac{\sin\theta}{\cos\theta}$,
$\sin^2\theta+\cos^2\theta=1$
임을 이용하여 주어진 식의 값을 구한다.

5-1 숫자

θ가 제2사분면의 각이고 $\sin\theta=\dfrac{5}{13}$일 때, $\tan\theta$의 값은?

① $-\dfrac{12}{13}$ ② $-\dfrac{5}{12}$ ③ $-\dfrac{5}{13}$

④ $\dfrac{5}{12}$ ⑤ $\dfrac{12}{13}$

5-2 표현

θ가 제4사분면의 각이고 $\tan\theta=-\dfrac{1}{3}$일 때, $\sqrt{(\cos\theta-\sin\theta)^2}$의 값은?

① $\dfrac{\sqrt{10}}{10}$ ② $\dfrac{\sqrt{10}}{5}$ ③ $\dfrac{2\sqrt{10}}{5}$

④ $\dfrac{3\sqrt{10}}{5}$ ⑤ $\dfrac{7\sqrt{10}}{10}$

★ **유형 6** | $\sin\theta+\cos\theta$, $\sin\theta\cos\theta$ 사이의 관계 이용하기

$\sin\theta+\cos\theta=\dfrac{1}{3}$일 때, $\sin\theta\cos\theta$의 값은?

① $-\dfrac{1}{3}$ ② $-\dfrac{4}{9}$ ③ $-\dfrac{5}{9}$

④ $-\dfrac{2}{3}$ ⑤ $-\dfrac{7}{9}$

Tip 주어진 등식의 양변을 제곱한 후 $\sin^2\theta+\cos^2\theta=1$임을 이용한다.

6-1 숫자

$\sin\theta-\cos\theta=\dfrac{1}{\sqrt{2}}$일 때, $\sin\theta\cos\theta$의 값은?

① $-\dfrac{1}{2}$ ② $-\dfrac{1}{4}$ ③ $-\dfrac{1}{8}$

④ $\dfrac{1}{4}$ ⑤ $\dfrac{1}{2}$

6-2 표현

$\sin\theta\cos\theta=-\dfrac{1}{2}$일 때, $\sin\theta-\cos\theta$의 값은?

$\left(\text{단, }\dfrac{\pi}{2}<\theta<\pi\right)$

① $\dfrac{1}{4}$ ② $\dfrac{1}{2}$ ③ $\dfrac{1}{\sqrt{2}}$

④ $\sqrt{2}$ ⑤ 2

01

다음 〈보기〉에서 옳은 것만을 있는 대로 고른 것은?

> **보기**
>
> ㄱ. $30° = \dfrac{\pi}{3}$　　　　　ㄴ. $135° = \dfrac{3}{4}\pi$
>
> ㄷ. $-210° = -\dfrac{7}{6}\pi$　　　ㄹ. $216° = \dfrac{11}{6}\pi$

① ㄱ, ㄴ　　　　② ㄴ, ㄷ　　　　③ ㄴ, ㄹ
④ ㄱ, ㄴ, ㄷ　　⑤ ㄴ, ㄷ, ㄹ

02

다음 중 각을 나타내는 동경이 존재하는 사분면이 나머지 넷과 <u>다른</u> 하나는?

① $-880°$　　　　② $650°$　　　　③ $1280°$

④ $-\dfrac{20}{3}\pi$　　　⑤ $\dfrac{13}{4}\pi$

03

각 θ를 나타내는 동경과 각 4θ를 나타내는 동경이 일치할 때, 각 θ의 크기는? (단, $0 < \theta < \pi$)

① $\dfrac{\pi}{6}$　　　　② $\dfrac{\pi}{4}$　　　　③ $\dfrac{\pi}{3}$

④ $\dfrac{2}{3}\pi$　　　⑤ $\dfrac{5}{6}\pi$

04

각 θ를 나타내는 동경과 각 5θ를 나타내는 동경이 일직선 위에 있고 방향이 반대일 때, 각 θ의 크기를 구하시오.

$$\left(\text{단, } \dfrac{\pi}{2} < \theta < \pi\right)$$

05 　천재교육 변형

오른쪽 그림은 날개를 펼친 공작새 모형이다. 날개를 펼친 부분은 반지름의 길이가 10 cm, 중심각의 크기가 $\dfrac{7}{6}\pi$인 부채꼴 모양이라 할 때, 날개를 펼친 부분의 넓이를 구하시오.

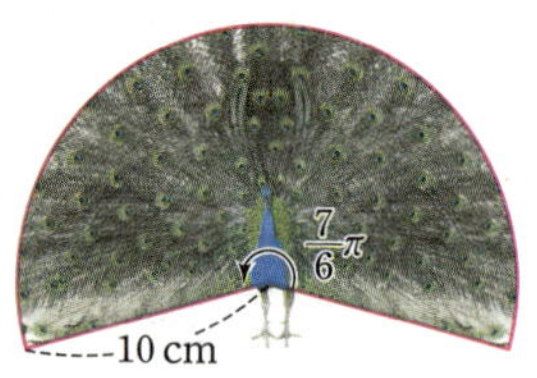

06

호의 길이가 8, 넓이가 12인 부채꼴의 둘레의 길이는?

① 10　　　　② 12　　　　③ 14
④ 16　　　　⑤ 18

07 　좋은책신사고 변형

오른쪽 그림은 어느 공연장의 무대와 객석이다. 부채꼴 OAB에서 호 AB의 길이는 30 m, 부채꼴 OCD에서 호 CD의 길이는 10 m이고 $\overline{AC} = \overline{BD} = 10$ m일 때, 이 공연장의 객석 부분인 도형 ABDC의 넓이를 구하시오.

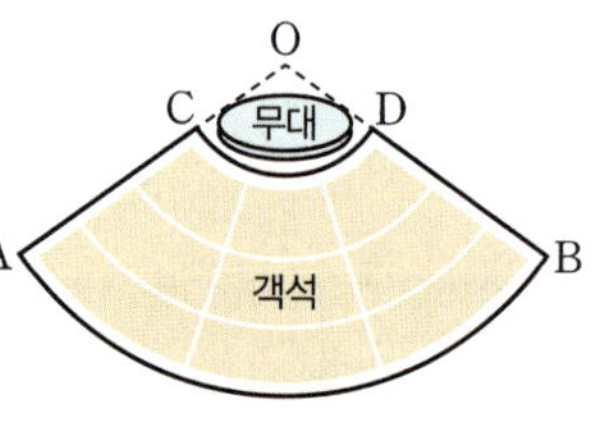

08

둘레의 길이가 16인 부채꼴 중에서 그 넓이가 최대인 것의 반지름의 길이는?

① 2　　　　② 3　　　　③ 4
④ 5　　　　⑤ 6

09

$\theta=\dfrac{4}{3}\pi$일 때, $(\sin\theta+\cos\theta)\times\tan\theta$의 값은?

① $-\dfrac{3+\sqrt{3}}{2}$ ② $-\dfrac{1+\sqrt{3}}{2}$ ③ $\dfrac{1+\sqrt{3}}{2}$

④ $\dfrac{3+\sqrt{3}}{2}$ ⑤ $3+\sqrt{3}$

10

직선 $3x+4y=0$이 x축의 양의 방향과 이루는 각의 크기를 θ라 할 때, $5(\sin\theta+\cos\theta)$의 값은? (단, $0<\theta<\pi$)

① -2 ② -1 ③ 0

④ 1 ⑤ 2

★ 11

θ가 제2사분면의 각일 때, 다음 식을 간단히 하시오.

$$\sqrt{(\sin\theta-\cos\theta)^2}+\sqrt{(\cos\theta-\sin\theta)^2}$$

12

θ가 제4사분면의 각이고 $\dfrac{1-\cos\theta}{1+\cos\theta}=\dfrac{1}{5}$일 때, $\sin\theta$의 값은?

① $-\dfrac{1}{3}$ ② $-\dfrac{4}{9}$ ③ $-\dfrac{5}{9}$

④ $-\dfrac{2}{3}$ ⑤ $-\dfrac{\sqrt{5}}{3}$

13

$\dfrac{\cos\theta}{1+\sin\theta}+\dfrac{\cos\theta}{1-\sin\theta}$를 간단히 하면?

① $\dfrac{1}{\cos\theta}$ ② $\dfrac{2}{\cos\theta}$ ③ $2\cos\theta$

④ $4\cos\theta$ ⑤ $2(1-\sin\theta)$

★ 14

θ가 제1사분면의 각이고 $\cos\theta-\sin\theta=-\dfrac{\sqrt{2}}{2}$일 때, $\sin\theta+\cos\theta$의 값을 구하시오.

15

$\sin\theta-\cos\theta=\dfrac{1}{3}$일 때, $\sin^3\theta-\cos^3\theta$의 값을 구하시오.

$$\left(단,\ \dfrac{\pi}{2}<\theta<\pi\right)$$

16

이차방정식 $4x^2+2x+k=0$의 두 근이 $\sin\theta$, $\cos\theta$일 때, 상수 k의 값은?

① $-\dfrac{3}{2}$ ② $-\dfrac{3}{4}$ ③ $-\dfrac{1}{2}$

④ $-\dfrac{3}{8}$ ⑤ $-\dfrac{1}{4}$

06 삼각함수의 그래프

06·1 주기함수

함수 $f(x)$의 정의역에 속하는 모든 실수 x에 대하여

$$f(x+p)=f(x)$$

를 만족시키는 0이 아닌 상수 p가 존재할 때, 함수 $f(x)$를 주기함수라 하고, 이러한 상수 p 중에서 최소인 양수를 그 함수의 주기라 한다.

06·2 함수 $y=\sin x$, $y=\cos x$의 성질

(1) **정의역**: 실수 전체의 집합
(2) **치역**: $\{y \mid -1 \le y \le 1\}$
(3) $y=\sin x$의 그래프는 원점에 대하여 대칭이고,
    $y=\cos x$의 그래프는 y축에 대하여 대칭이다.
(4) 주기가 2π인 주기함수이다.

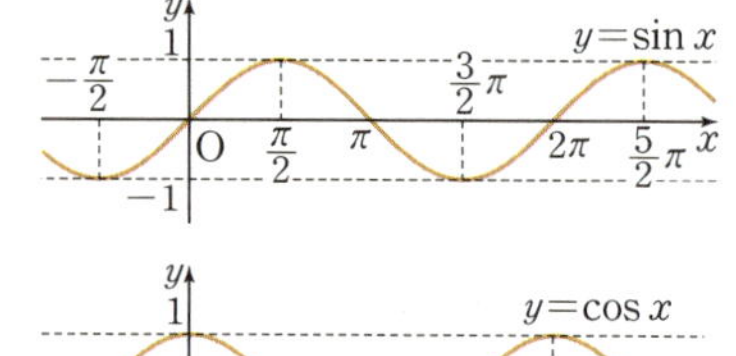

06·3 함수 $y=\tan x$의 성질

(1) **정의역**: $x \ne n\pi + \dfrac{\pi}{2}$ (n은 정수)인 실수 전체의 집합
(2) **치역**: 실수 전체의 집합
(3) 그래프는 원점에 대하여 대칭이다.
(4) 주기가 π인 주기함수이다.
(5) 그래프의 점근선은 직선 $x=n\pi + \dfrac{\pi}{2}$ (n은 정수)이다.

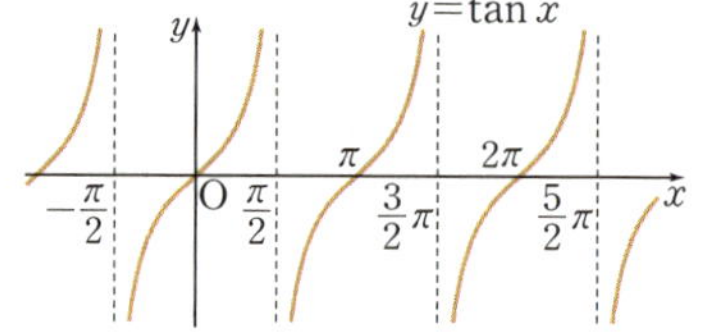

06·4 일반각에 대한 삼각함수의 성질

(1) **$2n\pi + x$의 삼각함수** (n은 정수)
$$\sin (2n\pi+x)=\sin x, \ \cos (2n\pi+x)=\cos x, \ \tan (2n\pi+x)=\tan x$$

(2) **$-x$의 삼각함수**
$$\sin (-x)=-\sin x, \ \cos (-x)=\cos x, \ \tan (-x)=-\tan x$$

(3) **$\pi \pm x$의 삼각함수** (복부호동순)
$$\sin (\pi \pm x)=\mp \sin x, \ \cos (\pi \pm x)=-\cos x, \ \tan (\pi \pm x)=\pm \tan x$$

(4) **$\dfrac{\pi}{2} \pm x$의 삼각함수** (복부호동순)
$$\sin \left(\dfrac{\pi}{2} \pm x\right)=\cos x, \ \cos \left(\dfrac{\pi}{2} \pm x\right)=\mp \sin x, \ \tan \left(\dfrac{\pi}{2} \pm x\right)=\mp \dfrac{1}{\tan x}$$

06·5 삼각방정식과 삼각부등식

삼각방정식이나 삼각부등식은 삼각함수의 그래프 또는 단위원을 이용하여 해를 구한다.

개념 플러스

+ 함수 $f(x)$가 주기가 p인 주기함수이면
$$\Rightarrow f(x)=f(x+p)$$
$$=f(x+2p)$$
$$=f(x+3p)$$
$$\vdots$$

+ 함수 $y=\sin (ax+b)$, $y=\cos (ax+b)$의 주기는 각각 $\dfrac{2\pi}{|a|}$이다.

+ 함수 $y=\cos x$의 그래프는 함수 $y=\sin x$의 그래프를 x축의 방향으로 $-\dfrac{\pi}{2}$만큼 평행이동한 것과 같다.

+ 함수 $y=\tan (ax+b)$의 주기는 $\dfrac{\pi}{|a|}$이다.

+ 각이 $\dfrac{n}{2}\pi \pm x$ (n은 정수)의 꼴인 삼각함수는 다음과 같이 변형한다.
(i) n이 짝수이면 그대로, n이 홀수이면
$$\sin \to \cos, \cos \to \sin,$$
$$\tan \to \dfrac{1}{\tan}$$
로 고친다.
(ii) x를 예각으로 생각하여 $\dfrac{n}{2}\pi \pm x$를 나타내는 동경이 존재하는 사분면을 찾아 원래 삼각함수의 부호를 따른다.

교과서 유형 흐름잡기

정답과 풀이 **23**쪽

유형 1 | 삼각함수의 주기

함수 $y=\sin 4x$의 주기를 a, 함수 $y=\cos\frac{1}{3}x$의 주기를 b라 할 때, $a+b$의 값은?

Point 함수 $y=\sin x$, $y=\cos x$의 주기는 2π, $y=\tan x$의 주기는 π이다.

① 5π 　　② $\frac{11}{2}\pi$ 　　③ 6π 　　④ $\frac{13}{2}\pi$ 　　⑤ 7π

1-1 숫자

함수 $y=\sin\frac{\pi}{2}x$의 주기를 a, 함수 $y=\tan\sqrt{2\pi}x$의 주기를 b라 할 때, ab의 값은?

① 2 　　② $2\sqrt{2}$ 　　③ 4
④ $4\sqrt{2}$ 　　⑤ 8

1-2 표현

다음 〈보기〉에서 주기가 π인 함수만을 있는 대로 고른 것은?

→ 보기 ←

ㄱ. $y=\sin\frac{1}{4}x$ 　　　ㄴ. $y=\tan x$

ㄷ. $y=\cos\frac{1}{2}x$ 　　　ㄹ. $y=\cos 2x$

① ㄱ, ㄴ 　　② ㄴ, ㄷ 　　③ ㄴ, ㄹ
④ ㄱ, ㄴ, ㄷ 　　⑤ ㄴ, ㄷ, ㄹ

★ 유형 2 | 삼각함수의 최대·최소와 주기

함수 $y=3\sin\frac{1}{2}x+1$의 최댓값을 M, 최솟값을 m, 주기를 p라 할 때, $\dfrac{Mmp}{\pi}$의 값은?

Point $-1\le\sin bx\le 1$이므로 함수 $y=a\sin bx+c$의 최댓값은 $|a|+c$, 최솟값은 $-|a|+c$이다.

① -48 　　② -32 　　③ -16 　　④ 16 　　⑤ 32

2-1 숫자

함수 $y=2\cos\pi x-3$의 최댓값을 M, 최솟값을 m, 주기를 p라 할 때, $M+m+p$의 값은?

① -5 　　② -4 　　③ -3
④ -2 　　⑤ -1

2-2 표현

함수 $f(x)=1+\frac{1}{2}\sin 2x$에 대한 설명으로 옳은 것만을 〈보기〉에서 있는 대로 고르시오.

→ 보기 ←

ㄱ. 함수 $f(x)$의 최댓값은 $\frac{3}{2}$이다.

ㄴ. 함수 $f(x)$의 최솟값은 $-\frac{3}{2}$이다.

ㄷ. 함수 $f(x)$의 주기는 4π이다.

다음 중 함수 $y=2\sin\left(2x-\dfrac{\pi}{2}\right)+1$에 대한 설명으로 옳지 <u>않은</u> 것은?

① 주기는 π이다.
② 최댓값은 3이다.
③ 최솟값은 -1이다.
④ 그래프는 함수 $y=-2\cos 2x+1$의 그래프와 일치한다.
⑤ 그래프는 함수 $y=2\sin x$의 그래프를 평행이동한 것이다.

Point 함수
$$y=a\sin(bx+c)+d$$
$$=a\sin b\left(x+\dfrac{c}{b}\right)+d$$
의 그래프는 함수 $y=a\sin bx$의 그래프를 x축의 방향으로 $-\dfrac{c}{b}$만큼, y축의 방향으로 d만큼 평행이동한 것이다.

3-1 〔숫자〕

다음 중 함수 $y=-2\cos\left(\dfrac{x}{2}-\dfrac{\pi}{3}\right)-1$에 대한 설명으로 옳지 <u>않은</u> 것은?

① 주기는 4π이다.
② 최댓값은 -2이다.
③ 최솟값은 -3이다.
④ 그래프는 함수 $y=2\cos\left(\dfrac{x}{2}-\dfrac{4}{3}\pi\right)-1$의 그래프와 일치한다.
⑤ 그래프는 함수 $y=-2\cos\dfrac{x}{2}$의 그래프를 평행이동한 것이다.

3-2 〔표현〕

함수 $f(x)=3\tan\left(\dfrac{1}{2}x+\pi\right)-2$에 대한 설명으로 옳은 것만을 〈보기〉에서 있는 대로 고르시오.

→ 보기 ←

ㄱ. 함수 $f(x)$의 최댓값은 5이다.
ㄴ. 함수 $y=f(x)$의 그래프를 x축의 방향으로 2π만큼, y축의 방향으로 2만큼 평행이동하면 $y=3\tan\dfrac{1}{2}x$의 그래프와 겹쳐진다.
ㄷ. 함수 $y=f(x)$의 그래프는 점 $(0,\ -2)$를 지난다.

$\cos\left(\dfrac{\pi}{2}-\theta\right)+\sin(-\theta)+\sin(4\pi+\theta)$를 간단히 하면?

① 0 ② $\sin\theta$ ③ $\cos\theta$
④ $-2\sin\theta$ ⑤ $\sin\theta-\cos\theta$

Tip 일반각에 대한 삼각함수의 성질을 이용하여 주어진 식을 간단히 한다.

4-1 〔숫자〕

$\sin\left(\dfrac{\pi}{2}+\theta\right)-\cos\left(\dfrac{\pi}{2}-\theta\right)\tan\left(\dfrac{\pi}{2}-\theta\right)$를 간단히 하면?

① 0 ② $\sin\theta$ ③ $\cos\theta$
④ $\dfrac{1}{\tan\theta}$ ⑤ $\tan\theta$

4-2 〔표현〕

$\sin\dfrac{32}{3}\pi-\cos\dfrac{41}{6}\pi+\tan\left(-\dfrac{45}{4}\pi\right)$의 값은?

① $\sqrt{3}-1$ ② 1 ③ $\sqrt{3}$
④ 2 ⑤ $\sqrt{3}+1$

★ 유형 **5** ｜ 삼각방정식

방정식 $2\sin x-1=0$의 모든 근의 합은? (단, $0\leq x<2\pi$)

① $\dfrac{\pi}{2}$　　　　② π　　　　③ $\dfrac{3}{2}\pi$

④ 2π　　　　⑤ $\dfrac{5}{2}\pi$

Tip 방정식 $\sin x=k$의 근은 함수 $y=\sin x$의 그래프와 직선 $y=k$의 교점의 x좌표이다.

5-1 숫자

방정식 $\sqrt{2}\cos x-1=0$의 모든 근의 합은?

(단, $0\leq x<2\pi$)

① $\dfrac{\pi}{2}$　　② π　　③ $\dfrac{3}{2}\pi$

④ 2π　　⑤ $\dfrac{5}{2}\pi$

5-2 표현

방정식 $\sqrt{3}\tan x-1=0$의 모든 근의 합을 θ라 할 때, $\sin\theta$의 값은? (단, $0\leq x<2\pi$)

① -1　　② $-\dfrac{\sqrt{3}}{2}$　　③ $-\dfrac{1}{2}$

④ $\dfrac{1}{2}$　　⑤ $\sqrt{3}$

유형 **6** ｜ 삼각부등식

다음 중 부등식 $1-\sqrt{2}\sin x<0$의 해가 될 수 <u>없는</u> 것은? (단, $0\leq x<2\pi$)

① $\dfrac{\pi}{3}$　　　　② $\dfrac{5}{12}\pi$　　　　③ $\dfrac{\pi}{2}$

④ $\dfrac{2}{3}\pi$　　　　⑤ $\dfrac{7}{6}\pi$

Tip 부등식 $\sin x>k$의 해는 함수 $y=\sin x$의 그래프가 직선 $y=k$보다 위쪽에 있는 부분의 x의 값의 범위이다.

6-1 숫자

다음 중 부등식 $2\cos x+\sqrt{3}\leq 0$의 해가 될 수 <u>없는</u> 것은?

(단, $0\leq x<2\pi$)

① $\dfrac{\pi}{2}$　　② $\dfrac{2}{3}\pi$　　③ $\dfrac{5}{6}\pi$

④ π　　⑤ $\dfrac{7}{6}\pi$

6-2 표현

부등식 $0\leq\sqrt{3}\tan x\leq 3$의 해를 구하시오. (단, $0\leq x<2\pi$)

교과서 문제 정복하기

01

함수 $y=\sin 3x$의 그래프를 평행이동하여 겹쳐질 수 있는 그래프의 식인 것만을 〈보기〉에서 있는 대로 고른 것은?

① ㄱ
② ㄱ, ㄴ
③ ㄱ, ㄷ
④ ㄴ, ㄷ
⑤ ㄱ, ㄴ, ㄹ

02

다음 중 함수 $y=\sin \left(2x+\dfrac{\pi}{3}\right)$의 그래프는?

① 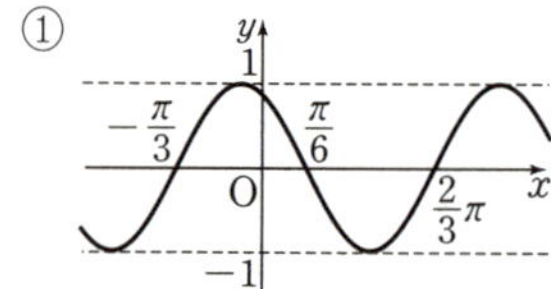
② 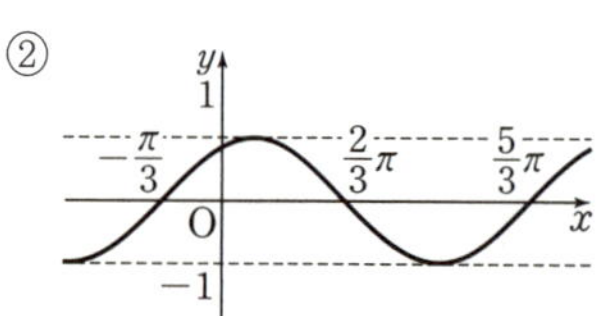
③ 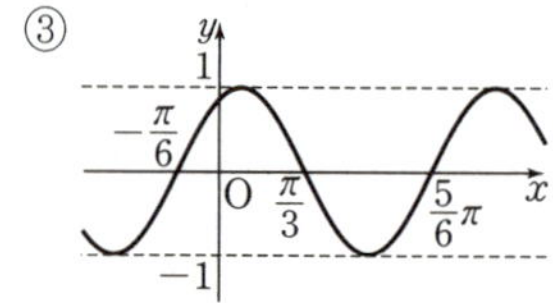
④ 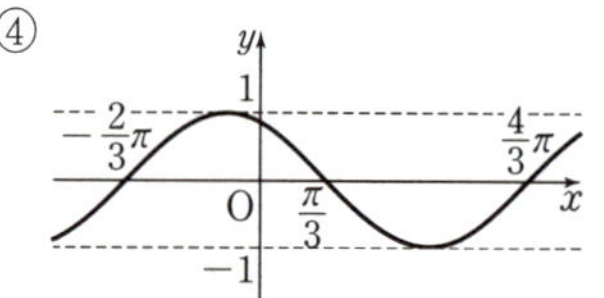
⑤ 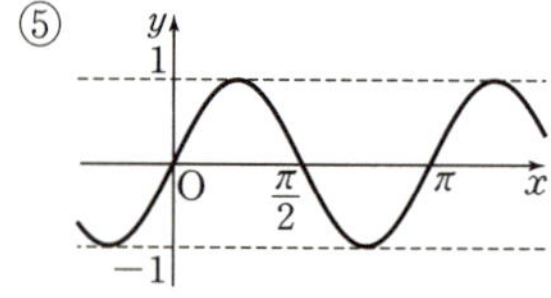

03

함수 $y=2\sin \left(\dfrac{x}{2}-\dfrac{\pi}{2}\right)+2$의 치역과 주기를 구하시오.

04

천재교육 변형

어느 교류 회로에서 전류가 시간에 따라 변하는 모양은 시간을 t, 전류를 y라 할 때, 함수
$$y=5\sin 150\pi t$$
의 그래프와 같다고 한다. 이 그래프에서 진폭을 a, 주기를 b라 할 때, $a+b$의 값을 구하시오.

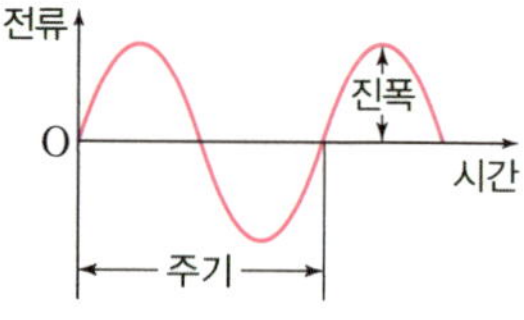

05

함수 $f(x)=a\cos bx+c$가 다음 조건을 모두 만족시킬 때, 양수 a, b, c에 대하여 $a+b+c$의 값을 구하시오.

(가) 함수 $f(x)$의 최댓값은 6, 최솟값은 2이다.
(나) 함수 $f(x)$의 주기는 π이다.

06

함수 $y=a\sin (bx+c)$의 그래프가 오른쪽 그림과 같을 때, 상수 a, b, c에 대하여 abc의 값은?

(단, $a>0$, $b>0$, $0\leq c<\pi$)

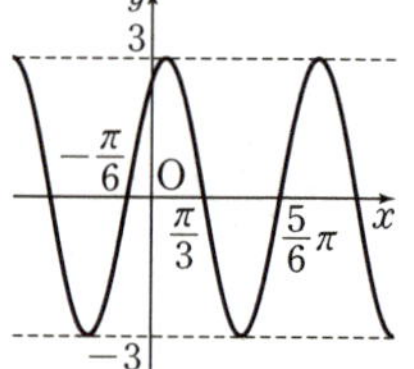

① π
② $\dfrac{3}{2}\pi$
③ 2π
④ $\dfrac{5}{2}\pi$
⑤ 3π

07

함수 $y=|3\sin x|-1$의 최댓값을 M, 최솟값을 m이라 할 때, $M+m$의 값을 구하시오.

08

$$\dfrac{\sin \dfrac{7}{3}\pi + \tan \dfrac{9}{4}\pi}{\cos\left(-\dfrac{\pi}{6}\right) + \tan\left(-\dfrac{\pi}{4}\right)}$$ 의 값은?

① $-7+2\sqrt{3}$　　② $-7-4\sqrt{3}$　　③ $-9-6\sqrt{2}$
④ $-9+8\sqrt{2}$　　⑤ $10-8\sqrt{2}$

★ 09

$\sin^2 \theta + \sin^2\left(\dfrac{\pi}{2}+\theta\right) + \sin^2(\pi+\theta) + \sin^2\left(\dfrac{3}{2}\pi+\theta\right)$ 를 간단히 하시오.

10

$\tan 1° \times \tan 2° \times \tan 3° \times \cdots \times \tan 89°$ 의 값은?

① $\dfrac{1}{2}$　　　② 1　　　③ 4
④ 9　　　⑤ 16

11

함수 $y=2\cos^2 x - 4\sin x + 1$ 의 최댓값을 M, 최솟값을 m이라 할 때, Mm의 값을 구하시오.

12

$0 \leq x < 2\pi$일 때, 방정식 $\cos\left(x+\dfrac{\pi}{4}\right) = \dfrac{1}{2}$의 두 근의 차는?

① $\dfrac{\pi}{3}$　　　② $\dfrac{\pi}{2}$　　　③ π
④ $\dfrac{4}{3}\pi$　　　⑤ $\dfrac{3}{2}\pi$

★ 13

방정식 $2\sin^2 x + \cos x - 1 = 0$의 모든 근의 합을 구하시오.
(단, $0 \leq x < 2\pi$)

14 　비상교육 변형

조류 발전은 빠른 유속을 이용하여 전기를 생산하는 방식으로 어느 조류 발전기는 유속이 4 m/s 이상일 때 발전이 가능하다고 한다. 이 조류 발전기가 설치된 어느 지역에서 시각이 x시일 때의 유속을 $f(x)$ m/s라 하면

$$f(x) = 4\sqrt{2}\sin\dfrac{\pi}{12}x \ (0 \leq x \leq 12)$$

라 한다. 0시부터 12시까지 조류 발전이 가능한 시간은 몇 시간 동안인지 구하시오.

15

부등식 $2\cos^2 x - \sin x \geq 1$의 해가 $a \leq x \leq b$일 때, $b-a$의 값을 구하시오. $\left(단, \dfrac{\pi}{2} \leq x \leq \pi\right)$

07 삼각함수의 활용

07·1 사인법칙

삼각형 ABC의 외접원의 반지름의 길이를 R라 하면

(1) **사인법칙**

$$\frac{a}{\sin A}=\frac{b}{\sin B}=\frac{c}{\sin C}=2R$$

(2) **사인법칙의 변형**

① $\sin A=\dfrac{a}{2R}$, $\sin B=\dfrac{b}{2R}$, $\sin C=\dfrac{c}{2R}$

② $a=2R\sin A$, $b=2R\sin B$, $c=2R\sin C$

③ $a:b:c=\sin A:\sin B:\sin C$

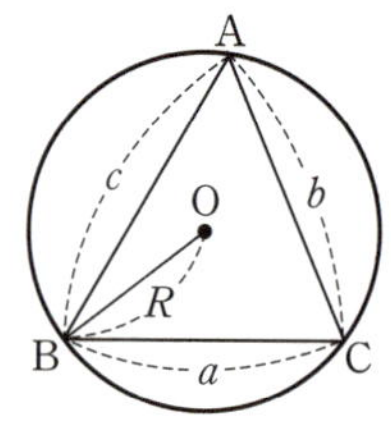

07·2 코사인법칙

삼각형 ABC에 대하여

(1) **코사인법칙**

$$a^2=b^2+c^2-2bc\cos A,\quad b^2=c^2+a^2-2ca\cos B,\quad c^2=a^2+b^2-2ab\cos C$$

(2) **코사인법칙의 변형**

$$\cos A=\frac{b^2+c^2-a^2}{2bc},\quad \cos B=\frac{c^2+a^2-b^2}{2ca},\quad \cos C=\frac{a^2+b^2-c^2}{2ab}$$

07·3 삼각형의 넓이

(1) 삼각형 ABC의 넓이를 S라 하면

$$S=\frac{1}{2}bc\sin A=\frac{1}{2}ca\sin B=\frac{1}{2}ab\sin C$$

(2) 삼각형 ABC의 넓이를 S, 외접원의 반지름의 길이를 R라 하면

$$S=\frac{abc}{4R}=2R^2\sin A\sin B\sin C$$

07·4 사각형의 넓이

(1) **평행사변형의 넓이**

평행사변형 ABCD에서 이웃하는 두 변의 길이가 a, b이고, 그 끼인각의 크기가 θ일 때, 평행사변형 ABCD의 넓이를 S라 하면

$$S=ab\sin\theta$$

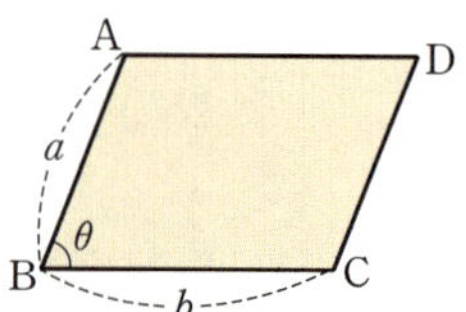

(2) **사각형의 넓이**

사각형 ABCD에서 두 대각선의 길이가 p, q이고, 두 대각선이 이루는 각의 크기가 θ일 때, 사각형 ABCD의 넓이를 S라 하면

$$S=\frac{1}{2}pq\sin\theta$$

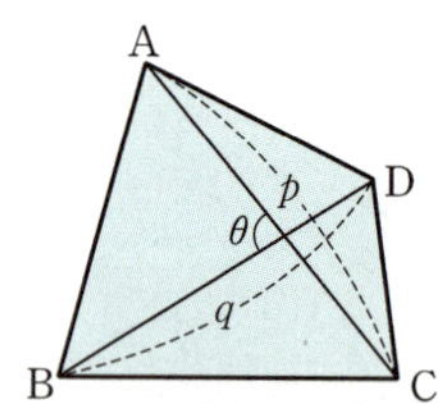

교과서 유형 흐름잡기

유형 1 | 사인법칙

오른쪽 그림과 같은 삼각형 ABC에서 $A=45°$, $B=30°$, $b=3$일 때, a의 값은?

① $\sqrt{2}$ ② $2\sqrt{2}$ ③ $3\sqrt{2}$
④ $4\sqrt{2}$ ⑤ $5\sqrt{2}$

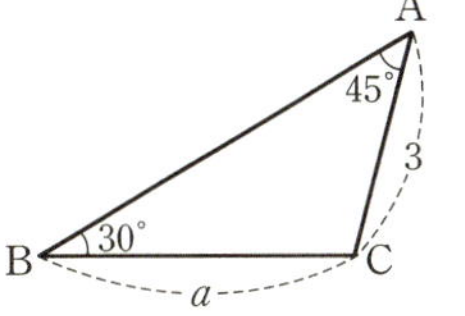

Point 삼각형 ABC에서 사인법칙

$$\frac{a}{\sin A}=\frac{b}{\sin B}=\frac{c}{\sin C}$$

를 이용한다.

1-1 [숫자]

오른쪽 그림과 같은 삼각형 ABC에서 $A=90°$, $B=30°$, $c=\sqrt{3}$일 때, a의 값은?

① 1 ② 2
③ 3 ④ 4
⑤ 5

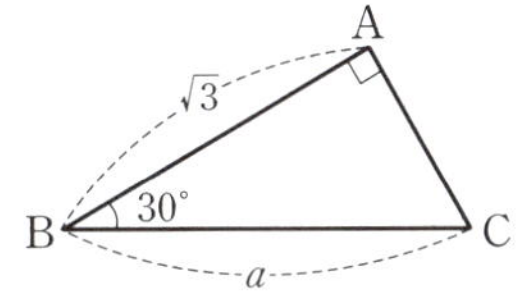

1-2 [표현]

오른쪽 그림과 같이 반지름의 길이가 4인 원에 내접하는 삼각형 ABC에서 $A=30°$일 때, a의 값은?

① 1 ② 2
③ 3 ④ 4
⑤ 5

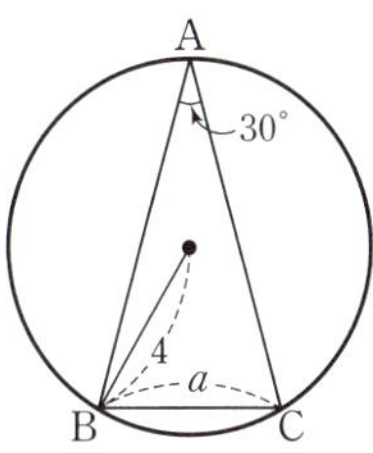

유형 2 | 코사인법칙

오른쪽 그림과 같은 삼각형 ABC에서 $b=7$, $c=8$, $B=60°$일 때, a의 값은? (단, $a>3$)

① 4 ② $3\sqrt{2}$ ③ $2\sqrt{5}$
④ $2\sqrt{6}$ ⑤ 5

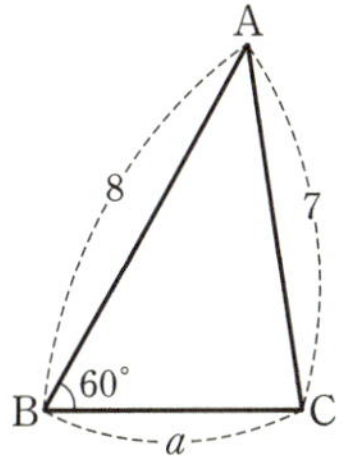

Point 삼각형 ABC에서 코사인법칙
$$b^2=c^2+a^2-2ca\cos B$$
를 이용한다.

2-1 [숫자]

오른쪽 그림과 같은 삼각형 ABC에서 $a=\sqrt{13}$, $b=3$, $A=60°$일 때, c의 값을 구하시오.

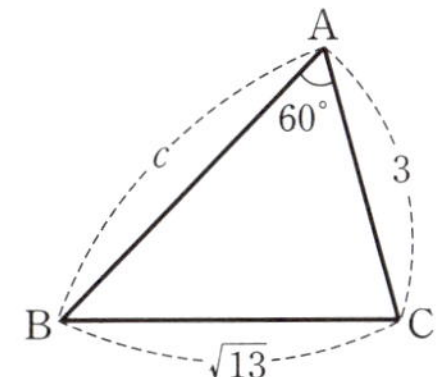

2-2 [표현]

오른쪽 그림과 같은 삼각형 ABC에서 $\overline{AB}=2$, $\overline{BC}=3$, $\overline{CA}=4$일 때, $\cos B$의 값은?

① $-\dfrac{1}{6}$ ② $-\dfrac{1}{5}$
③ $-\dfrac{1}{4}$ ④ $-\dfrac{1}{3}$
⑤ $-\dfrac{1}{2}$

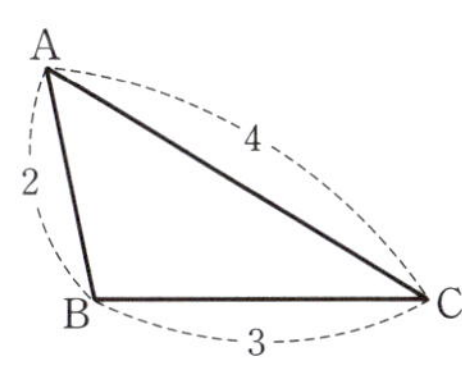

$2 \sin A \cos C = \sin B$를 만족시키는 삼각형 ABC는 어떤 삼각형인가?

① $a=b$인 이등변삼각형 ② $b=c$인 이등변삼각형

③ $a=c$인 이등변삼각형 ④ $A=90°$인 직각삼각형

⑤ $B=90°$인 직각삼각형

> **Tip** 사인법칙 또는 코사인법칙을 이용하여 각 A, B, C에 대한 식을 변 a, b, c에 대한 식으로 변형한다.

3-1 [숫자]

$b \cos A = a \cos B$를 만족시키는 삼각형 ABC는 어떤 삼각형인가?

① $a=b$인 이등변삼각형 ② $b=c$인 이등변삼각형

② $a=c$인 이등변삼각형 ④ $A=90°$인 직각삼각형

⑤ $B=90°$인 직각삼각형

3-2 [표현]

삼각형 ABC에서 $a \cos A + b \cos B = c \cos C$가 성립할 때, 이 삼각형은 어떤 삼각형인지 말하시오. (단, $a>b$)

오른쪽 그림과 같이 호수 가장자리에 15 m 떨어진 두 지점 B, C에서 분수대가 있는 A지점을 바라본 각의 크기를 각각 재었더니 $\angle ABC = 45°$, $\angle ACB = 75°$이었다. 이때 두 지점 A와 C 사이의 거리는?

① 10 m ② $5\sqrt{6}$ m ③ $10\sqrt{2}$ m

④ 15 m ⑤ $5\sqrt{10}$ m

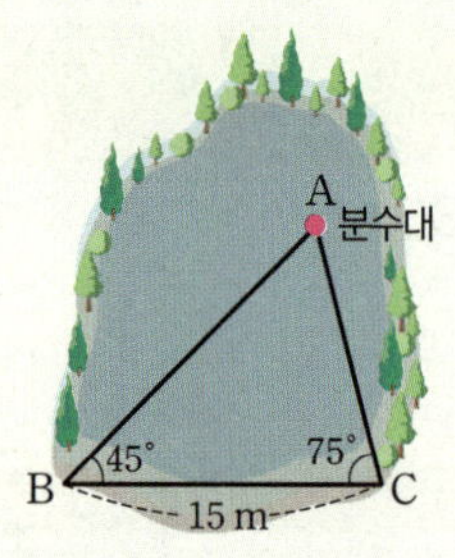

> **Tip** 세 지점을 꼭짓점으로 하는 삼각형에서 주어진 각의 크기와 변의 길이를 사인법칙 또는 코사인법칙에 대입하여 두 지점 사이의 거리를 구한다.

4-1 [숫자]

오른쪽 그림과 같이 8 m 떨어진 두 지점 A, B에서 깃발이 꽂힌 C지점을 바라본 각의 크기를 각각 재었더니 $\angle CAB = 57°$, $\angle CBA = 50°$이었다. 이때 두 지점 B와 C 사이의 거리는? (단, $\sin 57° = 0.84$, $\sin 73° = 0.96$으로 계산한다.)

① 5 m ② 6 m ③ 7 m

④ 8 m ⑤ 9 m

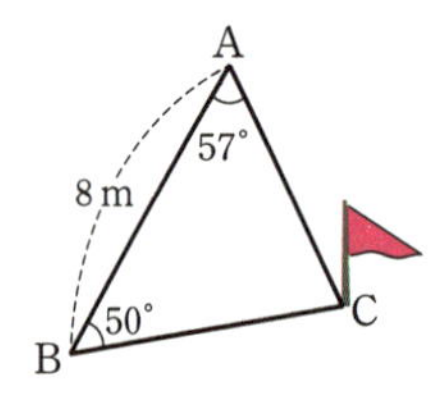

4-2 [표현]

다음 그림과 같은 구조물에서 높이가 각각 2 m, 3 m인 두 기둥 A, B의 꼭대기에 줄을 직선으로 연결하였다. C지점에서 두 기둥의 꼭대기를 올려본각의 크기가 모두 30°일 때, 꼭대기를 연결한 줄의 길이를 구하시오.

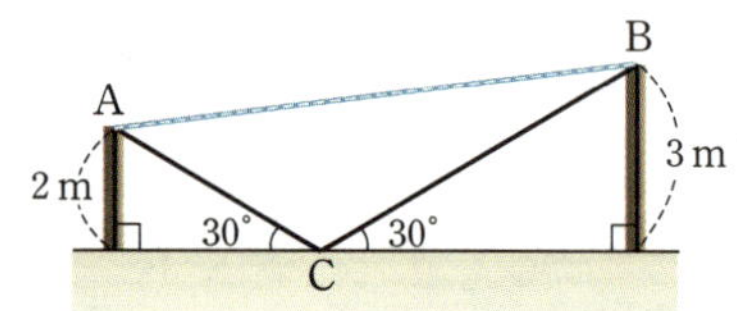

유형 **5** ｜ 삼각형의 넓이

세 변의 길이가 5, 7, 8인 삼각형 ABC의 넓이는?

① 10　　　　　② $10\sqrt{2}$　　　　　③ $10\sqrt{3}$

④ 20　　　　　⑤ $10\sqrt{5}$

> **Point** 삼각형 ABC에서 두 변의 길이 a, b와 그 끼인각의 크기 C에 대하여 삼각형의 넓이 S는
>
> $$S=\frac{1}{2}ab \sin C$$

5-1　숫자

세 변의 길이가 3, 5, 7인 삼각형 ABC의 넓이는?

① $15\sqrt{3}$　　　② $\dfrac{15\sqrt{3}}{2}$　　　③ $5\sqrt{3}$

④ $\dfrac{15\sqrt{3}}{4}$　　　⑤ $3\sqrt{3}$

5-2　표현

세 변의 길이의 비가 2, 3, 4인 삼각형 ABC의 넓이가 $3\sqrt{15}$ 일 때, 삼각형 ABC의 가장 긴 변의 길이는?

① 4　　　　　② 5　　　　　③ 6

④ 7　　　　　⑤ 8

유형 **6** ｜ 삼각형의 넓이의 응용

오른쪽 그림과 같은 사각형 ABCD에서 $\overline{AB}=\overline{BC}=\overline{CD}=6$, $B=60°$, $C=90°$ 일 때, 사각형 ABCD의 넓이는?

① $6\sqrt{3}+6$　　　② $7\sqrt{3}+7$　　　③ $8\sqrt{3}+8$

④ $9\sqrt{3}+9$　　　⑤ $10\sqrt{3}+10$

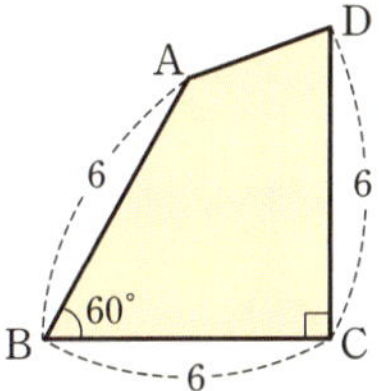

> **Tip** 대각선을 그어 사각형을 두 개의 삼각형으로 나눈 후, 두 변의 길이와 그 끼인각의 크기를 이용하여 사각형의 넓이를 구한다.

6-1　숫자

오른쪽 그림과 같은 사각형 ABCD에서 $\overline{AB}=3$, $\overline{AD}=\overline{CD}=4$, $A=90°$, $D=60°$ 일 때, 사각형 ABCD의 넓이를 구하시오.

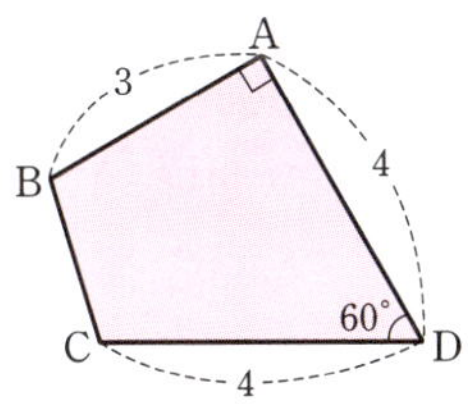

6-2　표현

오른쪽 그림과 같은 사각형 ABCD에서 $\overline{AB}=7$, $\overline{BC}=4$, $\overline{CD}=3$, $B=60°$, $D=120°$일 때, 사각형 ABCD의 넓이를 구하시오.

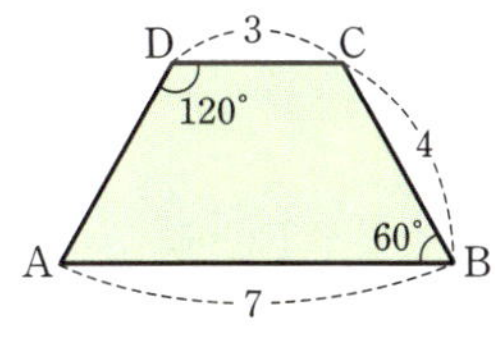

 ## 교과서 문제 정복하기

01

삼각형 ABC에서 $A=45°$, $a=2\sqrt{2}$일 때, 삼각형 ABC의 외접원의 넓이는?

① π ② 2π ③ 4π

④ 6π ⑤ 8π

02

삼각형 ABC에서 $A:B:C=1:2:3$이고 $a=2$일 때, b의 값은?

① 3 ② $2\sqrt{3}$ ③ $\sqrt{15}$

④ $3\sqrt{2}$ ⑤ $\sqrt{21}$

03

오른쪽 그림과 같이 원 O 위의 세 점 A, B, C에 대하여
$$\overarc{AB}:\overarc{BC}:\overarc{CA}=3:8:1$$
이고 $\overline{BC}=6$일 때, 선분 AB의 길이를 구하시오.

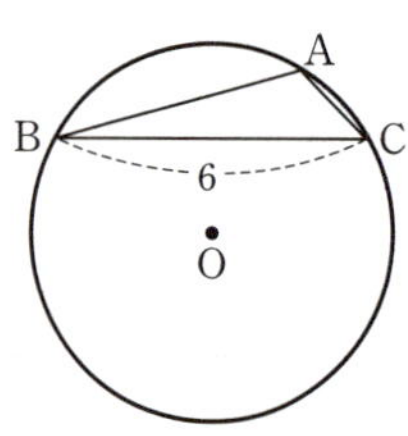

04

삼각형 ABC에서 $\sin A:\sin B:\sin C=1:\sqrt{2}:1$일 때, $\cos B$의 값은?

① 0 ② $\dfrac{1}{2}$ ③ $\dfrac{\sqrt{2}}{2}$

④ $\dfrac{\sqrt{3}}{2}$ ⑤ 1

05

오른쪽 그림과 같은 사각형 ABCD에서 $\overline{AB}=8$, $\overline{BC}=5$, $\overline{AD}=5$, $A=60°$, $C=120°$일 때, 변 CD의 길이는?

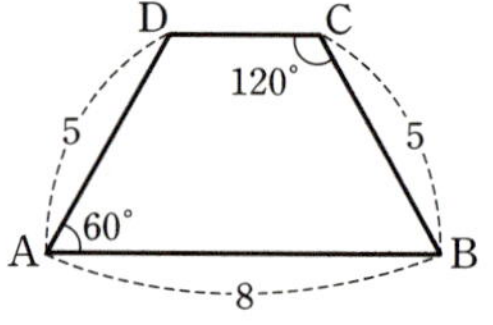

① $\sqrt{6}$ ② $2\sqrt{2}$ ③ 3

④ $\sqrt{10}$ ⑤ $2\sqrt{3}$

06

오른쪽 그림과 같이 원에 내접하는 사각형 ABCD에서 $\overline{AB}=3$, $\overline{AD}=2$, $\cos C=\dfrac{1}{6}$일 때, 사각형 ABCD의 대각선 BD의 길이를 구하시오.

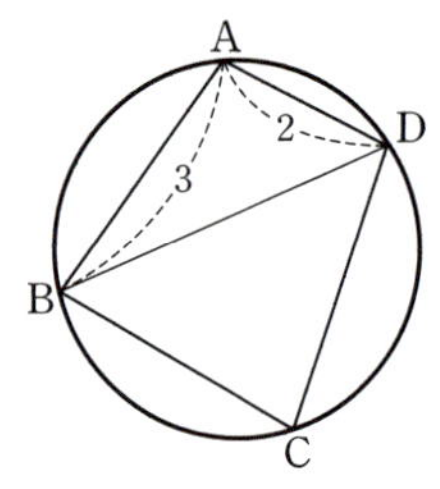

07

등식 $\cos^2 A-\cos^2 B=\sin^2 C$를 만족시키는 삼각형 ABC는 어떤 삼각형인지 말하시오.

08   금성출판사 변형

다음 그림과 같이 $\angle ABC=120°$, $\overline{AB}=6 \text{ km}$, $\overline{BD}=12 \text{ km}$인 산책로가 있다. A → C → D를 따라 걷는 산책로는 A → B → C → D를 따라 걷는 산책로보다 1 km가 짧다고 한다. $\overline{AC}$의 길이를 구하시오.

(단, 걷는 속력은 일정하다.)

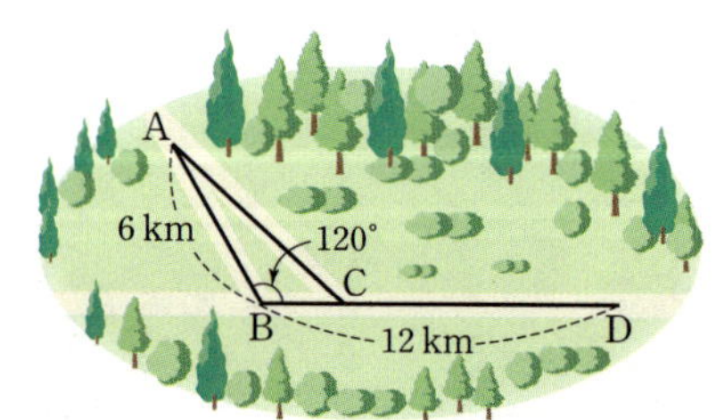

09

오른쪽 그림과 같은 삼각형 ABC에서 $\overline{AB}=4$, $\overline{AC}=5$이고, 변 BC 위의 한 점 D에 대하여 $\overline{BD}=2$, $\overline{DC}=6$일 때, $\overline{AD}$의 길이를 구하시오.

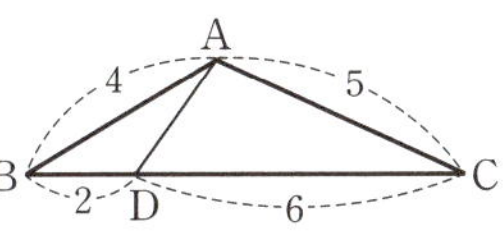

10 천재교과서 변형

오른쪽 그림과 같이 지면의 한 지점 H로부터 수직으로 2 km 상공에 떠 있는 헬리콥터에서 병원의 한 지점 A와 도서관의 한 지점 B를 내려본

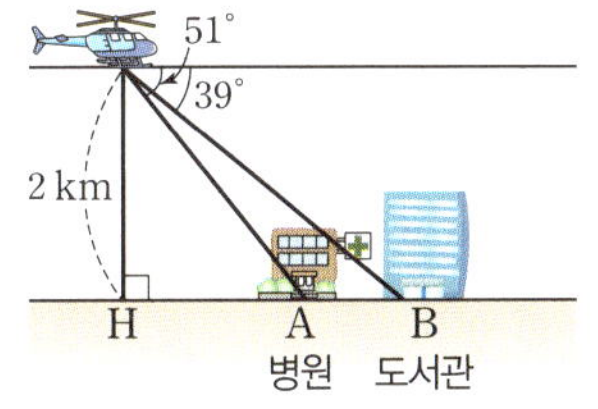

각의 크기가 각각 51°, 39°이었다. 이때 두 지점 A, B 사이의 거리는 몇 km인가? (단, $\sin 12°=0.21$, $\sin 39°=0.63$, $\sin 51°=0.78$이고, 소수점 아래 셋째 자리에서 반올림하여 구한다.)

① 0.81 km　　② 0.83 km　　③ 0.85 km
④ 0.87 km　　⑤ 0.89 km

11

삼각형 ABC에서 $b=2\sqrt{7}$, $c=4$, $B=60°$일 때, 삼각형 ABC의 넓이는?

① $5\sqrt{3}$　　② 10　　③ $6\sqrt{3}$
④ $4\sqrt{7}$　　⑤ $7\sqrt{3}$

12

삼각형 ABC에서 $a=5$, $b=6$, $\sin (A+B)=\dfrac{1}{3}$일 때, 삼각형 ABC의 넓이를 구하시오.

13

삼각형 ABC에서 $a:b:c=7:3:5$이고, 넓이가 $15\sqrt{3}$일 때, a의 값은?

① 7　　② $7\sqrt{2}$　　③ $7\sqrt{3}$
④ 14　　⑤ $7\sqrt{5}$

14

오른쪽 그림과 같이 사각형 ABCD에서 $\overline{AB}=4$, $\overline{BC}=\sqrt{6}$, $\overline{AD}=2$, $A=60°$, $\angle CBD=45°$일 때, 사각형 ABCD의 넓이를 구하시오.

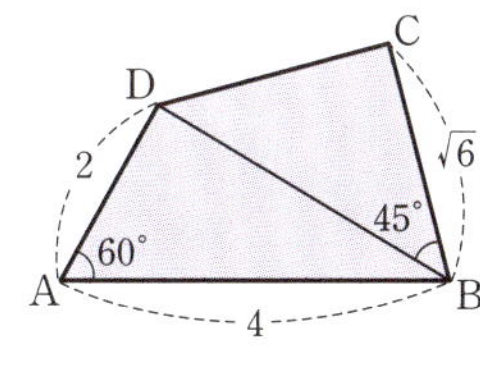

15

$\overline{AB}=6$, $\overline{BC}=4$인 평행사변형 ABCD의 넓이가 $12\sqrt{3}$일 때, B의 크기를 구하시오. (단, $0°<B<90°$)

16

다음 그림과 같이 세 변의 길이가 6, 10, 14인 삼각형 ABC에 내접하는 원의 반지름의 길이가 $\sqrt{3}$일 때, 삼각형 ABC의 외접원의 반지름의 길이를 구하시오.

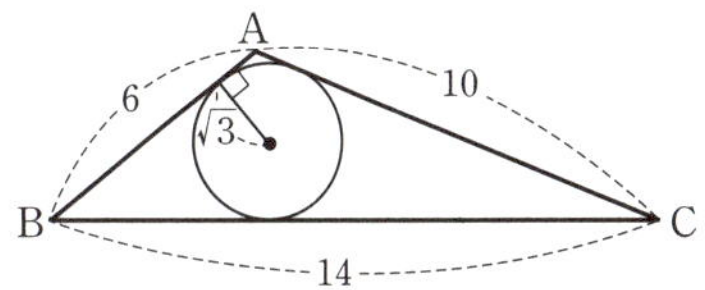

되짚어 보기

01 규칙에 따라 다음 □ 안에 알맞은 수를 써넣으시오.

(1) 3, 5, 7, 9, □, 13, …

(2) 80, 70, 60, □, 40, …

02 20 이하의 자연수 중에서 다음 수를 작은 것부터 차례대로 나열하시오.

(1) 3의 배수

(2) 소수

03 함수 $f(x) = 6x - 1$에 대하여 다음 값을 구하시오.

(1) $f(1)$ (2) $f(2)$ (3) $f(3)$

04 함수 $f(x) = 2 \times 5^{x-1}$에 대하여 다음 값을 구하시오.

(1) $f(1)$ (2) $f(2)$ (3) $f(3)$

05 다음을 간단히 하시오.

(1) $2^6 \times 4^{-2} \div 2^2$

(2) $\left(\dfrac{1}{5}\right)^2 \div 5^3 \times 5^6$

III

수열

 등차수열과 등비수열

08·1　수열

(1) **수열**: 일정한 규칙에 따라 차례대로 나열된 수의 열

(2) **항**: 수열을 이루고 있는 각 수

(3) **일반항 a_n**: 수열 $\{a_n\}$의 제 n항

ex 수열 2, 4, 6, 8, …에서 제3항은 6이고, 일반항 a_n은 $a_n=2n$이다.

> 항이 유한개인 수열에서 항의 개수를 항수, 마지막 항을 끝항이라 한다.

08·2　등차수열

(1) **등차수열**: 첫째항부터 차례대로 일정한 수를 더하여 만든 수열

(2) **공차**: 등차수열에서 더하는 일정한 수

(3) **등차수열의 일반항**: 첫째항이 a, 공차가 d인 등차수열의 일반항 a_n은
$$a_n=a+(n-1)d \ (n=1,\ 2,\ 3,\ \cdots)$$

(4) **등차중항**: 세 수 a, b, c가 이 순서대로 등차수열을 이룰 때, b를 a와 c의 등차중항이라 한다. 이때 세 수 a, b, c 사이에는 다음이 성립한다.
$$b-a=c-b \Longleftrightarrow 2b=a+c \Longleftrightarrow b=\frac{a+c}{2}$$

(5) **등차수열의 합**

등차수열의 첫째항부터 제 n항까지의 합을 S_n이라 하면

① 첫째항이 a, 제 n항이 l일 때, $S_n=\dfrac{n(a+l)}{2}$

② 첫째항이 a, 공차가 d일 때, $S_n=\dfrac{n\{2a+(n-1)d\}}{2}$

> **등차수열을 이루는 수**
> ① 등차수열을 이루는 세 수는
> ⇨ $a-d,\ a,\ a+d$
> ② 등차수열을 이루는 네 수는
> ⇨ $a-3d,\ a-d,\ a+d,\ a+3d$
> 로 놓으면 계산이 편리하다.

> 등차수열의 일반항은
> $pn+q$ (p, q는 상수)
> 꼴이다.

> $l=a+(n-1)d$이므로
> $a+l=2a+(n-1)d$

08·3　수열의 합과 일반항 사이의 관계

수열 $\{a_n\}$의 첫째항부터 제 n항까지의 합을 S_n이라 하면
$$a_1=S_1,\ a_n=S_n-S_{n-1} \ (n\geq2)$$

> 수열의 합 S_n과 일반항 a_n 사이의 관계는 모든 수열에서 성립한다.

08·4　등비수열

(1) **등비수열**: 첫째항부터 차례대로 일정한 수를 곱하여 만든 수열

(2) **공비**: 등비수열에서 곱하는 일정한 수

(3) **등비수열의 일반항**: 첫째항이 a, 공비가 r ($r\neq0$)인 등비수열의 일반항 a_n은
$$a_n=ar^{n-1} \ (n=1,\ 2,\ 3,\ \cdots)$$

(4) **등비중항**: 0이 아닌 세 수 a, b, c가 이 순서대로 등비수열을 이룰 때, b를 a와 c의 등비중항이라 한다. 이때 세 수 a, b, c 사이에는 다음이 성립한다.
$$\frac{b}{a}=\frac{c}{b} \Longleftrightarrow b^2=ac$$

(5) **등비수열의 합**

첫째항이 a, 공비가 r인 등비수열의 첫째항부터 제 n항까지의 합을 S_n이라 하면

① $r\neq1$일 때, $S_n=\dfrac{a(1-r^n)}{1-r}=\dfrac{a(r^n-1)}{r-1}$

② $r=1$일 때, $S_n=na$

> 등비수열을 이루는 세 수는
> $a,\ ar,\ ar^2 \ (ar\neq0)$
> 으로 놓는다.

> 등비수열의 합을 구할 때
> $r>1$이면 $S_n=\dfrac{a(r^n-1)}{r-1}$,
> $r<1$이면 $S_n=\dfrac{a(1-r^n)}{1-r}$
> 에 대입하면 계산이 편리하다.

교과서 유형 흐름잡기

유형 1 | 등차수열의 일반항

$a_5=72$, $a_{10}=37$인 등차수열 $\{a_n\}$에서 처음으로 음수가 되는 항은 제몇 항인가?

① 제 13 항 ② 제 14 항 ③ 제 15 항
④ 제 16 항 ⑤ 제 17 항

Tip 등차수열에서 처음으로 음수가 되는 항은
$$a+(n-1)d<0$$
을 만족시키는 자연수 n의 최솟값을 구한다.

1-1 숫자

$a_2=-10$, $a_7=30$인 등차수열 $\{a_n\}$에서 처음으로 양수가 되는 항은 제몇 항인가?

① 제 3 항 ② 제 4 항 ③ 제 5 항
④ 제 6 항 ⑤ 제 7 항

1-2 표현

등차수열 $\{a_n\}$에 대하여 $a_1+a_2=-8$, $a_3+a_4=0$일 때, 이 등차수열에서 처음으로 15보다 커지는 항은 제몇 항인지 구하시오.

유형 2 | 등비수열의 일반항

$a_2=12$, $a_4=108$이고 공비가 양수인 등비수열 $\{a_n\}$에서 처음으로 1000보다 커지는 항은 제몇 항인가?

① 제 3 항 ② 제 5 항 ③ 제 7 항
④ 제 8 항 ⑤ 제 9 항

Tip 등비수열에서 처음으로 1000보다 커지는 항은
$$ar^{n-1}>1000$$
을 만족시키는 자연수 n의 최솟값을 구한다.

2-1 숫자

$a_2=48$, $a_5=6$이고 모든 항이 실수인 등비수열 $\{a_n\}$에서 처음으로 1보다 작아지는 항은 제몇 항인지 구하시오.

2-2 표현

등비수열 $\{a_n\}$에 대하여 $a_2+a_5=54$, $a_3+a_6=108$일 때, $a_n>600$을 만족시키는 자연수 n의 최솟값은?

① 5 ② 6 ③ 7
④ 8 ⑤ 9

서로 다른 세 수 4, a, b에 대하여 4, a, b는 이 순서대로 등차수열을 이루고, a, b, 4는 이 순서대로 등비수열을 이룰 때, $a-b$의 값은?

① -2 ② -1 ③ 1
④ 2 ⑤ 3

Point 세 수 a, b, c가 이 순서대로 등차수열을 이루면
$$b=\frac{a+c}{2}$$
세 수 a, b, c가 이 순서대로 등비수열을 이루면 $b^2=ac$

3-1 숫자

세 수 4, a, b가 이 순서대로 등차수열을 이루고, 세 수 a, b, 18이 이 순서대로 등비수열을 이룰 때, 양수 a, b에 대하여 $a+b$의 값은?

① 20 ② 21 ③ 22
④ 23 ⑤ 24

3-2 표현

서로 다른 세 실수 a, b, c에 대하여 a, b, c는 이 순서대로 등차수열을 이루고, b, a, c는 이 순서대로 등비수열을 이룬다. $abc=27$일 때, c의 값을 구하시오.

등차수열 $\{a_n\}$의 첫째항부터 제 n 항까지의 합을 S_n이라 할 때, $S_4=16$, $S_9=126$이다. 이때 수열 $\{a_n\}$의 첫째항은?

① -3 ② -2 ③ -1
④ 1 ⑤ 2

Point 등차수열의 합의 공식
$$S_n=\frac{n\{2a+(n-1)d\}}{2}$$를 이용하여 첫째항과 공차에 대한 식을 세운다.

4-1 숫자

등차수열 $\{a_n\}$의 첫째항부터 제 n 항까지의 합을 S_n이라 할 때, $S_5=10$, $S_{10}=45$이다. 이때 수열 $\{a_n\}$의 공차는?

① 1 ② 2 ③ 3
④ 4 ⑤ 5

4-2 표현

등차수열 $\{a_n\}$의 첫째항부터 제 8 항까지의 합이 32, 첫째항부터 제 12 항까지의 합이 96일 때, 첫째항부터 제 16 항까지의 합을 구하시오.

⭐ 유형 5 ｜ 등비수열의 합

등비수열 $\{a_n\}$의 첫째항부터 제 n 항까지의 합 S_n에 대하여 $S_5=5$, $S_{10}=20$일 때, S_{15}의 값은?

① 55　　　　② 60　　　　③ 65
④ 70　　　　⑤ 75

Point 등비수열의 합의 공식
$S_n=\dfrac{a(1-r^n)}{1-r}$을 이용하여 첫째항과 공비에 대한 식을 세운다.

5-1 　숫자

등비수열 $\{a_n\}$의 첫째항부터 제 n 항까지의 합 S_n에 대하여 $S_{10}=2$, $S_{20}=14$일 때, S_{30}의 값은?

① 80　　　② 82　　　③ 84
④ 86　　　⑤ 88

5-2 　표현

등비수열 $\{a_n\}$의 첫째항부터 제 n 항까지의 합을 S_n이라 할 때, $S_n=16$, $S_{2n}=24$이다. 이때 $a_{n+1}+a_{n+2}+a_{n+3}+\cdots+a_{3n}$의 값을 구하시오.

유형 6 ｜ 원리합계

연이율 6 %, 1년마다의 복리로 매년 초에 30만 원씩 10년 동안 적립하려고 한다. 10년째 말의 적립금의 원리합계는? (단, $1.06^{10}=1.8$로 계산한다.)

① 421만 원　　　　② 422만 원　　　　③ 423만 원
④ 424만 원　　　　⑤ 425만 원

Point 원금 a원을 연이율 r의 복리로 n년 동안 예금할 때, 원리합계는 $a(1+r)^n$이다.

6-1 　숫자

연이율 5 %, 1년마다의 복리로 매년 말에 5만 원씩 12년 동안 적립하려고 한다. 12년째 말의 적립금의 원리합계는?
(단, $1.05^{12}=1.8$로 계산한다.)

① 80만 원　　② 81만 원　　③ 82만 원
④ 83만 원　　⑤ 84만 원

6-2 　표현

올해 초부터 연이율 4 %의 복리로 계산되는 5년 만기 정기적금에 가입하려고 한다. 5년째 말의 적립금의 원리합계가 260만 원이 되게 하려면 매년 초에 얼마씩 일정하게 적립해야 하는가? (단, $1.04^5=1.2$로 계산한다.)

① 40만 원　　② 45만 원　　③ 50만 원
④ 55만 원　　⑤ 60만 원

01

첫째항이 7, 제 20 항이 83인 등차수열의 공차는?

① 1 ② 2 ③ 3
④ 4 ⑤ 5

02

등차수열 $\{a_n\}$에서 $a_6=15$, $a_3 : a_9 = 1 : 9$일 때, a_{12}는?

① 30 ② 33 ③ 36
④ 39 ⑤ 42

03

모든 항이 실수인 등비수열에서 첫째항이 -96, 제 4 항이 12일 때, 이 등비수열의 공비는?

① $-\dfrac{1}{2}$ ② $-\dfrac{1}{3}$ ③ $-\dfrac{1}{4}$
④ $\dfrac{1}{3}$ ⑤ $\dfrac{1}{2}$

★ 04

공비가 양수인 등비수열 $\{a_n\}$에서 $a_3=27$, $a_7=\dfrac{1}{3}$일 때, $\dfrac{1}{81}$은 제몇 항인가?

① 제 9 항 ② 제 10 항 ③ 제 11 항
④ 제 12 항 ⑤ 제 13 항

★ 05

등차수열 $\{a_n\}$에서 $a_1+a_2+a_3=-12$, $a_4+a_5+a_6=33$일 때, 이 등차수열에서 처음으로 70보다 커지는 항은?

① 제 15 항 ② 제 16 항 ③ 제 17 항
④ 제 18 항 ⑤ 제 19항

06

두 수 3과 243 사이에 세 수 a, b, c를 넣어서 등차수열 3, a, b, c, 243을 만들었다. 이때 a의 값을 구하시오.

07

두 수 2와 $\dfrac{625}{8}$ 사이에 세 양수 x, y, z를 넣어서 만든 수열 2, x, y, z, $\dfrac{625}{8}$가 이 순서대로 등비수열을 이룰 때, y의 값을 구하시오.

08

$a_4=11$, $a_8=23$인 등차수열 $\{a_n\}$의 첫째항부터 제 20 항까지의 합은?

① 600 ② 605 ③ 610
④ 615 ⑤ 620

09

첫째항이 15인 등차수열 $\{a_n\}$에서 첫째항부터 제 n 항까지의 합을 S_n이라 할 때, $S_5=S_7$이다. 이때 $a_n<0$을 만족시키는 자연수 n의 최솟값은?

① 5　　　　② 6　　　　③ 7
④ 8　　　　⑤ 9

10

100 이하의 자연수 중에서 5로 나누었을 때의 나머지가 3인 수의 총합을 구하시오.

11　●동아출판 변형

떨어뜨린 높이의 $\dfrac{3}{4}$만큼 다시 튀어 오르는 공이 있다고 하자. 이 공을 15 m 높이에서 떨어뜨렸을 때, 8번째 튀어 오른 공의 높이를 구하시오.

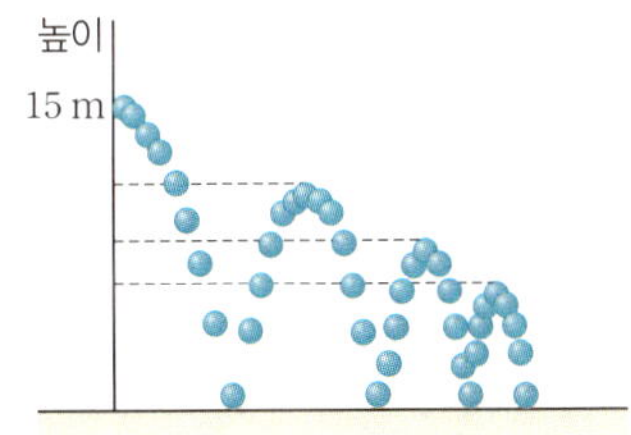

12

공비가 양수인 등비수열 $\{a_n\}$에서 $a_2=6$, $a_4=24$일 때, 이 수열의 첫째항부터 제 10 항까지의 합을 구하시오.

13　●미래엔 변형

오른쪽 그림과 같이 한 변의 길이가 4인 정사각형 모양의 종이가 있다. 첫 번째 시행에서 마주보는 두 변의 중점을 이은 선분에 의하여 만들어지는 네 개의 정사각형 중에서 왼쪽 위의 정사각형을 색칠한다. 두 번째 시행에서 첫 번째 시행 후 남은 오른쪽 아래의 정사각형에서 같은 방법으로 정사각형을 색칠한다. 이와 같은 시행을 반복할 때, 4번째 시행 후 색칠한 정사각형의 넓이의 합을 구하시오.

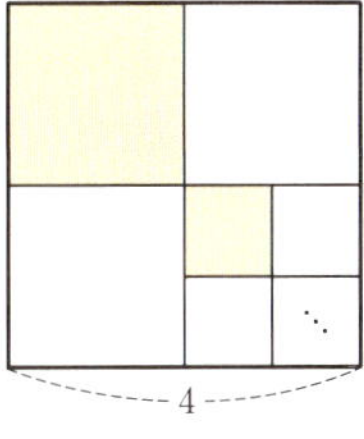

14

수열 $\{a_n\}$의 첫째항부터 제 n 항까지의 합 S_n이 $S_n=5(5^n-1)$일 때, a_1+a_5의 값을 구하시오.

15

수열 $\{a_n\}$의 첫째항부터 제 n 항까지의 합 S_n이 $S_n=2n^2-3n$이다. 이때 일반항 a_n을 구하시오.

16

연이율 2 %의 복리로 매년 말에 a만 원씩 6년 동안 적립하였다. 6년째 말의 적립금의 원리합계가 260만 원이라 할 때, a의 값은? (단, $1.02^6=1.1$로 계산한다.)

① 46　　　　② 48　　　　③ 50
④ 52　　　　⑤ 54

09 수열의 합

09·1 합의 기호 $\sum$

수열 $\{a_n\}$의 첫째항부터 제 n 항까지의 합 $a_1+a_2+a_3+\cdots+a_n$을 기호 $\sum$를 사용하여 $\sum\limits_{k=1}^{n} a_k$로 나타낸다. 즉,

$$a_1+a_2+a_3+\cdots+a_n=\sum_{k=1}^{n} a_k$$

[ex] $2+4+6+\cdots+2n=\sum\limits_{k=1}^{n} 2k$

[참고] $m\le n$일 때, 수열 $\{a_n\}$의 제 m 항부터 제 n 항까지의 합 $a_m+a_{m+1}+\cdots+a_n$은 $\sum\limits_{k=m}^{n} a_k=\sum\limits_{k=1}^{n} a_k-\sum\limits_{k=1}^{m-1} a_k$ 로 나타낸다.

> **개념 플러스**
>
> 제 n 항까지
> $$\sum_{k=1}^{n} a_k \leftarrow \text{일반항}$$
> 첫째항부터
>
> $\sum\limits_{k=1}^{n} a_k$는 k 대신에 다른 문자를 사용하여 $\sum\limits_{i=1}^{n} a_i,\ \sum\limits_{j=1}^{n} a_j,\ \sum\limits_{m=1}^{n} a_m$ 등으로 나타내기도 한다.

09·2 $\sum$의 성질

(1) $\sum\limits_{k=1}^{n} (a_k+b_k)=\sum\limits_{k=1}^{n} a_k+\sum\limits_{k=1}^{n} b_k$

(2) $\sum\limits_{k=1}^{n} (a_k-b_k)=\sum\limits_{k=1}^{n} a_k-\sum\limits_{k=1}^{n} b_k$

(3) $\sum\limits_{k=1}^{n} ca_k=c\sum\limits_{k=1}^{n} a_k$ (단, c는 상수)

(4) $\sum\limits_{k=1}^{n} c=cn$ (단, c는 상수)

[참고] $\sum\limits_{k=1}^{n} (pa_k+qb_k)=p\sum\limits_{k=1}^{n} a_k+q\sum\limits_{k=1}^{n} b_k$ (단, p, q는 상수)

> ① $\sum\limits_{k=1}^{n} a_kb_k\neq\sum\limits_{k=1}^{n} a_k\sum\limits_{k=1}^{n} b_k$
>
> ② $\sum\limits_{k=1}^{n} \dfrac{a_k}{b_k}\neq\dfrac{\sum\limits_{k=1}^{n} a_k}{\sum\limits_{k=1}^{n} b_k}$
>
> ③ $\sum\limits_{k=1}^{n} a_k^2\neq\left(\sum\limits_{k=1}^{n} a_k\right)^2$

09·3 자연수의 거듭제곱의 합

(1) $\sum\limits_{k=1}^{n} k=1+2+3+\cdots+n=\dfrac{n(n+1)}{2}$

(2) $\sum\limits_{k=1}^{n} k^2=1^2+2^2+3^2+\cdots+n^2=\dfrac{n(n+1)(2n+1)}{6}$

(3) $\sum\limits_{k=1}^{n} k^3=1^3+2^3+3^3+\cdots+n^3=\left\{\dfrac{n(n+1)}{2}\right\}^2$

> $\sum\limits_{k=1}^{n} k^3=\left\{\dfrac{n(n+1)}{2}\right\}^2$
> $=\left(\sum\limits_{k=1}^{n} k\right)^2$

09·4 분수의 꼴인 수열의 합

분수의 꼴인 수열의 합은 부분분수로 변형하여 구한다.

(1) $\sum\limits_{k=1}^{n} \dfrac{1}{k(k+1)}=\sum\limits_{k=1}^{n} \left(\dfrac{1}{k}-\dfrac{1}{k+1}\right)$

(2) $\sum\limits_{k=1}^{n} \dfrac{1}{(k+a)(k+b)}=\dfrac{1}{b-a}\sum\limits_{k=1}^{n} \left(\dfrac{1}{k+a}-\dfrac{1}{k+b}\right)$ (단, $a\neq b$)

[참고] $\dfrac{1}{AB}=\dfrac{1}{B-A}\left(\dfrac{1}{A}-\dfrac{1}{B}\right)$ (단, $A\neq B$)

$\dfrac{1}{ABC}=\dfrac{1}{C-A}\left(\dfrac{1}{AB}-\dfrac{1}{BC}\right)$ (단, $A\neq C$)

> 일반항의 분모에 근호가 포함된 수열의 합은 분모를 유리화하여 구한다.
>
> $\Rightarrow \sum\limits_{k=1}^{n} \dfrac{1}{\sqrt{k}+\sqrt{k+1}}$
> $=\sum\limits_{k=1}^{n} (\sqrt{k+1}-\sqrt{k})$

교과서 유형 흐름잡기

다음 〈보기〉에서 옳은 것만을 있는 대로 고른 것은?

Tip

$a_1+a_2+a_3+\cdots+a_n=\sum\limits_{k=1}^{n}a_k$ 이므로 주어진 수열의 일반항을 구하고, 수열의 합에서 마지막에 더해진 항은 제몇 항인지 생각해 본다.

─ 보기 ─

ㄱ. $1+4+7+\cdots+100=\sum\limits_{k=1}^{33}(3k-2)$

ㄴ. $1+5+5^2+5^3+5^4+5^5=\sum\limits_{k=1}^{5}5^{k-1}$

ㄷ. $1+4+9+16+\cdots+100=\sum\limits_{k=0}^{10}k^2$

① ㄱ   ② ㄴ   ③ ㄷ

④ ㄱ, ㄴ   ⑤ ㄴ, ㄷ

1-1 숫자

다음 〈보기〉에서 옳은 것만을 있는 대로 고르시오.

─ 보기 ─

ㄱ. $3+6+9+\cdots+30=\sum\limits_{k=1}^{10}3k$

ㄴ. $1+3+5+\cdots+51=\sum\limits_{k=1}^{50}(2k-1)$

ㄷ. $1-1+1-1+1-1=\sum\limits_{k=0}^{5}(-1)^k$

1-2 표현

다음 중 $2+4+6+\cdots+20$을 기호 $\sum$를 사용하여 나타낸 것으로 옳지 <u>않은</u> 것은?

① $\sum\limits_{l=0}^{9}2(l+1)$ ② $\sum\limits_{m=1}^{10}2m$

③ $\sum\limits_{i=2}^{11}2(i-1)$ ④ $\dfrac{1}{2}\sum\limits_{j=1}^{40}j$

⑤ $\sum\limits_{k=1}^{20}k-\sum\limits_{k=1}^{10}(2k-1)$

$\sum\limits_{k=1}^{10}a_k=25$, $\sum\limits_{k=1}^{10}b_k=15$일 때, $\sum\limits_{k=1}^{10}(2a_k-4b_k+3)$의 값은?

Point 상수 p, q, r에 대하여
$$\sum\limits_{k=1}^{n}(pa_k+qb_k+r)$$
$$=p\sum\limits_{k=1}^{n}a_k+q\sum\limits_{k=1}^{n}b_k+rn$$

① 15   ② 20   ③ 25

④ 30   ⑤ 35

2-1 숫자

$\sum\limits_{k=1}^{5}a_k=10$, $\sum\limits_{k=1}^{5}a_k^2=30$일 때, $\sum\limits_{k=1}^{5}(2a_k-1)^2$의 값은?

① 70   ② 75   ③ 80

④ 85   ⑤ 90

2-2 표현

$\sum\limits_{k=1}^{n}a_k=n^2$, $\sum\limits_{k=1}^{n}b_k=-4n$일 때, 다음 식의 값을 구하시오.

$$\sum\limits_{k=1}^{10}(3a_k+4b_k-1)$$

$\displaystyle\sum_{k=1}^{10}(k+3)^2-\sum_{k=1}^{10}(k-3)^2$의 값은?

① 620 ② 640 ③ 660
④ 680 ⑤ 700

Tip $\sum$의 성질을 이용하여 주어진 식을 간단히 한 후 $\displaystyle\sum_{k=1}^{n}k=\dfrac{n(n+1)}{2}$ 을 이용한다.

3-1 숫자

$\displaystyle\sum_{k=1}^{10}\dfrac{k^3}{k+1}+\sum_{k=1}^{10}\dfrac{1}{k+1}$의 값은?

① 300 ② 310 ③ 320
④ 330 ⑤ 340

3-2 표현

$\displaystyle\sum_{k=1}^{20}\dfrac{2+4+6+\cdots+2k}{10k}=\dfrac{1}{a}\sum_{k=1}^{20}(k+1)=b$일 때, 자연수 a, b에 대하여 $a+b$의 값은?

① 30 ② 31 ③ 32
④ 33 ⑤ 34

다음 수열의 첫째항부터 제 8 항까지의 합은?

$$1\times3,\ 2\times4,\ 3\times5,\ 4\times6,\ \cdots$$

① 264 ② 270 ③ 276
④ 282 ⑤ 288

Tip 주어진 수열의 일반항 a_n을 구한 후 $\sum$의 성질과 자연수의 거듭제곱의 합을 이용한다.

4-1 숫자

수열 1^2, 3^2, 5^2, $\cdots$의 첫째항부터 제 12 항까지의 합은?

① 2300 ② 2310 ③ 2320
④ 2330 ⑤ 2340

4-2 표현

수열의 합 $1\times19+2\times18+3\times17+\cdots+19\times1$의 값을 구하시오.

★ 유형 5 | 분수의 꼴인 수열의 합

수열 $\dfrac{1}{3^2-1},\ \dfrac{1}{5^2-1},\ \dfrac{1}{7^2-1},\ \cdots$의 첫째항부터 제 14 항까지의 합은?

① $\dfrac{7}{30}$　　② $\dfrac{4}{15}$　　③ $\dfrac{3}{10}$

④ $\dfrac{1}{3}$　　⑤ $\dfrac{11}{30}$

Tip 일반항이 분수의 꼴로 나타내어진 수열의 합을 구할 때는 부분분수로 고친다.

5-1 [숫자]

수열 $\dfrac{1}{1\times 3},\ \dfrac{1}{3\times 5},\ \dfrac{1}{5\times 7},\ \dfrac{1}{7\times 9},\ \cdots$의 첫째항부터 제 15 항까지의 합은?

① $\dfrac{1}{2}$　　② $\dfrac{15}{31}$　　③ $\dfrac{15}{32}$

④ $\dfrac{5}{11}$　　⑤ $\dfrac{15}{34}$

5-2 [표현]

수열 $\{a_n\}$에 대하여 $a_n=\dfrac{1}{n^2+3n+2}$일 때, $\sum\limits_{k=1}^{n} a_k=\dfrac{3}{7}$을 만족시키는 자연수 n의 값을 구하시오.

유형 6 | 근호를 포함한 수열의 합

$\dfrac{1}{1+\sqrt{2}}+\dfrac{1}{\sqrt{2}+\sqrt{3}}+\dfrac{1}{\sqrt{3}+\sqrt{4}}+\cdots+\dfrac{1}{\sqrt{99}+\sqrt{100}}$의 값은?

① 8　　② 9　　③ 10

④ 11　　⑤ 12

Tip 일반항의 분모에 근호가 포함된 수열의 합은 먼저 분모를 유리화한다.

6-1 [숫자]

$\sum\limits_{k=1}^{49}\dfrac{2}{\sqrt{k}+\sqrt{k+2}}$의 값을 구하시오.

6-2 [표현]

첫째항이 1, 공차가 2인 등차수열 $\{a_n\}$에 대하여 $\sum\limits_{k=1}^{12}\dfrac{1}{\sqrt{a_k}+\sqrt{a_{k+1}}}$의 값은?

① 1　　② $\sqrt{2}$　　③ 2

④ $2\sqrt{2}$　　⑤ 4

01

$\displaystyle\sum_{k=2}^{50} a_k = 4$, $\displaystyle\sum_{k=1}^{49} a_k = 2$일 때, $a_{50} - a_1$의 값은?

① -2 ② -1 ③ 0

④ 1 ⑤ 2

02

다음 〈보기〉에서 옳은 것만을 있는 대로 고른 것은?

> → 보기 ←
>
> ㄱ. $\displaystyle\sum_{k=1}^{n} k^2 = \sum_{k=0}^{n-1} (k+1)^2$
>
> ㄴ. $\displaystyle\sum_{k=1}^{n} 3^k = \sum_{k=2}^{n+1} 3^k$
>
> ㄷ. $\displaystyle\sum_{i=1}^{m-1} a_i + \sum_{j=m}^{n} a_j = \sum_{k=1}^{n} a_k$ (단, $n \geq m$)

① ㄱ   ② ㄷ   ③ ㄱ, ㄴ

④ ㄱ, ㄷ   ⑤ ㄴ, ㄷ

03

$\displaystyle\sum_{k=1}^{6} 3^{k-1}$의 값은?

① 360 ② 361 ③ 362

④ 363 ⑤ 364

04

$\displaystyle\sum_{k=1}^{n} (a_{2k-1} + a_{2k}) = 3n$일 때, $\displaystyle\sum_{k=1}^{20} a_k$의 값은?

① 27 ② 30 ③ 33

④ 36 ⑤ 39

05

$\displaystyle\sum_{k=1}^{8} (2a_k + b_k) = 20$, $\displaystyle\sum_{k=1}^{8} (a_k - b_k) = 7$일 때, $\displaystyle\sum_{k=1}^{8} (a_k + b_k)$의 값은?

① 10 ② 11 ③ 12

④ 13 ⑤ 14

★ 06

$\displaystyle\sum_{k=1}^{5} a_k = 16$, $\displaystyle\sum_{k=1}^{10} a_k = 30$, $\displaystyle\sum_{k=1}^{5} b_k = -4$, $\displaystyle\sum_{k=1}^{10} b_k = 20$일 때, $\displaystyle\sum_{k=6}^{10} (2a_k - b_k)$의 값을 구하시오.

★ 07

$\displaystyle\sum_{k=1}^{10} (2k+a) = 80$일 때, 상수 a의 값은?

① -3 ② -2 ③ -1

④ 1 ⑤ 2

08

$\displaystyle\sum_{k=1}^{10} \left(\sum_{j=1}^{5} jk \right)$의 값은?

① 805 ② 810 ③ 815

④ 820 ⑤ 825

09 · 천재교육 변형

오른쪽 그림과 같이 위에서부터 세었을 때, 1개, 4개, 9개, 16개, …의 정육면체 모양의 블록을 쌓아 9층 탑을 만들려고 한다. 이때 모든 블록의 개수를 구하시오.

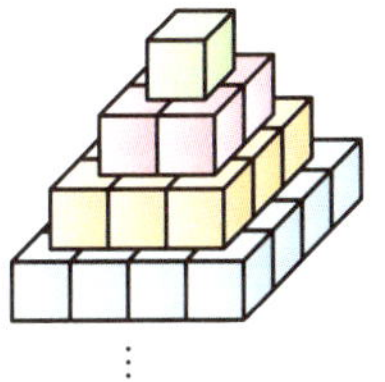

10

다음 수열의 합을 n을 사용한 식으로 나타내시오.

$$1+11+111+\cdots+\underbrace{111\cdots1}_{n개}$$

11

$\displaystyle\sum_{k=1}^{80}\log_3\left(1+\dfrac{1}{k}\right)$의 값을 구하시오.

12

수열 $\dfrac{1}{3}$, $\dfrac{1}{3+5}$, $\dfrac{1}{3+5+7}$, …의 첫째항부터 제 9 항까지의 합을 구하시오.

★ 13

$\displaystyle\sum_{k=1}^{n}\dfrac{3}{\sqrt{3k+1}+\sqrt{3k+4}}=6$일 때, 자연수 n의 값은?

① 20 ② 21 ③ 22
④ 23 ⑤ 24

★ 14

수열 $\{a_n\}$에 대하여 $\displaystyle\sum_{k=1}^{n}a_k=n^2-2n$일 때, $\displaystyle\sum_{k=1}^{10}a_{2k}$의 값은?

① 170 ② 180 ③ 190
④ 200 ⑤ 210

15

다음과 같이 자연수를 나열할 때, 위에서 10번째 줄의 왼쪽에서 첫 번째에 있는 수를 구하시오.

1

2 3 4

5 6 7 8 9

10 11 12 13 14 15 16

⋮

★ 16 · 교학사 변형

오른쪽 그림과 같이 크기가 같은 정사각형 100개로 이루어진 도형에 2부터 38까지의 짝수를 차례로 채워 넣었을 때, 도형에 채운 모든 수의 합을 구하시오.

2	4	6	8	⋯	20
4	6	8			22
6	8				⋮
8			⋱		34
⋮				34	36
20	22	⋯	34	36	38

10 수학적 귀납법

10·1 수열의 귀납적 정의

일반적으로 수열 $\{a_n\}$을
① 첫째항 a_1의 값
② 두 항 a_n, a_{n+1} $(n=1, 2, 3, \cdots)$ 사이의 관계식
과 같이 처음 몇 개의 항과 이웃하는 여러 항 사이의 관계식으로 정의하는 것을 수열의 귀납적 정의라 한다.

② 의 관계식에 $n=1, 2, 3, \cdots$을 대입하면 수열 $\{a_n\}$의 모든 항을 구할 수 있다.

10·2 등차수열과 등비수열의 귀납적 정의

수열 $\{a_n\}$에서 $n=1, 2, 3, \cdots$일 때
(1) $a_1=a$, $a_{n+1}-a_n=d$ (일정) $\Rightarrow$ 첫째항이 a, 공차가 d인 등차수열
(2) $a_1=a$, $a_{n+1}\div a_n=r$ (일정) $\Rightarrow$ 첫째항이 a, 공비가 r인 등비수열

참고 등차수열과 등비수열의 여러 가지 표현

등차수열	등비수열
$a_{n+1}-a_n=d$ 또는 $a_{n+1}=a_n+d$	$a_{n+1}\div a_n=r$ 또는 $a_{n+1}=ra_n$
$a_{n+1}-a_n=a_{n+2}-a_{n+1}$	$a_{n+1}\div a_n=a_{n+2}\div a_{n+1}$
$2a_{n+1}=a_n+a_{n+2}$	$a_{n+1}{}^2=a_n a_{n+2}$

$2a_{n+1}=a_n+a_{n+2}$
$\Longleftrightarrow a_{n+1}$은 a_n과 a_{n+2}의 등차중항
$\Longleftrightarrow$ 수열 $\{a_n\}$은 등차수열

$a_{n+1}{}^2=a_n a_{n+2}$
$\Longleftrightarrow a_{n+1}$은 a_n과 a_{n+2}의 등비중항
$\Longleftrightarrow$ 수열 $\{a_n\}$은 등비수열

10·3 수학적 귀납법

자연수 n에 대한 명제 $p(n)$이 모든 자연수 n에 대하여 성립함을 증명하려면 다음 두 가지를 보이면 된다.
(i) $n=1$일 때, 명제 $p(n)$이 성립한다.
(ii) $n=k$일 때, 명제 $p(n)$이 성립한다고 가정하면 $n=k+1$일 때도 명제 $p(n)$이 성립한다.
이와 같이 자연수에 대한 어떤 명제가 참임을 증명하는 방법을 수학적 귀납법이라 한다.

참고 $n \geq a$ (a는 자연수)인 모든 자연수 n에 대하여 명제 $p(n)$이 성립함을 증명하려면 다음 두 가지를 보이면 된다.
(i) $n=a$일 때, 명제 $p(n)$이 성립한다.
(ii) $n=k$ ($k \geq a$)일 때, 명제 $p(n)$이 성립한다고 가정하면 $n=k+1$일 때도 명제 $p(n)$이 성립한다.

(i)에 의하여 $p(1)$이 참이다.
$\Rightarrow$ (ii)에 의하여 $p(2)$가 참이다.
$\Rightarrow$ (ii)에 의하여 $p(3)$이 참이다.
$\vdots$

따라서 (i), (ii)가 성립하면 모든 자연수 n에 대하여 명제 $p(n)$이 참임을 알 수 있다.

교과서 유형 흐름잡기

★ 유형 1 | 등차수열, 등비수열의 귀납적 정의

$a_1=2$, $a_{n+1}=a_n+3$ $(n=1, 2, 3, \cdots)$과 같이 정의된 수열 $\{a_n\}$의 제 10 항은?

① 29　　　　② 30　　　　③ 31

④ 32　　　　⑤ 33

Point $a_{n+1}=a_n+d$로 정의된 수열 $\{a_n\}$은 공차가 d인 등차수열이다.

1-1 숫자

$a_1=6$, $a_{n+1}=3a_n$ $(n=1, 2, 3, \cdots)$과 같이 정의된 수열 $\{a_n\}$의 제 15 항은?

① 2×3^{14}　　② 3^{15}　　③ 2×3^{15}

④ 3^{16}　　　⑤ 2×3^{16}

1-2 표현

수열 $\{a_n\}$이
$$a_1=3,\ a_2=5,\ 2a_{n+1}=a_n+a_{n+2}\ (n=1, 2, 3, \cdots)$$
와 같이 정의될 때, $a_5+a_6+a_7$의 값은?

① 35　　　② 36　　　③ 37

④ 38　　　⑤ 39

유형 2 | 귀납적으로 정의된 수열 (1)

수열 $\{a_n\}$이 $a_1=1$, $a_{n+1}=a_n+2n$ $(n=1, 2, 3, \cdots)$과 같이 정의될 때, a_4+a_6의 값은?

① 44　　　　② 45　　　　③ 46

④ 47　　　　⑤ 48

Tip $a_{n+1}=a_n+f(n)$ 꼴로 정의된 수열은 관계식의 n에 1, 2, 3, $\cdots$을 차례로 대입하여 수열 $\{a_n\}$의 각 항을 구한다.

2-1 숫자

수열 $\{a_n\}$이 $a_1=1$, $a_{n+1}=\dfrac{n}{n+1}a_n$ $(n=1, 2, 3, \cdots)$과 같이 정의될 때, $2a_7$의 값은?

① 1　　　　② $\dfrac{6}{7}$　　　　③ $\dfrac{4}{7}$

④ $\dfrac{2}{7}$　　　⑤ $\dfrac{1}{7}$

2-2 표현

수열 $\{a_n\}$이
$$a_1=1,\ a_{n+1}-a_n=2^{n+1}\ (n=1, 2, 3, \cdots)$$
과 같이 정의될 때, $a_k=509$를 만족시키는 자연수 k의 값을 구하시오.

수열 $\{a_n\}$이
$$a_1=2,\ a_{n+1}=4a_n+3\ (n=1,\ 2,\ 3,\ \cdots)$$
과 같이 정의될 때, a_6+1의 값은?

① 3070
② 3071
③ 3072
④ 3073
④ 3074

Tip $a_{n+1}=pa_n+q$ 꼴로 정의된 수열은 관계식의 n에 1, 2, 3, …을 차례로 대입하여 수열 $\{a_n\}$의 규칙을 찾는다.

3-1 [숫자]

수열 $\{a_n\}$이
$$a_1=1,\ a_{n+1}=2a_n+3\ (n=1,\ 2,\ 3,\ \cdots)$$
과 같이 정의될 때, a_9+3의 값은?

① 1024
② 1025
③ 1026
④ 1027
⑤ 1028

3-2 [표현]

수열 $\{a_n\}$이
$$a_1=4,\ 3a_{n+1}-a_n-6=0\ (n=1,\ 2,\ 3,\ \cdots)$$
과 같이 정의될 때, $a_n=p^{n-1}+q$이다. 상수 p, q에 대하여 pq의 값을 구하시오.

유형 **4** | 수열의 귀납적 정의의 활용

어떤 그릇에 물 18 L가 들어 있다. 이 그릇에 들어 있는 물의 $\dfrac{1}{3}$을 버리고 1 L의 물을 새로 넣는 시행을 반복할 때, n번째 시행 후 그릇에 남아 있는 물의 양을 a_n L라 하자. 이때 a_1의 값을 구하고, a_n과 a_{n+1} 사이의 관계식을 구하시오.

Tip $(n+1)$번째 시행 후 그릇에 남아 있는 물의 양은 n번째 시행 후 그릇에 남아 있는 물의 $\dfrac{1}{3}$을 버리고 1 L의 물을 새로 넣은 양이다.

4-1 [숫자]

물 100 L가 들어 있는 물탱크에 내일부터 매일 전날의 물의 10 %를 퍼내고 2 L의 물을 새로 넣어 주려고 한다. n일 후 이 물탱크에 남아 있는 물의 양을 a_n L라 할 때, a_1의 값을 구하고, a_n과 a_{n+1} 사이의 관계식을 구하시오.

4-2 [표현]

어느 실험실에서 10마리의 미생물을 배양하는데, 이 미생물은 1시간마다 3마리가 죽고 나머지는 각각 2마리로 분열한다. n시간 후 살아 있는 미생물의 수를 a_n이라 할 때, a_1의 값을 구하고, a_n과 a_{n+1} 사이의 관계식을 구하시오.

⭐ **유형 5** ｜ 수학적 귀납법

다음은 모든 자연수 n에 대하여 등식

$$\frac{1}{1\times2}+\frac{1}{2\times3}+\frac{1}{3\times4}+\cdots+\frac{1}{n(n+1)}=\frac{n}{n+1} \quad \cdots\cdots \,\text{㉠}$$

이 성립함을 수학적 귀납법으로 증명한 것이다.

> **증명**
>
> (i) $n=1$일 때, (좌변)$=\dfrac{1}{1\times2}=\dfrac{1}{2}$, (우변)$=\dfrac{1}{1+1}=\dfrac{1}{2}$이므로 ㉠이 성립한다.
>
> (ii) $n=k$일 때 ㉠이 성립한다고 가정하면
>
> $$\frac{1}{1\times2}+\frac{1}{2\times3}+\frac{1}{3\times4}+\cdots+\frac{1}{k(k+1)}=\frac{k}{k+1} \quad \cdots\cdots \,\text{㉡}$$
>
> ㉡의 양변에 $\boxed{\text{(가)}}$ 을 더하면
>
> $$\frac{1}{1\times2}+\frac{1}{2\times3}+\frac{1}{3\times4}+\cdots+\frac{1}{k(k+1)}+\boxed{\text{(가)}}=\frac{k}{k+1}+\boxed{\text{(가)}}$$
> $$=\boxed{\text{(나)}}$$
>
> 따라서 $n=k+1$일 때도 ㉠이 성립한다.
>
> (i), (ii)에서 모든 자연수 n에 대하여 ㉠이 성립한다.

위의 과정에서 (가), (나)에 알맞은 것을 차례로 나열한 것은?

① $\dfrac{1}{k(k+1)},\ \dfrac{k}{k+1}$　　② $\dfrac{1}{k(k+1)},\ \dfrac{k+1}{k+2}$　　③ $\dfrac{1}{(k+1)(k+2)},\ \dfrac{k-1}{k+1}$

④ $\dfrac{1}{(k+1)(k+2)},\ \dfrac{k}{k+1}$　　⑤ $\dfrac{1}{(k+1)(k+2)},\ \dfrac{k+1}{k+2}$

Point 수학적 귀납법으로 모든 자연수 n에 대하여 등식이 성립함을 증명할 때는 다음 두 가지를 보이면 된다.
(i) $n=1$일 때, 성립한다.
(ii) $n=k$일 때 성립한다고 가정하면 $n=k+1$일 때도 성립한다.

5-1 숫자

다음은 모든 자연수 n에 대하여 등식

$$1^2+2^2+3^2+\cdots+n^2=\frac{1}{6}n(n+1)(2n+1) \quad \cdots \,\text{㉠}$$

이 성립함을 수학적 귀납법으로 증명한 것이다.

> **증명**
>
> (i) $n=1$일 때, (좌변)$=1^2=1$,
>
> 　(우변)$=\dfrac{1}{6}\times1\times2\times3=1$이므로 ㉠이 성립한다.
>
> (ii) $n=k$일 때 ㉠이 성립한다고 가정하면
>
> $$1^2+2^2+3^2+\cdots+k^2=\frac{1}{6}k(k+1)(2k+1)$$
>
> 　위의 등식의 양변에 $\boxed{\text{(가)}}$ 을 더하면
>
> $$1^2+2^2+3^2+\cdots+k^2+\boxed{\text{(가)}}$$
> $$=\frac{1}{6}k(k+1)(2k+1)+\boxed{\text{(가)}}$$
> $$=\boxed{\text{(나)}}$$
>
> 　따라서 $n=k+1$일 때도 ㉠이 성립한다.
>
> (i), (ii)에서 모든 자연수 n에 대하여 ㉠이 성립한다.

위의 과정에서 (가), (나)에 알맞은 것을 구하시오.

5-2 표현

$n\geq2$인 모든 자연수 n에 대하여 다음 부등식이 성립함을 수학적 귀납법으로 증명하시오.

$$1+\frac{1}{2}+\frac{1}{3}+\cdots+\frac{1}{n}>\frac{2n}{n+1}$$

01

수열 $\{a_n\}$이
$$a_1=2,\ a_2=1,\ a_{n+1}{}^2=a_n a_{n+2}\ (n=1,\ 2,\ 3,\ \cdots)$$
와 같이 정의될 때, $a_4 a_5$의 값을 구하시오.

02 ★

수열 $\{a_n\}$이
$$a_1=1,\ a_2=-2,\ a_{n+2}-a_{n+1}=a_{n+1}-a_n$$
$$(n=1,\ 2,\ 3,\ \cdots)$$
과 같이 정의될 때, $a_k=-101$을 만족시키는 자연수 k의 값은?

① 35   ② 36   ③ 37
④ 38   ⑤ 39

03

수열 $\{a_n\}$이
$$a_1=10,\ a_{n+1}=a_n+2\ (n=1,\ 2,\ 3,\ \cdots)$$
와 같이 정의될 때, $a_n>200$을 만족시키는 자연수 n의 최솟값은?

① 95   ② 96   ③ 97
④ 98   ⑤ 99

04

수열 $\{a_n\}$이
$$a_1=1,\ a_{n+1}=a_n+\frac{1}{n(n+1)}\ (n=1,\ 2,\ 3,\ \cdots)$$
과 같이 정의될 때, $\dfrac{99}{50}$는 제몇 항인지 구하시오.

05

수열 $\{a_n\}$이
$$a_1=1,\ a_{n+1}=2^n a_n\ (n=1,\ 2,\ 3,\ \cdots)$$
과 같이 정의될 때, a_{10}은?

① 2^{45} ② 2^{50} ③ 2^{55}
③ 2^{60} ⑤ 2^{65}

06

수열 $\{a_n\}$이
$$a_1=3,\ a_{n+1}=2a_n+2\ (n=1,\ 2,\ 3,\ \cdots)$$
와 같이 정의될 때, 이 수열에서 처음으로 998보다 커지는 항은 제몇 항인지 구하시오.

07

수열 $\{a_n\}$이
$$a_1=1,\ a_2=4,\ a_{n+2}-a_{n+1}+a_n=0\ (n=1,\ 2,\ 3,\ \cdots)$$
과 같이 정의될 때, a_{50}은?

① -4 ② -3 ③ 1
④ 3 ⑤ 4

08

수열 $\{a_n\}$이
$$a_1=2,\ a_{n+1}=(n+1)a_n\ (n=1,\ 2,\ 3,\ \cdots)$$
과 같이 정의될 때, $a_1+a_2+a_3+\cdots+a_{10}$을 10으로 나누었을 때의 나머지를 구하시오.

09 · 금성출판사 변형

농도가 5 %인 소금물 100 g이 들어 있는 그릇이 있다. 이 그릇에서 소금물 20 g을 덜어 낸 다음 농도가 10 %인 소금물 20 g을 다시 넣는 것을 1회 시행이라 한다. n회 시행 후 이 그릇에 담긴 소금물의 농도를 a_n %라 할 때,

$$a_{n+1}=pa_n+q \ (n=1, 2, 3, \cdots)$$

가 성립한다. 이때 상수 p, q의 값을 구하시오.

★ 10 · 좋은책 신사고 변형

다음 그림과 같이 성냥개비를 사용하여 도형을 만들려고 한다. [n단계]의 도형을 만드는 데 필요한 성냥개비의 개수를 a_n이라 할 때, a_n과 a_{n+1} 사이의 관계식을 구하시오.

  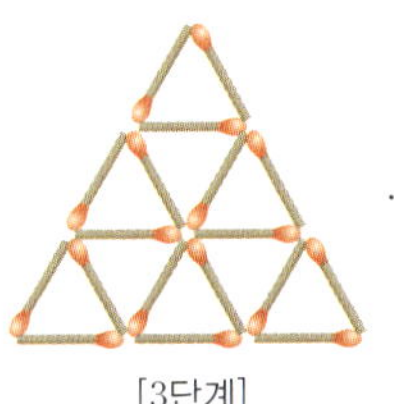

[1단계]　　　[2단계]　　　　　[3단계]

11

수열 $\{a_n\}$의 첫째항부터 제 n항까지의 합을 S_n이라 할 때,

$$a_1=4, \ S_{n+1}=2S_n \ (n=1, 2, 3, \cdots)$$

이 성립한다. 이때 a_7의 값을 구하시오.

12

자연수 n에 대하여 명제 $p(n)$이 참이면 명제 $p(n+2)$가 참일 때, 다음 〈보기〉에서 옳은 것만을 있는 대로 고른 것은?

> **보기**
>
> ㄱ. $p(1)$이 참이면 $p(4)$가 참이다.
> ㄴ. $p(2)$가 참이면 모든 자연수 n에 대하여 $p(2n)$이 참이다.
> ㄷ. $p(1)$, $p(2)$가 참이면 모든 자연수 n에 대하여 $p(n)$이 참이다.

① ㄱ　　　　② ㄴ　　　　③ ㄷ
④ ㄱ, ㄴ　　　⑤ ㄴ, ㄷ

★ 13

다음은 모든 자연수 n에 대하여 등식

$$\frac{1}{2}+\frac{2}{4}+\frac{3}{8}+\cdots+\frac{n}{2^n}=2-\frac{n+2}{2^n} \qquad \cdots\cdots \ ㉠$$

가 성립함을 수학적 귀납법으로 증명한 것이다.

> **증명**
>
> (i) $n=1$일 때,
>
> $$(좌변)=\frac{1}{2}, \ (우변)=2-\frac{1+2}{2}=\frac{1}{2}$$
>
> 이므로 ㉠이 성립한다.
>
> (ii) $n=k$일 때 ㉠이 성립한다고 가정하면
>
> $$\frac{1}{2}+\frac{2}{4}+\frac{3}{8}+\cdots+\frac{k}{2^k}=2-\frac{k+2}{2^k}$$
>
> 위의 등식의 양변에 　(가)　 을 더하면
>
> $$\frac{1}{2}+\frac{2}{4}+\frac{3}{8}+\cdots+\frac{k}{2^k}+\boxed{(가)}$$
>
> $$=2-\frac{k+2}{2^k}+\boxed{(가)}$$
>
> $$=2-\boxed{(나)}$$
>
> 따라서 $n=k+1$일 때도 ㉠이 성립한다.
>
> (i), (ii)에서 모든 자연수 n에 대하여 ㉠이 성립한다.

위의 과정에서 (가), (나)에 알맞은 것을 각각 $f(k)$, $g(k)$라 할 때, $\dfrac{f(1)}{g(1)}$의 값을 구하시오.

14

$n \geq 5$인 모든 자연수 n에 대하여 부등식

$$2^n > n^2$$

이 성립함을 수학적 귀납법을 이용하여 증명하시오.

상용로그표(1)

수	0	1	2	3	4	5	6	7	8	9
1.0	.0000	.0043	.0086	.0128	.0170	.0212	.0253	.0294	.0334	.0374
1.1	.0414	.0453	.0492	.0531	.0569	.0607	.0645	.0682	.0719	.0755
1.2	.0792	.0828	.0864	.0899	.0934	.0969	.1004	.1038	.1072	.1106
1.3	.1139	.1173	.1206	.1239	.1271	.1303	.1335	.1367	.1399	.1430
1.4	.1461	.1492	.1523	.1553	.1584	.1614	.1644	.1673	.1703	.1732
1.5	.1716	.1790	.1818	.1847	.1875	.1903	.1931	.1959	.1987	.2014
1.6	.2041	.2068	.2095	.2122	.2148	.2175	.2201	.2227	.2253	.2279
1.7	.2304	.2330	.2355	.2380	.2405	.2430	.2455	.2480	.2504	.2529
1.8	.2553	.2577	.2601	.2625	.2648	.2672	.2695	.2718	.2742	.2765
1.9	.2788	.2810	.2833	.2856	.2878	.2900	.2923	.2945	.2967	.2989
2.0	.3010	.3032	.3054	.3075	.3096	.3118	.3139	.3160	.3181	.3201
2.1	.3222	.3243	.3263	.3284	.3304	.3324	.3345	.3365	.3385	.3404
2.2	.3424	.3444	.3464	.3483	.3502	.3522	.3541	.3560	.3579	.3598
2.3	.3617	.3636	.3655	.3674	.3692	.3711	.3729	.3747	.3766	.3784
2.4	.3802	.3820	.3838	.3856	.3874	.3892	.3909	.3927	.3945	.3962
2.5	.3979	.3997	.4014	.4031	.4048	.4065	.4082	.4099	.4116	.4133
2.6	.4150	.4166	.4183	.4200	.4216	.4232	.4249	.4265	.4281	.4298
2.7	.4314	.4330	.4346	.4362	.4378	.4393	.4409	.4425	.4440	.4456
2.8	.4472	.4487	.4502	.4518	.4533	.4548	.4564	.4579	.4594	.4609
2.9	.4624	.4639	.4654	.4669	.4683	.4698	.4713	.4728	.4742	.4757
3.0	.4771	.4786	.4800	.4814	.4829	.4843	.4857	.4871	.4886	.4900
3.1	.4914	.4928	.4942	.4955	.4969	.4983	.4997	.5011	.5024	.5038
3.2	.5051	.5065	.5079	.5092	.5105	.5119	.5132	.5145	.5159	.5172
3.3	.5185	.5198	.5211	.5224	.5237	.5250	.5263	.5276	.5289	.5302
3.4	.5315	.5328	.5340	.5353	.5366	.5378	.5391	.5403	.5416	.5428
3.5	.5441	.5453	.5465	.5478	.5490	.5502	.5514	.5527	.5539	.5551
3.6	.5563	.5575	.5587	.5599	.5611	.5623	.5635	.5647	.5658	.5670
3.7	.5682	.5694	.5705	.5717	.5729	.5740	.5752	.5763	.5775	.5786
3.8	.5798	.5809	.5821	.5832	.5843	.5855	.5866	.5877	.5888	.5899
3.9	.5911	.5922	.5933	.5944	.5955	.5966	.5977	.5988	.5999	.6010
4.0	.6021	.6031	.6042	.6053	.6064	.6075	.6085	.6096	.6107	.6117
4.1	.6128	.6138	.6149	.6160	.6170	.6180	.6191	.6201	.6212	.6222
4.2	.6232	.6243	.6253	.6263	.6274	.6284	.6294	.6304	.6314	.6325
4.3	.6335	.6345	.6355	.6365	.6375	.6385	.6395	.6405	.6415	.6425
4.4	.6435	.6444	.6454	.6464	.6474	.6484	.6493	.6503	.6513	.6522
4.5	.6532	.6542	.6551	.6561	.6571	.6580	.6590	.6599	.6609	.6618
4.6	.6628	.6637	.6646	.6656	.6665	.6675	.6684	.6693	.6702	.6712
4.7	.6721	.6730	.6739	.6749	.6758	.6767	.6776	.6785	.6794	.6803
4.8	.6812	.6821	.6830	.6839	.6848	.6857	.6866	.6875	.6884	.6893
4.9	.6902	.6911	.6920	.6928	.6937	.6946	.6955	.6964	.6972	.6981
5.0	.6990	.6998	.7007	.7016	.7024	.7033	.7042	.7050	.7059	.7067
5.1	.7076	.7084	.7093	.7101	.7110	.7118	.7126	.7135	.7143	.7152
5.2	.7160	.7168	.7177	.7185	.7193	.7202	.7210	.7218	.7226	.7235
5.3	.7243	.7251	.7259	.7267	.7275	.7284	.7292	.7300	.7308	.7316
5.4	.7324	.7332	.7340	.7348	.7356	.7364	.7372	.7380	.7388	.7396

상용로그표 (2)

수	0	1	2	3	4	5	6	7	8	9
5.5	.7404	.7412	.7419	.7427	.7435	.7443	.7451	.7459	.7466	.7474
5.6	.7482	.7490	.7497	.7505	.7513	.7520	.7528	.7536	.7543	.7551
5.7	.7559	.7566	.7574	.7582	.7589	.7597	.7604	.7612	.7619	.7627
5.8	.7634	.7642	.7649	.7657	.7664	.7672	.7679	.7686	.7694	.7701
5.9	.7709	.7716	.7723	.7731	.7738	.7745	.7752	.7760	.7767	.7774
6.0	.7782	.7789	.7796	.7803	.7810	.7818	.7825	.7832	.7839	.7846
6.1	.7853	.7860	.7868	.7875	.7882	.7889	.7896	.7903	.7910	.7917
6.2	.7924	.7931	.7938	.7945	.7952	.7959	.7966	.7973	.7980	.7987
6.3	.7993	.8000	.8007	.8014	.8021	.8028	.8035	.8041	.8048	.8055
6.4	.8062	.8069	.8075	.8082	.8089	.8096	.8102	.8109	.8116	.8122
6.5	.8129	.8136	.8142	.8149	.8156	.8162	.8169	.8176	.8182	.8189
6.6	.8195	.8202	.8209	.8215	.8222	.8228	.8235	.8241	.8248	.8254
6.7	.8261	.8267	.8274	.8280	.8287	.8293	.8299	.8306	.8312	.8319
6.8	.8325	.8331	.8338	.8344	.8351	.8357	.8363	.8370	.8376	.8382
6.9	.8388	.8395	.8401	.8407	.8414	.8420	.8426	.8432	.8439	.8445
7.0	.8451	.8457	.8463	.8470	.8476	.8482	.8488	.8494	.8500	.8506
7.1	.8513	.8519	.8525	.8531	.8537	.8543	.8549	.8555	.8561	.8567
7.2	.8573	.8579	.8585	.8591	.8597	8603	.8609	.8615	.8621	.8627
7.3	.8633	.8639	.8645	.8651	.8657	.8663	.8669	.8675	.8681	.8686
7.4	.8692	.8698	.8704	.8710	.8716	.8722	.8727	.8733	.8739	.8745
7.5	.8751	.8756	.8762	.8768	.8774	.8779	.8785	.8791	.8797	.8802
7.6	.8808	.8814	.8820	.8825	.8831	.8837	.8842	.8848	.8854	.8859
7.7	.8865	.8871	.8876	.8882	.8887	.8893	.8899	.8904	.8910	.8915
7.8	.8921	.8927	.8932	.8938	.8943	.8949	.8954	.8960	.8965	.8971
7.9	.8976	.8982	.8987	.8993	.8998	.9004	.9009	.9015	.9020	.9025
8.0	.9031	.9036	.9042	.9047	.9053	.9058	.9063	.9069	.9074	.9079
8.1	.9085	.9090	.9096	.9101	.9106	.9112	.9117	.9122	.9128	.9133
8.2	.9138	.9143	.9149	.9154	.9159	.9165	.9170	.9175	.9180	.9186
8.3	.9191	.9196	.9201	.9206	.9212	.9217	.9222	.9227	.9232	.9238
8.4	.9243	.9248	.9253	.9258	.9263	.9269	.9274	.9279	.9284	.9289
8.5	.9294	.9299	.9304	.9309	.9315	.9320	.9325	.9330	.9335	.9340
8.6	.9345	.9350	.9355	.9360	.9365	.9370	.9375	.9380	.9385	.9390
8.7	.9395	.9400	.9405	.9410	.9415	.9420	.9425	.9430	.9435	.9440
8.8	.9445	.9450	.9455	.9460	.9465	.9469	.9474	.9479	.9484	.9489
8.9	.9494	.9499	.9504	.9509	.9513	.9518	.9523	.9528	.9533	.9538
9.0	.9542	.9547	.9552	.9557	.9562	.9566	.9571	.9576	.9581	.9586
9.1	.9590	.9595	.9600	.9605	.9609	.9614	.9619	.9624	.9628	.9633
9.2	.9638	.9643	.9647	.9652	.9657	.9661	.9666	.9671	.9675	.9680
9.3	.9685	.9689	.9694	.9699	.9703	.9708	.9713	.9717	.9722	.9727
9.4	.9731	.9736	.9741	.9745	.9750	.9754	.9759	.9763	.9768	.9773
9.5	.9777	.9782	.9786	.9791	.9795	.9800	.9805	.9809	.9814	.9818
9.6	.9823	.9827	.9832	.9836	.9841	.9845	.9850	.9854	.9859	.9863
9.7	.9868	.9872	.9877	.9881	.9886	.9890	.9894	.9899	.9903	.9908
9.8	.9912	.9917	.9921	.9926	.9930	.9934	.9939	.9943	.9948	.9952
9.9	.9956	.9961	.9965	.9969	.9974	.9978	.9983	.9987	.9991	.9996

삼각함수표

각	라디안	sin	cos	tan	각	라디안	sin	cos	tan
0°	0.0000	0.0000	1.0000	0.0000	45°	0.7854	0.7071	0.7071	1.0000
1°	0.0175	0.0175	0.9998	0.0175	46°	0.8029	0.7193	0.6947	1.0355
2°	0.0349	0.0349	0.9994	0.0349	47°	0.8203	0.7314	0.6820	1.0724
3°	0.0524	0.0523	0.9986	0.0524	48°	0.8378	0.7431	0.6691	1.1106
4°	0.0698	0.0698	0.9976	0.0699	49°	0.8552	0.7547	0.6561	1.1504
5°	0.0873	0.0872	0.9962	0.0875	50°	0.8727	0.7660	0.6428	1.1918
6°	0.1047	0.1045	0.9945	0.1051	51°	0.8901	0.7771	0.6293	1.2349
7°	0.1222	0.1219	0.9925	0.1228	52°	0.9076	0.7880	0.6157	1.2799
8°	0.1396	0.1392	0.9903	0.1405	53°	0.9250	0.7986	0.6018	1.3270
9°	0.1571	0.1564	0.9877	0.1584	54°	0.9425	0.8090	0.5878	1.3764
10°	0.1745	0.1736	0.9848	0.1763	55°	0.9599	0.8192	0.5736	1.4281
11°	0.1920	0.1908	0.9816	0.1944	56°	0.9774	0.8290	0.5592	1.4826
12°	0.2094	0.2079	0.9781	0.2126	57°	0.9948	0.8387	0.5446	1.5399
13°	0.2269	0.2250	0.9744	0.2309	58°	1.0123	0.8480	0.5299	1.6003
14°	0.2443	0.2419	0.9703	0.2493	59°	1.0297	0.8572	0.5150	1.6643
15°	0.2618	0.2588	0.9659	0.2679	60°	1.0472	0.8660	0.5000	1.7321
16°	0.2793	0.2756	0.9613	0.2867	61°	1.0647	0.8746	0.4848	1.8040
17°	0.2967	0.2924	0.9563	0.3057	62°	1.0821	0.8829	0.4695	1.8807
18°	0.3142	0.3090	0.9511	0.3249	63°	1.0996	0.8910	0.4540	1.9626
19°	0.3316	0.3256	0.9455	0.3443	64°	1.1170	0.8988	0.4384	2.0503
20°	0.3491	0.3420	0.9397	0.3640	65°	1.1345	0.9063	0.4226	2.1445
21°	0.3665	0.3584	0.9336	0.3839	66°	1.1519	0.9135	0.4067	2.2460
22°	0.3840	0.3746	0.9272	0.4040	67°	1.1694	0.9205	0.3907	2.3559
23°	0.4014	0.3907	0.9205	0.4245	68°	1.1868	0.9272	0.3746	2.4751
24°	0.4189	0.4067	0.9135	0.4452	69°	1.2043	0.9336	0.3584	2.6051
25°	0.4363	0.4226	0.9063	0.4663	70°	1.2217	0.9397	0.3420	2.7475
26°	0.4538	0.4384	0.8988	0.4877	71°	1.2392	0.9455	0.3256	2.9042
27°	0.4712	0.4540	0.8910	0.5095	72°	1.2566	0.9511	0.3090	3.0777
28°	0.4887	0.4695	0.8829	0.5317	73°	1.2741	0.9563	0.2924	3.2709
29°	0.5061	0.4848	0.8746	0.5543	74°	1.2915	0.9613	0.2756	3.4874
30°	0.5236	0.5000	0.8660	0.5774	75°	1.3090	0.9659	0.2588	3.7321
31°	0.5411	0.5150	0.8572	0.6009	76°	1.3265	0.9703	0.2419	4.0108
32°	0.5585	0.5299	0.8480	0.6249	77°	1.3439	0.9744	0.2250	4.3315
33°	0.5760	0.5446	0.8387	0.6494	78°	1.3614	0.9781	0.2079	4.7046
34°	0.5934	0.5592	0.8290	0.6745	79°	1.3788	0.9816	0.1908	5.1446
35°	0.6109	0.5736	0.8192	0.7002	80°	1.3963	0.9848	0.1736	5.6713
36°	0.6283	0.5878	0.8090	0.7265	81°	1.4137	0.9877	0.1564	6.3138
37°	0.6458	0.6018	0.7986	0.7536	82°	1.4312	0.9903	0.1392	7.1154
38°	0.6632	0.6157	0.7880	0.7813	83°	1.4486	0.9925	0.1219	8.1443
39°	0.6807	0.6293	0.7771	0.8098	84°	1.4661	0.9945	0.1045	9.5144
40°	0.6981	0.6428	0.7660	0.8391	85°	1.4835	0.9962	0.0872	11.4301
41°	0.7156	0.6561	0.7547	0.8693	86°	1.5010	0.9976	0.0698	14.3007
42°	0.7330	0.6691	0.7431	0.9004	87°	1.5184	0.9986	0.0523	19.0811
43°	0.7505	0.6820	0.7314	0.9325	88°	1.5359	0.9994	0.0349	28.6363
44°	0.7679	0.6947	0.7193	0.9657	89°	1.5533	0.9998	0.0175	57.2900
45°	0.7854	0.7071	0.7071	1.0000	90°	1.5708	1.0000	0.0000	

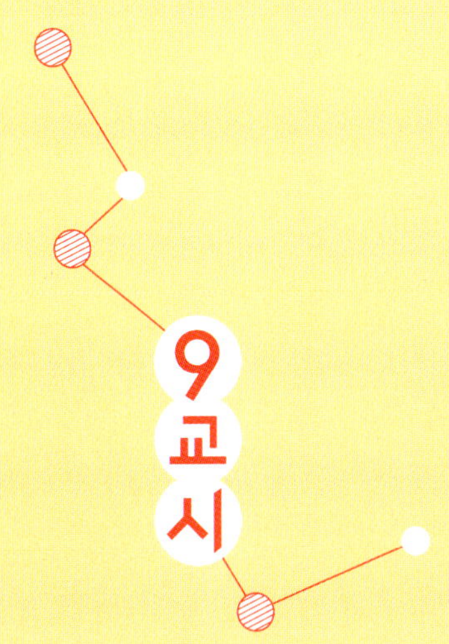
9교시

쉽고 빠르게 정리하는

9종 교과서 시크릿

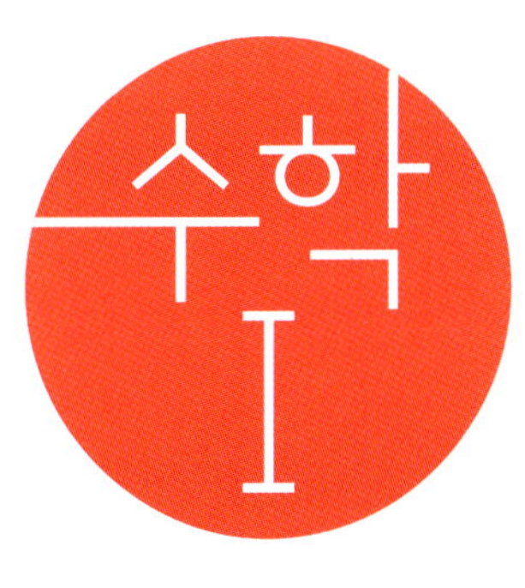

쉽고 빠르게 정리하는

정답과 풀이

개념원리 수학연구소

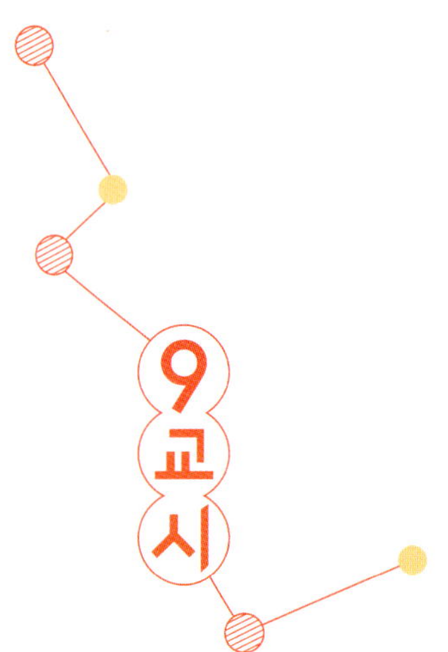
9교시

Ⅰ. 지수함수와 로그함수

되짚어 보기
▶ 본문 4쪽

01 (1) $a^5 b^4$　　　　　　(2) 1

02 (1) 7　　　　　　(2) 5

03 (1) ± 0.7　　　　　　(2) ± 3

04 $y=(x-3)^2-2$

05 (1) $x=1$ 또는 $x=5$　　　　　　(2) $1\leq x\leq 3$

06 $y=\dfrac{x-1}{2}$

[**01** 지수]

교과서 유형 흐름잡기
▶ 본문 7~9쪽

유형 **1** ①	**1-1** ③	**1-2** ㄷ
유형 **2** ①	**2-1** ③	**2-2** (1) 6 (2) 9
유형 **3** ②	**3-1** ⑤	**3-2** 1
유형 **4** ④	**4-1** ⑤	**4-2** ②
유형 **5** ④	**5-1** ①	**5-2** -80
유형 **6** ③	**6-1** ②	**6-2** ⑤

유형 1

① 27의 세제곱근을 x라 하면

$x^3=27$에서 $x^3-27=0$

$(x-3)(x^2+3x+9)=0$

$\therefore x=3$ 또는 $x=\dfrac{-3\pm3\sqrt{3}i}{2}$

따라서 27의 세제곱근 중 실수인 것은 3이다.

② -8의 세제곱근을 x라 하면

$x^3=-8$에서 $x^3+8=0$

$(x+2)(x^2-2x+4)=0$

$\therefore x=-2$ 또는 $x=1\pm\sqrt{3}i$

따라서 -8의 세제곱근 중 실수인 것은 -2이다.

③ 1의 네제곱근을 x라 하면

$x^4=1$에서 $x^4-1=0$

$(x+1)(x-1)(x^2+1)=0$

$\therefore x=\pm1$ 또는 $x=\pm i$

따라서 1의 네제곱근은 -1, 1, $-i$, i이다.

④ 네제곱근 16은 $\sqrt[4]{16}=2$이다.

⑤ -16의 네제곱근을 x라 하면 $x^4=-16$

그런데 $x^4\geq0$이므로 방정식을 만족시키는 실근은 존재하지 않는다. 즉, -16의 네제곱근 중 실수인 것은 존재하지 않는다.　　　　　　　　　　답 ①

1-1

① -4의 제곱근을 x라 하면

$x^2=-4$에서 $x^2+4=0$

$(x+2i)(x-2i)=0$

$\therefore x=\pm2i$

따라서 -4의 제곱근은 $-2i$, $2i$이다.

② -27의 세제곱근을 x라 하면

$x^3=-27$에서 $x^3+27=0$

$(x+3)(x^2-3x+9)=0$

$\therefore x=-3$ 또는 $x=\dfrac{3\pm3\sqrt{3}i}{2}$

따라서 -27의 세제곱근 중 실수인 것은 -3이다.

③ 81의 네제곱근을 x라 하면

$x^4=81$에서 $x^4-81=0$

$(x+3)(x-3)(x^2+9)=0$

$\therefore x=\pm3$ 또는 $x=\pm3i$

따라서 81의 네제곱근은 -3, 3, $-3i$, $3i$이다.

④ 네제곱근 81은 $\sqrt[4]{81}=3$이다.

⑤ $(-5)^3=-125$이므로 -125의 세제곱근을 x라 하면

$x^3=-125$에서 $x^3+125=0$

$(x+5)(x^2-5x+25)=0$

$\therefore x=-5$ 또는 $x=\dfrac{5\pm5\sqrt{3}i}{2}$

따라서 $(-5)^3$의 세제곱근 중 실수인 것은 -5이다.　　　　　　답 ③

1-2

ㄱ. 64의 세제곱근을 x라 하면

$x^3=64$에서 $x^3-64=0$

$(x-4)(x^2+4x+16)=0$

$\therefore x=4$ 또는 $x=-2\pm2\sqrt{3}i$

따라서 64의 세제곱근은 4, $-2-2\sqrt{3}i$, $-2+2\sqrt{3}i$이다.
　　　　　　　　　　　　　　　　　　　　　　　(거짓)

ㄴ. 9의 네제곱근을 x라 하면

$x^4=9$에서 $x^4-9=0$

$(x+\sqrt{3})(x-\sqrt{3})(x^2+3)=0$

$\therefore x=\pm\sqrt{3}$ 또는 $x=\pm\sqrt{3}i$

따라서 9의 네제곱근 중 실수인 것은 $-\sqrt{3}$, $\sqrt{3}$이다. (거짓)

ㄷ. 자연수 n이 홀수일 때, 3의 n제곱근 중 실수인 것은 $\sqrt[n]{3}$의 한 개이다. (참)

따라서 옳은 것은 ㄷ뿐이다. **답** ㄷ

유형 2

① $\sqrt[3]{4}\times\sqrt[3]{16}=\sqrt[3]{4\times16}=\sqrt[3]{64}=\sqrt[3]{4^3}=4$

② $(\sqrt[4]{7})^8=7^2=49$

③ $\{\sqrt[3]{(-2)^2}\}^3=(\sqrt[3]{4})^3=4$

④ $\dfrac{\sqrt[3]{243}}{\sqrt[3]{9}}=\sqrt[3]{\dfrac{243}{9}}=\sqrt[3]{27}=\sqrt[3]{3^3}=3$

⑤ $\sqrt[4]{\sqrt{256}}=\sqrt[4\times2]{256}=\sqrt[8]{2^8}=2$ **답** ①

2-1

① $(\sqrt{4})^4=4^2=16$

② $\{\sqrt[4]{(-3)^2}\}^2=(\sqrt[4]{9})^2=\sqrt{9}=3$

③ $\sqrt{\sqrt[5]{32}}=\sqrt{\sqrt[5]{2^5}}=\sqrt{2}$

④ $\sqrt[3]{\dfrac{\sqrt{256}}{\sqrt[3]{-8}}}=\sqrt[3]{\dfrac{\sqrt{16^2}}{\sqrt[3]{(-2)^3}}}=\sqrt[3]{\dfrac{16}{-2}}=\sqrt[3]{-8}=-2$

⑤ $\sqrt[9]{2^6}\times\sqrt[6]{2^2}=\sqrt[3\times3]{2^{2\times3}}\times\sqrt[2\times3]{2^2}=\sqrt[3]{2^2}\times\sqrt[3]{2}=\sqrt[3]{2^3}=2$ **답** ③

2-2

(1) $\sqrt{\sqrt{(-3)^4}}\times\sqrt[3]{\sqrt{(-2)^6}}=\sqrt[2\times2]{3^4}\times\sqrt[3\times2]{2^6}$
$$=3\times2=6$$

(2) $\sqrt{\dfrac{\sqrt{243}}{3}}\times\sqrt{\dfrac{27}{\sqrt{3}}}=\dfrac{\sqrt{\sqrt{243}}}{\sqrt{3}}\times\dfrac{\sqrt{27}}{\sqrt{\sqrt{3}}}$
$$=\dfrac{\sqrt[4]{243}}{\sqrt{3}}\times\dfrac{\sqrt{27}}{\sqrt[4]{3}}$$
$$=\dfrac{\sqrt[4]{243}}{\sqrt[4]{3}}\times\dfrac{\sqrt{27}}{\sqrt{3}}$$
$$=\sqrt[4]{\dfrac{243}{3}}\times\sqrt{\dfrac{27}{3}}$$
$$=\sqrt[4]{81}\times\sqrt{9}$$
$$=3\times3=9$$

답 (1) 6 (2) 9

유형 3

$\sqrt{\sqrt{a^3b^2}\div\sqrt[3]{ab^2}}=\{(a^3b^2)^{\frac{1}{2}}\div(ab^2)^{\frac{1}{3}}\}^{\frac{1}{2}}=(a^{\frac{3}{2}}b\div a^{\frac{1}{3}}b^{\frac{2}{3}})^{\frac{1}{2}}$
$$=(a^{\frac{3}{2}-\frac{1}{3}}b^{1-\frac{2}{3}})^{\frac{1}{2}}=(a^{\frac{7}{6}}b^{\frac{1}{3}})^{\frac{1}{2}}$$
$$=a^{\frac{7}{12}}b^{\frac{1}{6}}$$
답 ②

3-1

$\sqrt{\dfrac{\sqrt[3]{a^2}}{\sqrt{a}\times\sqrt[4]{a^3}}}=\left(\dfrac{a^{\frac{2}{3}}}{a^{\frac{1}{2}}\times a^{\frac{3}{4}}}\right)^{\frac{1}{2}}=\left(\dfrac{a^{\frac{2}{3}}}{a^{\frac{1}{2}+\frac{3}{4}}}\right)^{\frac{1}{2}}$
$$=\left(\dfrac{a^{\frac{2}{3}}}{a^{\frac{5}{4}}}\right)^{\frac{1}{2}}=(a^{\frac{2}{3}-\frac{5}{4}})^{\frac{1}{2}}$$
$$=(a^{-\frac{7}{12}})^{\frac{1}{2}}=a^{-\frac{7}{24}}$$
답 ⑤

3-2

$\sqrt[4]{ab^3}\times\sqrt{\sqrt[3]{a^2b}\div\sqrt{ab}}=(ab^3)^{\frac{1}{4}}\times\{(a^2b)^{\frac{1}{3}}\div(ab)^{\frac{1}{2}}\}^{\frac{1}{2}}$
$$=a^{\frac{1}{4}}b^{\frac{3}{4}}\times(a^{\frac{2}{3}}b^{\frac{1}{3}}\div a^{\frac{1}{2}}b^{\frac{1}{2}})^{\frac{1}{2}}$$
$$=a^{\frac{1}{4}}b^{\frac{3}{4}}\times(a^{\frac{2}{3}-\frac{1}{2}}b^{\frac{1}{3}-\frac{1}{2}})^{\frac{1}{2}}$$
$$=a^{\frac{1}{4}}b^{\frac{3}{4}}\times(a^{\frac{1}{6}}b^{-\frac{1}{6}})^{\frac{1}{2}}$$
$$=a^{\frac{1}{4}}b^{\frac{3}{4}}\times a^{\frac{1}{12}}b^{-\frac{1}{12}}$$
$$=a^{\frac{1}{4}+\frac{1}{12}}b^{\frac{3}{4}-\frac{1}{12}}$$
$$=a^{\frac{1}{3}}b^{\frac{2}{3}}$$

따라서 $x=\dfrac{1}{3}$, $y=\dfrac{2}{3}$이므로

$x+y=1$ **답** 1

유형 4

$\sqrt[6]{6}$, $\sqrt[3]{2}$, $\sqrt[4]{\sqrt[3]{10}}=\sqrt[12]{10}$에서 6, 3, 12의 최소공배수가 12이므로

$\sqrt[6]{6}=\sqrt[12]{6^2}=\sqrt[12]{36}=36^{\frac{1}{12}}$

$\sqrt[3]{2}=\sqrt[12]{2^4}=\sqrt[12]{16}=16^{\frac{1}{12}}$

$\sqrt[12]{10}=10^{\frac{1}{12}}$

이때 지수가 $\dfrac{1}{12}$로 같고, $10<16<36$이므로

$\sqrt[4]{\sqrt[3]{10}}<\sqrt[3]{2}<\sqrt[6]{6}$ **답** ④

다른풀이

주어진 세 수를 모두 12제곱하면

$(\sqrt[6]{6})^{12}=6^2=36$

$(\sqrt[3]{2})^{12}=2^4=16$

$(\sqrt[4]{\sqrt[3]{10}})^{12}=10$

이때 $10<16<36$이므로 $\sqrt[4]{\sqrt[3]{10}}<\sqrt[3]{2}<\sqrt[6]{6}$

4-1

$\sqrt[3]{\sqrt[4]{6}}=\sqrt[12]{6}$, $\sqrt[8]{3}$, $\sqrt[6]{2}$에서 12, 8, 6의 최소공배수가 24이므로

$\sqrt[12]{6}=\sqrt[24]{6^2}=\sqrt[24]{36}=36^{\frac{1}{24}}$

$\sqrt[8]{3}=\sqrt[24]{3^3}=\sqrt[24]{27}=27^{\frac{1}{24}}$

$\sqrt[6]{2}=\sqrt[24]{2^4}=\sqrt[24]{16}=16^{\frac{1}{24}}$

이때 지수가 $\dfrac{1}{24}$로 같고, $16<27<36$이므로

$\sqrt[6]{2}<\sqrt[8]{3}<\sqrt[3]{\sqrt[4]{6}}$ **답** ⑤

4-2

2, 3, 4, 6의 최소공배수가 12이므로

$\sqrt{2}=\sqrt[12]{2^6}=\sqrt[12]{64}=64^{\frac{1}{12}}$

$\sqrt[3]{4}=\sqrt[12]{4^4}=\sqrt[12]{256}=256^{\frac{1}{12}}$

$\sqrt[4]{6}=\sqrt[12]{6^3}=\sqrt[12]{216}=216^{\frac{1}{12}}$

$\sqrt[6]{12}=\sqrt[12]{12^2}=\sqrt[12]{144}=144^{\frac{1}{12}}$

이때 지수가 $\dfrac{1}{12}$로 같고, $64<144<216<256$이므로

$\sqrt{2}<\sqrt[6]{12}<\sqrt[4]{6}<\sqrt[3]{4}$

따라서 $a=\sqrt{2}$, $b=\sqrt[3]{4}$이므로
$$ab=\sqrt{2}\times\sqrt[3]{4}=2^{\frac{1}{2}}\times 2^{\frac{2}{3}}=2^{\frac{1}{2}+\frac{2}{3}}=2^{\frac{7}{6}}$$
답 ②

유형 5

$a^{\frac{1}{3}}=X$, $b^{-\frac{1}{3}}=Y$로 놓으면 $a^{\frac{2}{3}}=X^2$, $b^{-\frac{2}{3}}=Y^2$이므로
$$\left(a^{\frac{1}{3}}-b^{-\frac{1}{3}}\right)\left(a^{\frac{2}{3}}+a^{\frac{1}{3}}b^{-\frac{1}{3}}+b^{-\frac{2}{3}}\right)$$
$$=(X-Y)(X^2+XY+Y^2)$$
$$=X^3-Y^3$$
$$=\left(a^{\frac{1}{3}}\right)^3-\left(b^{-\frac{1}{3}}\right)^3$$
$$=a-b^{-1}=a-\frac{1}{b}$$
답 ④

5-1

$x^{\frac{1}{3}}=X$, $x^{-\frac{1}{3}}=Y$로 놓으면
$x^{\frac{2}{3}}=X^2$, $x^{-\frac{2}{3}}=Y^2$, $x=X^3$, $x^{-1}=Y^3$이고,
$XY=x^{\frac{1}{3}}x^{-\frac{1}{3}}=1$이므로
$$\left(x^{\frac{2}{3}}+x^{-\frac{2}{3}}+1\right)\left(x^{\frac{2}{3}}-x^{-\frac{2}{3}}\right)\div\left(x-x^{-1}\right)$$
$$=(X^2+Y^2+XY)(X^2-Y^2)\div(X^3-Y^3)$$
$$=\frac{(X^2+Y^2+XY)(X-Y)(X+Y)}{X^3-Y^3}$$
$$=\frac{(X^3-Y^3)(X+Y)}{X^3-Y^3}$$
$$=X+Y=x^{\frac{1}{3}}+x^{-\frac{1}{3}}$$
답 ①

5-2

$$\left(1-3^{\frac{1}{4}}\right)\left(1+3^{\frac{1}{4}}\right)\left(1+3^{\frac{1}{2}}\right)(1+3)(1+3^2)$$
$$=\left(1-3^{\frac{1}{2}}\right)\left(1+3^{\frac{1}{2}}\right)(1+3)(1+3^2)$$
$$=(1-3)(1+3)(1+3^2)$$
$$=(1-3^2)(1+3^2)$$
$$=1-3^4$$
$$=1-81=-80$$
답 -80

유형 6

주어진 식의 분모, 분자에 각각 a^x을 곱하면
$$\frac{a^x+a^{-x}}{a^x-a^{-x}}=\frac{(a^x+a^{-x})a^x}{(a^x-a^{-x})a^x}=\frac{a^{2x}+1}{a^{2x}-1}$$
$$=\frac{2+1}{2-1}=3$$
답 ③

6-1

주어진 식의 분모, 분자에 각각 a^x을 곱하면
$$\frac{a^{3x}+a^{-3x}}{a^x+a^{-x}}=\frac{(a^{3x}+a^{-3x})a^x}{(a^x+a^{-x})a^x}=\frac{a^{4x}+a^{-2x}}{a^{2x}+1}$$
$$=\frac{(a^{2x})^2+(a^{2x})^{-1}}{a^{2x}+1}=\frac{3^2+3^{-1}}{3+1}$$
$$=\frac{9+\frac{1}{3}}{4}=\frac{7}{3}$$
답 ②

6-2

$$\left(a^{3x}-a^{-3x}\right)\left(a^x-a^{-x}\right)^{-1}=\frac{a^{3x}-a^{-3x}}{a^x-a^{-x}}$$이므로
분모, 분자에 각각 a^x을 곱하면
$$\frac{a^{3x}-a^{-3x}}{a^x-a^{-x}}=\frac{(a^{3x}-a^{-3x})a^x}{(a^x-a^{-x})a^x}=\frac{a^{4x}-a^{-2x}}{a^{2x}-1}$$
$$=\frac{(a^{2x})^2-(a^{2x})^{-1}}{a^{2x}-1}$$
$$=\frac{(\sqrt{2}+1)^2-(\sqrt{2}+1)^{-1}}{(\sqrt{2}+1)-1}$$
$$=\frac{3+2\sqrt{2}-(\sqrt{2}-1)}{\sqrt{2}}$$
$$=\frac{4+\sqrt{2}}{\sqrt{2}}=2\sqrt{2}+1$$
답 ⑤

<table>
<tr><td colspan="6">교과서 문제 정복하기   > 본문 10~11쪽</td></tr>
<tr><td>01 ⑤</td><td>02 3</td><td>03 ④</td><td>04 ②</td><td>05 2</td></tr>
<tr><td>06 ⑤</td><td>07 ②</td><td>08 ①</td><td>09 ②</td><td>10 33</td></tr>
<tr><td colspan="2">11 $x+x^{\frac{1}{2}}y^{\frac{1}{2}}+y$</td><td>12 36</td><td>13 ④</td><td>14 ④</td></tr>
<tr><td>15 ②</td><td>16 ④</td><td></td><td></td><td></td></tr>
</table>

01

① 25의 제곱근은 -5, 5이다.
② 8의 네제곱근을 x라 하면 $x^4=8$에서 $x^4-8=0$
$$\left(x+\sqrt[4]{8}\right)\left(x-\sqrt[4]{8}\right)\left(x^2+\sqrt{8}\right)=0$$
$$\therefore\ x=\pm\sqrt[4]{8}\ \text{또는}\ x=\pm\sqrt[4]{8}i$$
따라서 8의 네제곱근 중 실수인 것은 $-\sqrt[4]{8}$, $\sqrt[4]{8}$이다.
③ $\sqrt[4]{(-3)^6}$은 $(-3)^6$의 양의 네제곱근이다.
④ $\sqrt{256}=16$이므로 16의 네제곱근을 x라 하면
$$x^4=16에서\ x^4-16=0$$
$$(x+2)(x-2)(x^2+4)=0$$
$$\therefore\ x=\pm 2\ \text{또는}\ x=\pm 2i$$
따라서 $\sqrt{256}=16$의 네제곱근 중 실수인 것은 -2, 2이다.
⑤ $\sqrt{64}=8$이므로 8의 세제곱근을 x라 하면
$$x^3=8에서\ x^3-8=0$$
$$(x-2)(x^2+2x+4)=0$$
$$\therefore\ x=2\ \text{또는}\ x=-1\pm\sqrt{3}i$$
따라서 $\sqrt{64}$의 세제곱근 중 실수인 것은 2이다.
답 ⑤

02

-4의 세제곱근 중에서 실수인 것은 $\sqrt[3]{-4}$의 1개이므로 $a=1$

256의 네제곱근 중에서 실수인 것은 -4, 4의 2개이므로

$b=2$

$\therefore a+b=1+2=3$ 🔖 3

03

$$\sqrt{\dfrac{\sqrt{3}}{\sqrt[3]{3}}}\times\sqrt{\dfrac{\sqrt[4]{3}}{\sqrt{3}}}\times\sqrt[4]{\dfrac{\sqrt[3]{3}}{\sqrt{3}}}=\dfrac{\sqrt{\sqrt{3}}}{\sqrt{\sqrt[3]{3}}}\times\dfrac{\sqrt{\sqrt[4]{3}}}{\sqrt{\sqrt{3}}}\times\dfrac{\sqrt[4]{\sqrt[3]{3}}}{\sqrt[4]{\sqrt{3}}}$$

$$=\dfrac{\sqrt[4]{3}}{\sqrt[6]{3}}\times\dfrac{\sqrt[8]{3}}{\sqrt[4]{3}}\times\dfrac{\sqrt[12]{3}}{\sqrt[8]{3}}$$

$$=\dfrac{\sqrt[12]{3}}{\sqrt[6]{3}}=\dfrac{\sqrt[12]{3}}{\sqrt[12]{3^2}}$$

$$=\sqrt[12]{\dfrac{3}{9}}=\sqrt[12]{\dfrac{1}{3}}$$

즉, $\sqrt[n]{\dfrac{1}{3}}=\sqrt[12]{\dfrac{1}{3}}$이므로 $n=12$ 🔖 ④

04

$$\sqrt[4]{4\sqrt[3]{4\sqrt{8}}}=\sqrt[4]{4}\times\sqrt[4]{\sqrt[3]{4}}\times\sqrt[4]{\sqrt[3]{\sqrt{8}}}$$

$$=\sqrt[4]{2^2}\times\sqrt[12]{2^2}\times\sqrt[24]{2^3}$$

$$=2^{\frac{1}{2}+\frac{1}{6}+\frac{1}{8}}=2^{\frac{19}{24}}$$

즉, $2^k=2^{\frac{19}{24}}$이므로 $k=\dfrac{19}{24}$ 🔖 ②

05

$\{(a^2)^{-1}\}^2=0.0625$이므로

$a^{-4}=0.0625$, $\dfrac{1}{a^4}=\dfrac{1}{2^4}$

$\therefore a=2\ (\because a>0)$ 🔖 2

06

$a=\sqrt[4]{2}$이므로

$a^{20}\times a^{-6}\div(a^2)^{-1}=a^{20}\times a^{-6}\times a^2=a^{16}$

$$=(\sqrt[4]{2})^{16}=2^4=16$$ 🔖 ⑤

07

$$\left\{\left(-\dfrac{1}{2}\right)^4\right\}^{0.75}\times\left\{\left(\dfrac{16}{25}\right)^{\frac{5}{4}}\right\}^{-\frac{2}{5}}=\left\{\left(\dfrac{1}{2}\right)^4\right\}^{0.75}\times\left(\dfrac{4}{5}\right)^{2\times\frac{5}{4}\times\left(-\frac{2}{5}\right)}$$

$$=\left(\dfrac{1}{2}\right)^3\times\left(\dfrac{4}{5}\right)^{-1}$$

$$=\dfrac{1}{8}\times\dfrac{5}{4}=\dfrac{5}{32}$$ 🔖 ②

08

$$l^2=(\sqrt[4]{25})^2+(\sqrt[4]{24})^2=\sqrt[4]{25^2}+\sqrt[4]{24^2}$$

$$=\sqrt{25}+\sqrt{24}=5+2\sqrt{6}$$ 🔖 ①

09

$A=\sqrt[3]{\sqrt{10}}=\sqrt[6]{10}$, $B=\sqrt{5}$, $C=\sqrt[3]{\sqrt{38}}=\sqrt[6]{38}$

에서 2와 6의 최소공배수가 6이므로

$A=\sqrt[6]{10}=10^{\frac{1}{6}}$

$B=\sqrt[6]{5^3}=\sqrt[6]{125}=125^{\frac{1}{6}}$

$C=\sqrt[6]{38}=38^{\frac{1}{6}}$

이때 지수가 $\dfrac{1}{6}$로 같고, $10<38<125$이므로

$10^{\frac{1}{6}}<38^{\frac{1}{6}}<125^{\frac{1}{6}}$

$\therefore A<C<B$ 🔖 ②

10

$\sqrt[3]{4^n}=4^{\frac{n}{3}}=2^{\frac{2n}{3}}$

$2^{\frac{2n}{3}}$이 정수가 되려면 $\dfrac{2n}{3}$이 음이 아닌 정수이어야 한다.

따라서 n은 100 이하의 3의 배수이어야 하므로 n은 3, 6, 9, $\cdots$, 99의 33개이다. 🔖 33

11

$x^{\frac{1}{4}}=X$, $y^{\frac{1}{4}}=Y$로 놓으면 $x^{\frac{1}{2}}=X^2$, $y^{\frac{1}{2}}=Y^2$이므로

$(x^{\frac{1}{2}}-x^{\frac{1}{4}}y^{\frac{1}{4}}+y^{\frac{1}{2}})(x^{\frac{1}{2}}+x^{\frac{1}{4}}y^{\frac{1}{4}}+y^{\frac{1}{2}})$

$=(X^2-XY+Y^2)(X^2+XY+Y^2)$

$=X^4+X^2Y^2+Y^4$

$=(x^{\frac{1}{4}})^4+(x^{\frac{1}{4}})^2(y^{\frac{1}{4}})^2+(y^{\frac{1}{4}})^4$

$=x+x^{\frac{1}{2}}y^{\frac{1}{2}}+y$ 🔖 $x+x^{\frac{1}{2}}y^{\frac{1}{2}}+y$

12

$x^{\frac{1}{2}}-x^{-\frac{1}{2}}=3$의 양변을 세제곱하면

$(x^{\frac{1}{2}}-x^{-\frac{1}{2}})^3=3^3$

$(x^{\frac{1}{2}})^3-3x^{\frac{1}{2}}x^{-\frac{1}{2}}(x^{\frac{1}{2}}-x^{-\frac{1}{2}})-(x^{-\frac{1}{2}})^3=27$

$x^{\frac{3}{2}}-3\times1\times3-x^{-\frac{3}{2}}=27$

$\therefore x^{\frac{3}{2}}-x^{-\frac{3}{2}}=36$ 🔖 36

13

$$\dfrac{1}{1-a^{\frac{1}{4}}}+\dfrac{1}{1+a^{\frac{1}{4}}}+\dfrac{2}{1+a^{\frac{1}{2}}}+\dfrac{4}{1+a}$$

$$=\dfrac{2}{1-a^{\frac{1}{2}}}+\dfrac{2}{1+a^{\frac{1}{2}}}+\dfrac{4}{1+a}$$

$$=\dfrac{4}{1-a}+\dfrac{4}{1+a}=\dfrac{8}{1-a^2}$$

$$=\dfrac{8}{1-(\sqrt{3})^2}=\dfrac{8}{-2}$$

$$=-4$$ 🔖 ④

14

주어진 식의 분모, 분자에 각각 3^x을 곱하면

$$\frac{3^x+3^{3x}+3^{5x}}{3^{-x}+3^{-3x}+3^{-5x}}=\frac{(3^x+3^{3x}+3^{5x})3^x}{(3^{-x}+3^{-3x}+3^{-5x})3^x}$$

$$=\frac{3^{2x}+3^{4x}+3^{6x}}{1+3^{-2x}+3^{-4x}}$$

$$=\frac{3^{2x}+(3^{2x})^2+(3^{2x})^3}{1+(3^{2x})^{-1}+(3^{2x})^{-2}}$$

$$=\frac{2+2^2+2^3}{1+2^{-1}+2^{-2}}$$

$$=\frac{2+4+8}{1+\frac{1}{2}+\frac{1}{4}}=\frac{14}{\frac{7}{4}}=8 \qquad \text{답} \ ④$$

15

$18^x=3$에서 $3^{\frac{1}{x}}=18$ $\qquad\qquad$ …… ㉠

$54^y=27$, 즉 $54^y=3^3$에서 $3^{\frac{3}{y}}=54$ $\qquad$ …… ㉡

㉠ ÷ ㉡을 하면

$$3^{\frac{1}{x}}\div 3^{\frac{3}{y}}=\frac{1}{3}, \ 3^{\frac{1}{x}-\frac{3}{y}}=3^{-1}$$

$$\therefore \ \frac{1}{x}-\frac{3}{y}=-1 \qquad \text{답} \ ②$$

16

현재 신입생 수를 P라 하면

5년 후의 신입생 수는

$$(1-0.02)^5P=0.98^5P$$

10년 후의 신입생 수는

$$(1-0.02)^{10}P=0.98^{10}P$$

5년 후의 신입생 수가 10년 후의 신입생 수의 x배라 하면

$$x=\frac{0.98^5P}{0.98^{10}P}=0.98^{-5} \qquad \text{답} \ ④$$

〔02 로그 〕

교과서 유형 흐름잡기 $\qquad\qquad$ ≫ 본문 13~15쪽

유형 **1** ①	**1-1** ⑤	**1-2** 2
유형 **2** ④	**2-1** ②	**2-2** 2
유형 **3** ④	**3-1** ③	**3-2** ③
유형 **4** ②	**4-1** ③	**4-2** ①
유형 **5** ①	**5-1** ③	**5-2** 0.026
유형 **6** ④	**6-1** 100배	**6-2** -1.45등급

유형 1

$\log_2 \frac{1}{32}=x$에서 $2^x=\frac{1}{32}=2^{-5}$이므로 $x=-5$

$\log_9 y=0.5$에서 $y=9^{0.5}=(3^2)^{0.5}=3^1=3$

$$\therefore \ x+y=-5+3=-2 \qquad \text{답} \ ①$$

1-1

$\log_{\sqrt{3}} 9=x$에서 $(\sqrt{3})^x=9$이므로

$3^{\frac{x}{2}}=3^2, \ \frac{x}{2}=2 \quad \therefore \ x=4$

$\log_{27} y=\frac{4}{3}$에서 $y=27^{\frac{4}{3}}=(3^3)^{\frac{4}{3}}=3^4=81$

$$\therefore \ x+y=4+81=85 \qquad \text{답} \ ⑤$$

1-2

$\log_2(\log_4 x)=-1$에서 $\log_4 x=2^{-1}=\frac{1}{2}$

$\log_4 x=\frac{1}{2}$에서 $x=4^{\frac{1}{2}}=(2^2)^{\frac{1}{2}}=2$ $\qquad \text{답} \ 2$

유형 2

$$\log_3 \sqrt{27}-\log_3 \frac{1}{4}-\frac{1}{2}\log_3 48$$

$$=\log_3 3\sqrt{3}-\log_3 4^{-1}-\log_3 \sqrt{48}$$

$$=\log_3 3\sqrt{3}+\log_3 4-\log_3 4\sqrt{3}$$

$$=\log_3 \frac{3\sqrt{3}\times 4}{4\sqrt{3}}=\log_3 3=1 \qquad \text{답} \ ④$$

2-1

$$\frac{1}{2}\log_3 16+\log_3 \sqrt{5}-\frac{3}{2}\log_3 \sqrt[3]{240}$$

$$=\frac{1}{2}\log_3 16+\log_3 5^{\frac{1}{2}}-\frac{3}{2}\log_3 240^{\frac{1}{3}}$$

$$=\frac{1}{2}\log_3 16+\frac{1}{2}\log_3 5-\frac{1}{2}\log_3 240$$

$$=\frac{1}{2}(\log_3 16+\log_3 5-\log_3 240)$$

$$=\frac{1}{2}\log_3 \frac{16\times 5}{240}=\frac{1}{2}\log_3 \frac{1}{3}$$

$$=\frac{1}{2}\log_3 3^{-1}=-\frac{1}{2} \qquad \text{답} \ ②$$

2-2

$\log_{10} 5 + \dfrac{1}{2}\log_{10} 11 + \log_{10} 4 + \dfrac{1}{2}\log_{10}\dfrac{25}{11}$

$=\log_{10} 5 + \log_{10} 11^{\frac{1}{2}} + \log_{10} 4 + \log_{10}\left(\dfrac{25}{11}\right)^{\frac{1}{2}}$

$=\log_{10} 5 + \log_{10}\sqrt{11} + \log_{10} 4 + \log_{10}\sqrt{\dfrac{25}{11}}$

$=\log_{10}\left(5\times\sqrt{11}\times 4\times\dfrac{\sqrt{25}}{\sqrt{11}}\right)$

$=\log_{10} 100 = \log_{10} 10^{2}$

$=2$ **답** 2

유형 3

$\log_{10}\sqrt{15}=\log_{10} 15^{\frac{1}{2}}=\dfrac{1}{2}\log_{10}(3\times 5)$

$\qquad=\dfrac{1}{2}(\log_{10} 3+\log_{10} 5)$

$\qquad=\dfrac{1}{2}\left(\log_{10} 3+\log_{10}\dfrac{10}{2}\right)$

$\qquad=\dfrac{1}{2}(\log_{10} 3+1-\log_{10} 2)$

$\qquad=\dfrac{1}{2}(1-a+b)$ **답** ④

3-1

$\log_3\dfrac{2}{15}=\log_3 2-\log_3 15$

$\qquad=\log_3 2-\log_3(3\times 5)$

$\qquad=\log_3 2-(\log_3 3+\log_3 5)$

$\qquad=\log_3 2-1-\log_3 5$

$\qquad=a-b-1$ **답** ③

3-2

$\log_3 6=\log_3(2\times 3)=\log_3 2+\log_3 3$

$\qquad=\log_3 2+1$

즉, $\log_3 2+1=a$이므로

$\log_3 2=a-1$

$\therefore \log_3 72=\log_3(2^3\times 3^2)$

$\qquad=3\log_3 2+2\log_3 3$

$\qquad=3(a-1)+2$

$\qquad=3a-1$ **답** ③

유형 4

주어진 식을 밑이 3인 로그로 변형하면

$\log_{10} 150=\dfrac{\log_3 150}{\log_3 10}=\dfrac{\log_3(2\times 3\times 5^2)}{\log_3(2\times 5)}$

$\qquad=\dfrac{\log_3 2+\log_3 3+2\log_3 5}{\log_3 2+\log_3 5}$

$\qquad=\dfrac{a+2b+1}{a+b}$ **답** ②

4-1

주어진 식을 밑이 10인 로그로 변형하면

$\log_5\sqrt{12}=\dfrac{\log_{10}\sqrt{12}}{\log_{10} 5}=\dfrac{\log_{10}(2^2\times 3)^{\frac{1}{2}}}{\log_{10}\dfrac{10}{2}}$

$\qquad=\dfrac{\dfrac{1}{2}(2\log_{10} 2+\log_{10} 3)}{\log_{10} 10-\log_{10} 2}$

$\qquad=\dfrac{\dfrac{1}{2}(2a+b)}{1-a}=\dfrac{2a+b}{2(1-a)}$ **답** ③

4-2

$\log_a 2=3$에서 $\log_2 a=\dfrac{1}{3}$

$\log_b 4=-1$에서 $\log_4 b=-1$ $\therefore \log_2 b=-2$

주어진 식을 밑이 2인 로그로 변형하면

$\log_b a=\dfrac{\log_2 a}{\log_2 b}=\dfrac{\dfrac{1}{3}}{-2}=-\dfrac{1}{6}$ **답** ①

유형 5

$\log\sqrt{375}=\log 375^{\frac{1}{2}}$

$\qquad=\dfrac{1}{2}\log 375$

$\qquad=\dfrac{1}{2}\log(3.75\times 10^2)$

$\qquad=\dfrac{1}{2}(\log 3.75+2)$

이때 상용로그표에서 $\log 3.75=0.5740$이므로

$\dfrac{1}{2}(\log 3.75+2)=\dfrac{1}{2}(0.5740+2)$

$\qquad=1.2870$ **답** ①

5-1

$\log 0.036^3=3\log 0.036$

$\qquad=3\log(3.6\times 10^{-2})$

$\qquad=3(\log 3.6+\log 10^{-2})$

이때 상용로그표에서 $\log 3.6=0.5563$이므로

$3(\log 3.6+\log 10^{-2})=3(0.5563-2)$

$\qquad=-4.3311$ **답** ③

5-2

$\log 26=\log(2.6\times 10)=1.4150$에서

$\log 2.6+1=1.4150$

$\therefore \log 2.6=0.4150$

한편, $-1.5850=-2+0.4150$이므로

$\log x=\log(2.6\times 10^{-2})=\log 0.026$

$\therefore x=0.026$ **답** 0.026

A 지점에서의 소리의 강도를 P_1이라 하면 소리의 크기가 30 dB
이므로

$$30=10\log\frac{P_1}{P_0} \qquad \therefore 3=\log P_1-\log P_0 \quad\cdots\cdots\ \text{㉠}$$

B 지점에서의 소리의 강도를 P_2라 하면 소리의 크기가 40 dB
이므로

$$40=10\log\frac{P_2}{P_0} \qquad \therefore 4=\log P_2-\log P_0 \quad\cdots\cdots\ \text{㉡}$$

㉡$-$㉠을 하면

$$1=\log P_2-\log P_1$$

$$1=\log\frac{P_2}{P_1} \qquad \therefore \frac{P_2}{P_1}=10$$

따라서 $P_2=10P_1$이므로 B 지점에서의 소리의 강도는 A 지점
에서의 소리의 강도의 10배이다. **답** ④

6-1

pH 5인 용액의 수소 이온 농도를 A, pH 7인 용액의 수소 이온
농도를 B라 하면

$$5=-\log A \qquad\qquad\qquad\cdots\cdots\ \text{㉠}$$

$$7=-\log B \qquad\qquad\qquad\cdots\cdots\ \text{㉡}$$

㉡$-$㉠을 하면

$$2=-\log B-(-\log A)=\log\frac{A}{B}$$

$$\therefore \frac{A}{B}=10^2=100$$

따라서 $A=100B$이므로 pH 5인 용액의 수소 이온 농도는
pH 7인 용액의 수소 이온 농도의 100배이다. **답** 100배

6-2

북극성의 밝기를 I_1, 시리우스의 밝기를 I_2라 하면 시리우스의
밝기는 북극성의 밝기의 24배이므로

$$I_2=24I_1 \qquad\qquad\qquad\cdots\cdots\ \text{㉠}$$

한편, 밝기가 I_1인 북극성의 등급은 2등급이므로

$$2=-\frac{5}{2}\log I_1+C \qquad\qquad\cdots\cdots\ \text{㉡}$$

이때 밝기가 I_2인 시리우스의 등급을 m등급이라 하면

$$m=-\frac{5}{2}\log I_2+C$$

$$=-\frac{5}{2}\log 24I_1+C\ (\because\ \text{㉠})$$

$$=-\frac{5}{2}\log(2^3\times3\times I_1)+C$$

$$=-\frac{5}{2}(3\log 2+\log 3)+\left(-\frac{5}{2}\log I_1+C\right)$$

$$=-\frac{5}{2}(3\times0.30+0.48)+2\ (\because\ \text{㉡})$$

$$=-1.45$$

따라서 시리우스의 등급은 -1.45등급이다. **답** -1.45등급

---

01 ②	02 ②	03 ②	04 ②	05 ③
06 ③	07 ③	08 ②	09 ③	10 ④
11 ①	12 0	13 ⑤	14 6	15 ②
16 1.78배				

01

$\log_5(\log_{32}x)=-1$에서 $\log_{32}x=5^{-1}=\dfrac{1}{5}$

$$\therefore x=32^{\frac{1}{5}}=(2^5)^{\frac{1}{5}}=2 \qquad\qquad \text{답} ②$$

02

$x=\log_5 27$에서 $5^x=27$

$$\therefore 5^{\frac{x}{3}}=(5^x)^{\frac{1}{3}}=27^{\frac{1}{3}}=(3^3)^{\frac{1}{3}}=3 \qquad \text{답} ②$$

03

$\log_{\sqrt{3}}a=2$에서 $a=(\sqrt{3})^2=3$

$\log_{\frac{1}{8}}4=b$에서 $4=\left(\dfrac{1}{8}\right)^b$

$2^{-3b}=2^2,\ -3b=2 \qquad \therefore b=-\dfrac{2}{3}$

$$\therefore ab=3\times\left(-\frac{2}{3}\right)=-2 \qquad\qquad \text{답} ②$$

다른풀이

$\log_{\sqrt{3}}a=2$에서 $a=(\sqrt{3})^2=3$

$\log_{\frac{1}{8}}4=b$에서 $b=\log_{\frac{1}{8}}4=\log_{2^{-3}}2^2=-\dfrac{2}{3}$

$$\therefore ab=3\times\left(-\frac{2}{3}\right)=-2$$

04

(i) (밑)>0, (밑)$\neq1$이어야 하므로

$\quad x>0,\ x\neq1 \qquad\qquad\qquad\cdots\cdots\ \text{㉠}$

(ii) (진수)>0이어야 하므로

$\quad -x^2+2x+8>0,\ x^2-2x-8<0$

$\quad (x+2)(x-4)<0 \qquad \therefore -2<x<4 \quad\cdots\cdots\ \text{㉡}$

㉠, ㉡의 공통 범위를 구하면

$$0<x<1 \ \text{또는}\ 1<x<4$$

따라서 구하는 정수 x는 2, 3의 2개이다. **답** ②

05

$$2\log_2\sqrt{27}+\frac{1}{2}\log_2\sqrt{2}+3\log_2\frac{\sqrt[3]{2}}{3}$$

$$=2\log_2 27^{\frac{1}{2}}+\frac{1}{2}\log_2 2^{\frac{1}{2}}+3\log_2\frac{2^{\frac{1}{3}}}{3}$$

$$=\log_2 27+\frac{1}{4}\log_2 2+3\left(\frac{1}{3}\log_2 2-\log_2 3\right)$$

$$=\log_2 27+\frac{1}{4}+1-3\log_2 3$$

$$=3\log_2 3+\frac{5}{4}-3\log_2 3=\frac{5}{4} \qquad\qquad \text{답} ③$$

06

$(\log_{18} 2)^2 + (2 \log_{18} 3)^2 + \log_{18} 4 \times \log_{18} 9$

$= (\log_{18} 2)^2 + (2 \log_{18} 3)^2 + \log_{18} 2^2 \times \log_{18} 3^2$

$= (\log_{18} 2)^2 + (2 \log_{18} 3)^2 + 2 \times \log_{18} 2 \times 2 \log_{18} 3$

$= (\log_{18} 2 + 2 \log_{18} 3)^2$

$= \{\log_{18} (2 \times 3^2)\}^2$

$= (\log_{18} 18)^2 = 1^2 = 1$ 답 ③

07

$\log_3 2.5 + \log_3 20 = \log_3 (2.5 \times 20) = \log_3 50$

$\qquad\qquad\qquad = \log_3 (2 \times 5^2) = \log_3 2 + 2 \log_3 5$

$\qquad\qquad\qquad = a + 2b$ 답 ③

08

$\log_{10} \left(1 - \dfrac{1}{2}\right) + \log_{10} \left(1 - \dfrac{1}{3}\right) + \log_{10} \left(1 - \dfrac{1}{4}\right)$

$\qquad\qquad\qquad\qquad + \cdots + \log_{10} \left(1 - \dfrac{1}{10}\right)$

$= \log_{10} \dfrac{1}{2} + \log_{10} \dfrac{2}{3} + \log_{10} \dfrac{3}{4} + \cdots + \log_{10} \dfrac{9}{10}$

$= \log_{10} \left(\dfrac{1}{2} \times \dfrac{2}{3} \times \dfrac{3}{4} \times \cdots \times \dfrac{9}{10}\right)$

$= \log_{10} \dfrac{1}{10}$

$= \log_{10} 10^{-1} = -1$ 답 ②

09

$(\log_3 2 + \log_{27} 8)(\log_8 3 + \log_2 27)$

$= (\log_3 2 + \log_{3^3} 2^3)(\log_{2^3} 3 + \log_2 3^3)$

$= (\log_3 2 + \log_3 2)\left(\dfrac{1}{3} \log_2 3 + 3 \log_2 3\right)$

$= 2 \log_3 2 \times \dfrac{10}{3} \log_2 3$

$= \dfrac{20}{3} \times \log_3 2 \times \log_2 3 = \dfrac{20}{3}$ 답 ③

10

$\log_5 2 + 3 \log_5 3 = \log_5 (2 \times 3^3) = \log_5 54$이므로

$\log_5 1 + 5^{\log_5 2 + 3 \log_5 3} = 0 + 5^{\log_5 54}$

$\qquad\qquad\qquad\qquad = 54^{\log_5 5} = 54$ 답 ④

11

$\log_6 6 = \log_6 (2 \times 3) = \log_6 2 + \log_6 3$이므로

$1 = a + \log_6 3 \qquad \therefore \log_6 3 = 1 - a$

$\therefore \log_9 6 = \dfrac{\log_6 6}{\log_6 9} = \dfrac{1}{\log_6 3^2}$

$\qquad\qquad = \dfrac{1}{2 \log_6 3} = \dfrac{1}{2(1-a)}$ 답 ①

12

$\dfrac{\log_{10} 4}{a} = \log_{10} 6$에서 $a = \dfrac{\log_{10} 4}{\log_{10} 6} = \log_6 4$

$\dfrac{\log_{10} 9}{b} = \log_{10} 6$에서 $b = \dfrac{\log_{10} 9}{\log_{10} 6} = \log_6 9$

$\dfrac{\log_{10} 36}{c} = \log_{10} 6$에서 $c = \dfrac{\log_{10} 36}{\log_{10} 6} = \log_6 36$

$\therefore a + b - c = \log_6 4 + \log_6 9 - \log_6 36$

$\qquad\qquad = \log_6 \dfrac{4 \times 9}{36} = \log_6 1 = 0$ 답 0

13

$2^a = 3$, $2^b = 7$에서 $a = \log_2 3$, $b = \log_2 7$

$\log_{56} 63$을 밑이 2인 로그로 변형하면

$\log_{56} 63 = \dfrac{\log_2 63}{\log_2 56} = \dfrac{\log_2 (3^2 \times 7)}{\log_2 (2^3 \times 7)}$

$\qquad\quad = \dfrac{2 \log_2 3 + \log_2 7}{3 \log_2 2 + \log_2 7} = \dfrac{2a+b}{3+b}$ 답 ⑤

14

이차방정식 $x^2 - 4x + 2 = 0$의 두 근이 $\log_5 \alpha$, $\log_5 \beta$이므로 근과 계수의 관계에 의하여

$\log_5 \alpha + \log_5 \beta = 4$, $\log_5 \alpha \times \log_5 \beta = 2$ $\cdots\cdots$ ㉠

주어진 식을 밑이 5인 로그로 변형하면

$\log_\alpha \beta + \log_\beta \alpha = \dfrac{\log_5 \beta}{\log_5 \alpha} + \dfrac{\log_5 \alpha}{\log_5 \beta}$

$\qquad\qquad = \dfrac{(\log_5 \beta)^2 + (\log_5 \alpha)^2}{\log_5 \alpha \times \log_5 \beta}$

$\qquad\qquad = \dfrac{(\log_5 \alpha + \log_5 \beta)^2 - 2 \times \log_5 \alpha \times \log_5 \beta}{\log_5 \alpha \times \log_5 \beta}$

$\qquad\qquad = \dfrac{4^2 - 2 \times 2}{2} \ (\because ㉠)$

$\qquad\qquad = 6$ 답 6

15

$\log x = n + \alpha \ (n$은 정수, $0 \le \alpha < 1)$ 꼴로 바꾸면

$\log a = 3 + 0.3118$

$\qquad = \log 10^3 + \log 2.05$

$\qquad = \log (10^3 \times 2.05)$

$\qquad = \log 2050$

이므로 $a = 2050$

$\log b = -0.6882$

$\qquad = -1 + 0.3118$

$\qquad = \log 10^{-1} + \log 2.05$

$\qquad = \log (10^{-1} \times 2.05)$

$\qquad = \log 0.205$

이므로 $b = 0.205$

$\therefore a + b = 2050.205$ 답 ②

16

현재 매출량을 a라 하면 10년 후의 매출량은

$a(1+0.06)^{10}=a\times1.06^{10}$

$x=1.06^{10}$이라 하고 양변에 상용로그를 취하면

$\log x=10\log1.06$

$\qquad=10\times0.025=0.25$

이때 $\log1.78=0.250$이므로

$x=1.78$

따라서 10년 후 매출량은 현재 매출량의 1.78배가 된다.

🅐 1.78배

(03 지수함수)

교과서 유형 흐름잡기   ▶ 본문 19~21쪽

유형 1 ③	1-1 ③	1-2 ④
유형 2 ①	2-1 ④	2-2 $B<A<C$
유형 3 ②	3-1 ④	3-2 ④
유형 4 ②	4-1 $x=-2$	4-2 8
유형 5 ③	5-1 ⑤	5-2 0
유형 6 ⑤	6-1 ②	6-2 ②

유형 1

$y=\left(\dfrac{1}{3}\right)^{x}+1$의 그래프는

$y=\left(\dfrac{1}{3}\right)^{x}$의 그래프를 y축의 방향

으로 1만큼 평행이동한 것이므로
오른쪽 그림과 같다.
따라서 점근선의 방정식은 $y=1$이
고, 치역은 $\{y\,|\,y>1\}$이다.

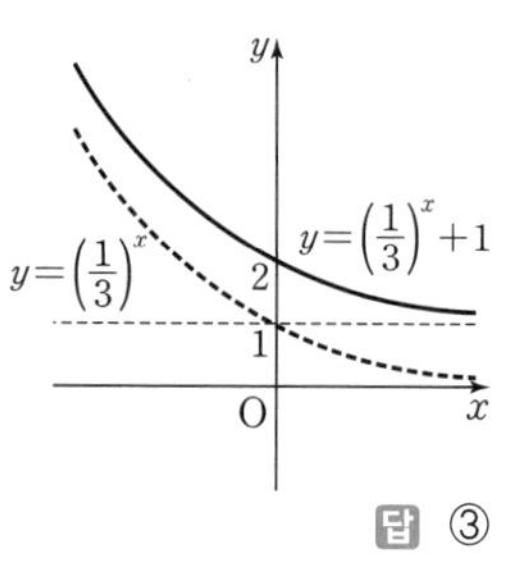

🅐 ③

1-1

$y=-4^{x}-1$의 그래프는 $y=4^{x}$의 그
래프를 x축에 대하여 대칭이동한 후
y축의 방향으로 -1만큼 평행이동한
것이므로 오른쪽 그림과 같다.
따라서 점근선의 방정식은 $y=-1$
이고, 치역은 $\{y\,|\,y<-1\}$이다.

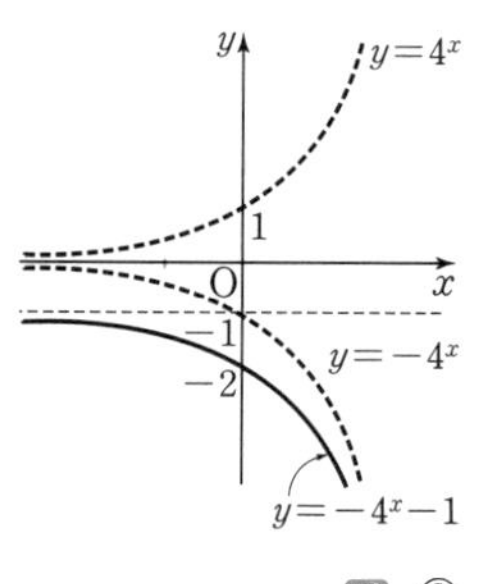

🅐 ③

1-2

ㄱ. $y=2^{x-1}-\dfrac{1}{2}$의 그래프는

$y=2^{x}$의 그래프를 x축의 방향

으로 1만큼, y축의 방향으로

$-\dfrac{1}{2}$만큼 평행이동한 것이

로 오른쪽 그림과 같다. (거짓)
따라서 옳은 것은 ㄴ, ㄷ이다.

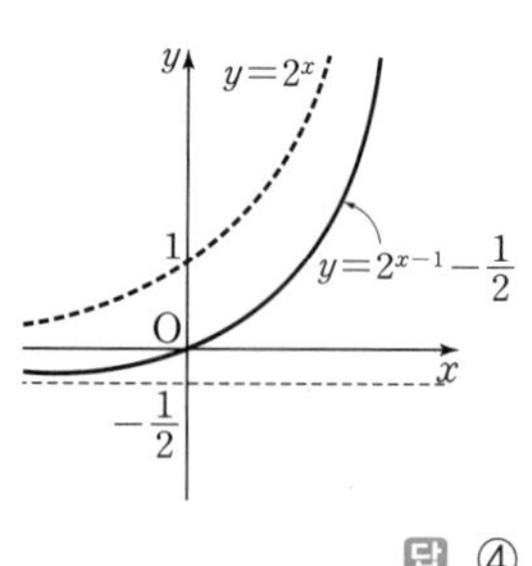

🅐 ④

유형 2

$A=\sqrt{2}=2^{\frac{1}{2}}$, $B=\sqrt[3]{4}=\sqrt[3]{2^{2}}=2^{\frac{2}{3}}$, $C=\sqrt{8}=\sqrt{2^{3}}=2^{\frac{3}{2}}$

이때 밑 2가 $2>1$이므로

$\dfrac{1}{2}<\dfrac{2}{3}<\dfrac{3}{2}$에서 $2^{\frac{1}{2}}<2^{\frac{2}{3}}<2^{\frac{3}{2}}$

$\therefore A<B<C$

🅐 ①

2-1

$A=\left(\dfrac{1}{5}\right)^{-0.2}$, $B=\dfrac{1}{25}=\left(\dfrac{1}{5}\right)^{2}$, $C=\left(\sqrt{\dfrac{1}{5}}\right)^{3}=\left(\dfrac{1}{5}\right)^{\frac{3}{2}}$

이때 밑 $\dfrac{1}{5}$이 $0<\dfrac{1}{5}<1$이므로

$-0.2<\dfrac{3}{2}<2$에서 $\left(\dfrac{1}{5}\right)^{2}<\left(\dfrac{1}{5}\right)^{\frac{3}{2}}<\left(\dfrac{1}{5}\right)^{-0.2}$

$\therefore B<C<A$ 🔲 ④

2-2

$A=\sqrt[3]{0.2}=(0.2)^{\frac{1}{3}}$

$B=\sqrt[4]{0.04}=\sqrt[4]{(0.2)^{2}}=(0.2)^{\frac{1}{2}}$

$C=\sqrt[12]{0.008}=\sqrt[12]{(0.2)^{3}}=(0.2)^{\frac{1}{4}}$

이때 밑 0.2가 $0<0.2<1$이므로

$\dfrac{1}{4}<\dfrac{1}{3}<\dfrac{1}{2}$에서 $(0.2)^{\frac{1}{2}}<(0.2)^{\frac{1}{3}}<(0.2)^{\frac{1}{4}}$

$\therefore B<A<C$ 🔲 $B<A<C$

유형 3

함수 $y=2^{x}-3$은 x의 값이 증가하면 y의 값도 증가하는 함수이

므로 $-1\leq x\leq2$일 때

$x=2$에서 최댓값 $2^{2}-3=1$,

$x=-1$에서 최솟값 $2^{-1}-3=\dfrac{1}{2}-3=-\dfrac{5}{2}$를 갖는다.

따라서 최댓값과 최솟값의 합은

$1+\left(-\dfrac{5}{2}\right)=-\dfrac{3}{2}$ 🔲 ②

3-1

함수 $y=\left(\dfrac{1}{4}\right)^{x}-1$은 x의 값이 증가하면 y의 값은 감소하는 함

수이므로 $-3\leq x\leq-1$일 때

$x=-3$에서 최댓값 $\left(\dfrac{1}{4}\right)^{-3}-1=64-1=63$,

$x=-1$에서 최솟값 $\left(\dfrac{1}{4}\right)^{-1}-1=4-1=3$을 갖는다.

따라서 최댓값과 최솟값의 합은

$63+3=66$ 🔲 ④

3-2

$y=(2^{x})^{2}\times9^{-x}=(2^{2})^{x}\times(3^{-2})^{x}=\left(\dfrac{4}{9}\right)^{x}$

함수 $y=\left(\dfrac{4}{9}\right)^{x}$은 x의 값이 증가하면 y의 값은 감소하는 함수이

므로 $-2\leq x\leq1$일 때

$x=-2$에서 최댓값 $M=\left(\dfrac{4}{9}\right)^{-2}=\dfrac{81}{16}$,

$x=1$에서 최솟값 $m=\dfrac{4}{9}$를 갖는다.

$\therefore Mm=\dfrac{81}{16}\times\dfrac{4}{9}=\dfrac{9}{4}$ 🔲 ④

유형 4

$9^{-x}=81\times3^{x}$에서 $3^{-2x}=3^{4+x}$이므로

$-2x=4+x$, $3x=-4$

$\therefore x=-\dfrac{4}{3}$ 🔲 ②

4-1

$2^{2x+1}=\left(\dfrac{1}{2}\right)^{1-x}$에서 $2^{2x+1}=2^{x-1}$이므로

$2x+1=x-1$ $\therefore x=-2$ 🔲 $x=-2$

4-2

$(\sqrt{2})^{x^{2}}=4^{x+3}$에서 $2^{\frac{1}{2}x^{2}}=2^{2x+6}$이므로

$\dfrac{1}{2}x^{2}=2x+6$, $x^{2}-4x-12=0$

$(x+2)(x-6)=0$ $\therefore x=-2$ 또는 $x=6$

따라서 $\alpha=6$, $\beta=-2$이므로

$\alpha-\beta=8$ 🔲 8

유형 5

$2^{x-3}\geq\left(\dfrac{1}{2}\right)^{3x+2}$에서 $2^{x-3}\geq2^{-3x-2}$

이때 밑 2가 $2>1$이므로

$x-3\geq-3x-2$, $4x\geq1$ $\therefore x\geq\dfrac{1}{4}$

따라서 구하는 정수 x의 최솟값은 1이다.   🔲 ③

5-1

$5^{2x-1}>\left(\dfrac{1}{5}\right)^{4-3x}$에서 $5^{2x-1}>5^{3x-4}$

이때 밑 5가 $5>1$이므로

$2x-1>3x-4$ $\therefore x<3$

따라서 구하는 정수 x의 최댓값은 2이다.   🔲 ⑤

5-2

$\left(\dfrac{1}{9}\right)^{x+2}<\left(\dfrac{1}{9}\right)^{x^{2}}<\left(\dfrac{1}{9}\right)^{3x-2}$에서 밑 $\dfrac{1}{9}$이 $0<\dfrac{1}{9}<1$이므로

$x+2>x^{2}>3x-2$

(i) $x+2>x^{2}$에서 $x^{2}-x-2<0$

    $(x+1)(x-2)<0$ $\therefore -1<x<2$

(ii) $x^{2}>3x-2$에서 $x^{2}-3x+2>0$

    $(x-1)(x-2)>0$ $\therefore x<1$ 또는 $x>2$

(i), (ii)에서 $-1<x<1$

따라서 $\alpha=-1$, $\beta=1$이므로

$\alpha+\beta=0$ 🔲 0

x시간이 경과한 후 세균의 수는

2×2^x (마리)

x시간 후 세균의 수가 128마리 이상이므로

$2 \times 2^x \geq 128$, $2^{x+1} \geq 2^7$

이때 밑 2가 $2 > 1$이므로 $x+1 \geq 7$ $\quad \therefore x \geq 6$

따라서 최소 6시간이 경과한 것이다. 　　　답 ⑤

6-1

x시간이 경과한 후 박테리아의 개체 수는

$625 \times (1+0.2)^x$ (마리)

x시간 후 박테리아의 개체 수가 1296마리 이상이므로

$625 \times (1.2)^x \geq 1296$, $5^4 \times \left(\dfrac{6}{5}\right)^x \geq 6^4$, $\left(\dfrac{6}{5}\right)^x \geq \left(\dfrac{6}{5}\right)^4$

이때 밑 $\dfrac{6}{5}$이 $\dfrac{6}{5} > 1$이므로 $x \geq 4$

따라서 박테리아의 개체 수가 처음으로 1296마리 이상이 되는 것은 오전 9시부터 4시간이 경과한 후인 오후 1시 이후이다. 　　　답 ②

6-2

농약을 살포하기 전의 해충의 수를 a라 하면 농약을 살포한 후 x시간 후의 해충의 수는

$a \times \left(\dfrac{1}{2}\right)^{\frac{x}{4}}$ (마리)

이때 처음 해충의 수의 $\dfrac{1}{16}$이 되려면

$a \times \left(\dfrac{1}{2}\right)^{\frac{x}{4}} = \dfrac{1}{16}a$, $\left(\dfrac{1}{2}\right)^{\frac{x}{4}} = \left(\dfrac{1}{2}\right)^4$

즉, $\dfrac{x}{4} = 4$이므로 $x = 16$

따라서 해충의 수가 처음 해충의 수의 $\dfrac{1}{16}$이 되기까지 16시간이 걸린다. 　　　답 ②

교과서 문제 정복하기 　　　▶본문 22~23쪽

01 ②	02 ③	03 ㄱ, ㄹ	04 1	05 1
06 ②	07 ⑤	08 ③	09 ②	
10 $x=3$	11 ②	12 ②	13 ①	14 2
15 ③	16 3번			

01

ㄴ. 다항함수이다.

ㄷ. $y = \left(\dfrac{1}{4}\right)^{2x} = \left(\dfrac{1}{16}\right)^x$이므로 지수함수이다.

ㄹ. 밑이 $-1 < 0$이므로 지수함수가 아니다.

따라서 지수함수인 것은 ㄱ, ㄷ이다. 　　　답 ②

02

$0 < a < 1$일 때, 함수 $y = a^x$의 그래프는 오른쪽 그림과 같다.

③ 그래프의 점근선의 방정식은 $y=0$이다.

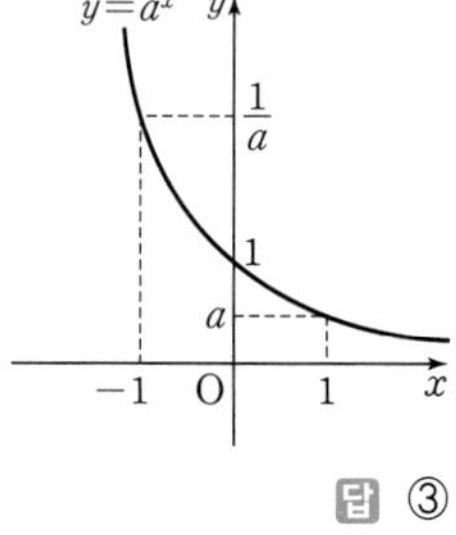

답 ③

03

ㄱ. $y = 3^x$의 그래프를 y축의 방향으로 -1만큼 평행이동하면 $y = 3^x - 1$의 그래프와 겹쳐진다.

ㄹ. $y = \dfrac{1}{3^x} - 1 = 3^{-x} - 1$이므로 $y = 3^x$의 그래프를 y축에 대하여 대칭이동한 후 y축의 방향으로 -1만큼 평행이동하면 $y = \dfrac{1}{3^x} - 1$의 그래프와 겹쳐진다.

따라서 $y = 3^x$의 그래프를 평행이동 또는 대칭이동하여 겹쳐질 수 있는 것은 ㄱ, ㄹ이다. 　　　답 ㄱ, ㄹ

04

$y = 9 \times 3^x - 3 = 3^{x+2} - 3$이므로 $y = 3^x$의 그래프를 x축의 방향으로 -2만큼, y축의 방향으로 -3만큼 평행이동한 것이다.

따라서 $m = -2$, $n = -3$이므로

$m - n = 1$ 　　　답 1

05

$y = f(x)$의 그래프의 점근선의 방정식은 $y = n$이므로 $n = -2$

또, 그래프가 점 $(0, 1)$을 지나므로

$1 = 3^{-m} - 2$, $3^{-m} = 3$

$-m = 1$ $\quad \therefore m = -1$

$\therefore m - n = 1$ 　　　답 1

06

$y = \left(\dfrac{1}{9}\right)^{x-2} + n$의 그래프는 함수

$y = \left(\dfrac{1}{9}\right)^x$의 그래프를 x축의 방향으로 2만큼, y축의 방향으로 n만큼 평행이동한 것이다.

이 그래프가 제3사분면을 지나지 않으려면 오른쪽 그림과 같이 y절편이 0보다 크거나 같아야 하므로

$\left(\dfrac{1}{9}\right)^{-2} + n \geq 0$ $\quad \therefore n \geq -81$

따라서 정수 n의 최솟값은 -81이다. 　　　답 ②

07

$A = \sqrt[n]{a^{n+1}} = a^{\frac{n+1}{n}} = a^{1+\frac{1}{n}}$

$B = \sqrt[n+1]{a^{n+2}} = a^{\frac{n+2}{n+1}} = a^{1+\frac{1}{n+1}}$

$C = \sqrt[n+2]{a^{n+3}} = a^{\frac{n+3}{n+2}} = a^{1+\frac{1}{n+2}}$

이때 밑 a가 $a>1$이므로

$\dfrac{1}{n+2} < \dfrac{1}{n+1} < \dfrac{1}{n}$, 즉 $1+\dfrac{1}{n+2} < 1+\dfrac{1}{n+1} < 1+\dfrac{1}{n}$에서

$a^{1+\frac{1}{n+2}} < a^{1+\frac{1}{n+1}} < a^{1+\frac{1}{n}}$

$\therefore C < B < A$　　　　　　　답 ⑤

08

$y = 2^{1-x} \times 3^{x-1} = \left(\dfrac{3}{2}\right)^{x-1}$

함수 $y = \left(\dfrac{3}{2}\right)^{x-1}$은 x의 값이 증가하면 y의 값도 증가하는 함수

이므로 $-3 \le x \le 1$일 때

$x=1$에서 최댓값 $M = \left(\dfrac{3}{2}\right)^{1-1} = 1$,

$x=-3$에서 최솟값 $m = \left(\dfrac{3}{2}\right)^{-3-1} = \dfrac{16}{81}$을 갖는다.

$\therefore Mm = 1 \times \dfrac{16}{81} = \dfrac{16}{81}$　　　　　답 ③

09

$y = 3^{x^2-6x+7}$에서 $x^2-6x+7 = t$라 하면

$t = (x-3)^2 - 2 \ge -2$

이때 주어진 함수는 $y = 3^t$이고 밑 3이 $3>1$이므로

$t = -2$일 때 최솟값 $3^{-2} = \dfrac{1}{9}$을 갖는다.　　답 ②

[참고] $t \ge -2$에서 정의된 함수 $y=3^t$은 t의 값이 증가하면 y의
값도 증가하므로 $t=-2$일 때 최솟값을 갖는다.

10

$2^{2x} - 2^{x+2} - 32 = 0$에서 $(2^x)^2 - 4 \times 2^x - 32 = 0$

$2^x = t \ (t>0)$로 놓으면 주어진 방정식은

$t^2 - 4t - 32 = 0$, $(t+4)(t-8) = 0$

$\therefore t=8 \ (\because t>0)$

즉, $2^x = 8 = 2^3$이므로 $x=3$　　　　답 $x=3$

[참고] $2^x = t$로 치환할 때, 항상 $t>0$임에 주의한다.

11

$3^{2x} - 4 \times 3^{x+1} + 27 = 0$에서 $(3^x)^2 - 12 \times 3^x + 27 = 0$

$3^x = t \ (t>0)$로 놓으면 주어진 방정식은

$t^2 - 12t + 27 = 0$, $(t-3)(t-9) = 0$

$\therefore t=3$ 또는 $t=9$

즉, $3^x = 3$ 또는 $3^x = 9 = 3^2$이므로

$x=1$ 또는 $x=2$

$\therefore \alpha + \beta = 1 + 2 = 3$　　　　答 ②

12

$\sqrt{2} < 2^{2x} < 64$에서 $2^{\frac{1}{2}} < 2^{2x} < 2^6$

밑 2가 $2>1$이므로 $\dfrac{1}{2} < 2x < 6$　　$\therefore \dfrac{1}{4} < x < 3$

따라서 부등식을 만족시키는 정수 x는 1, 2의 2개이다.　答 ②

13

$2^{2x} \ge 6 \times 2^x + 16$에서 $(2^x)^2 - 6 \times 2^x - 16 \ge 0$

$2^x = t \ (t>0)$로 놓으면 주어진 부등식은

$t^2 - 6t - 16 \ge 0$, $(t+2)(t-8) \ge 0$

$\therefore t \ge 8 \ (\because t>0)$

즉, $2^x \ge 2^3$이고 밑 2가 $2>1$이므로

$x \ge 3$

따라서 실수 x의 값이 될 수 없는 것은 ①이다.　답 ①

14

$\left(\dfrac{1}{9}\right)^x - 10 \times \left(\dfrac{1}{3}\right)^{x-1} + 81 < 0$에서

$\left\{\left(\dfrac{1}{3}\right)^x\right\}^2 - 30 \times \left(\dfrac{1}{3}\right)^x + 81 < 0$

$\left(\dfrac{1}{3}\right)^x = t \ (t>0)$로 놓으면 주어진 부등식은

$t^2 - 30t + 81 < 0$, $(t-3)(t-27) < 0$

$\therefore 3 < t < 27$

즉, $3 < \left(\dfrac{1}{3}\right)^x < 27$에서 $\left(\dfrac{1}{3}\right)^{-1} < \left(\dfrac{1}{3}\right)^x < \left(\dfrac{1}{3}\right)^{-3}$이고

밑 $\dfrac{1}{3}$이 $0 < \dfrac{1}{3} < 1$이므로 $-3 < x < -1$

따라서 $\alpha = -3$, $\beta = -1$이므로

$\beta - \alpha = 2$　　　　　答 2

15

반감기가 n번 지난 후 남아 있는 방사성 물질 A의 양은

$1024 \times \left(\dfrac{1}{2}\right)^n$이므로 $1024 \times \left(\dfrac{1}{2}\right)^n = 64$

$\left(\dfrac{1}{2}\right)^n = \dfrac{64}{1024} = \left(\dfrac{1}{2}\right)^4$　　$\therefore n=4$

따라서 구하는 기간은 반감기가 4번 지나므로 48일이다.

答 ③

16

정수하기 전의 불순물의 양을 $a(a>0)$라 하면 정수 필터를
n번 통과한 후의 불순물의 양은

$a \times \left(\dfrac{1}{8}\right)^n = a \times \left(\dfrac{1}{2}\right)^{3n}$

이때 $\dfrac{1}{512} = \left(\dfrac{1}{2}\right)^9$이므로

$a \times \left(\dfrac{1}{2}\right)^{3n} \le a \times \left(\dfrac{1}{2}\right)^9$, $\left(\dfrac{1}{2}\right)^{3n} \le \left(\dfrac{1}{2}\right)^9 \ (\because a>0)$

밑 $\dfrac{1}{2}$이 $0 < \dfrac{1}{2} < 1$이므로 $3n \ge 9$　　$\therefore n \ge 3$

따라서 최소 3번의 정수 작업을 해야 한다.　　答 3번

04 로그함수

교과서 유형 흐름잡기

유형 1 ③	1-1 ⑤	1-2 ③
유형 2 ②	2-1 ⑤	2-2 $\log_5 2$
유형 3 ②	3-1 ④	3-2 8
유형 4 ②	4-1 $x=8$	4-2 ②
유형 5 ④	5-1 4	5-2 ④
유형 6 ③	6-1 $\frac{1}{5}$배	6-2 ④

유형 1

$y=\log_2 (x+1)-2$의 그래프는
$y=\log_2 x$의 그래프를 x축의 방향
으로 -1만큼, y축의 방향으로
-2만큼 평행이동한 것이므로 오
른쪽 그림과 같다.
따라서 점근선의 방정식은
$x=-1$이고, 정의역은 $\{x\,|\,x>-1\}$이다.　　답 ③

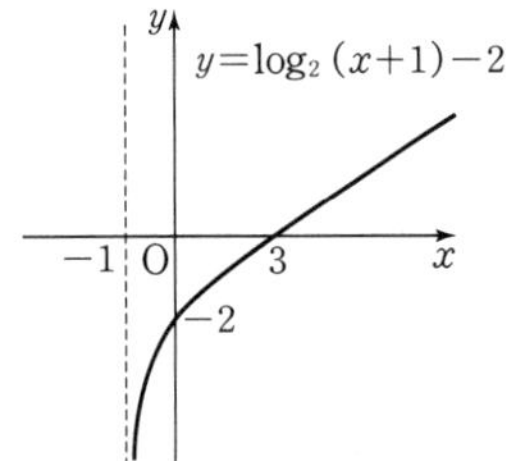

1-1

$y=\log_{\frac{1}{2}} (x-2)+1$의 그래프는
$y=\log_{\frac{1}{2}} x$의 그래프를 x축의 방
향으로 2만큼, y축의 방향으로 1만
큼 평행이동한 것이므로 오른쪽 그
림과 같다.
따라서 점근선의 방정식은 $x=2$이
고, 정의역은 $\{x\,|\,x>2\}$이다.　　답 ⑤

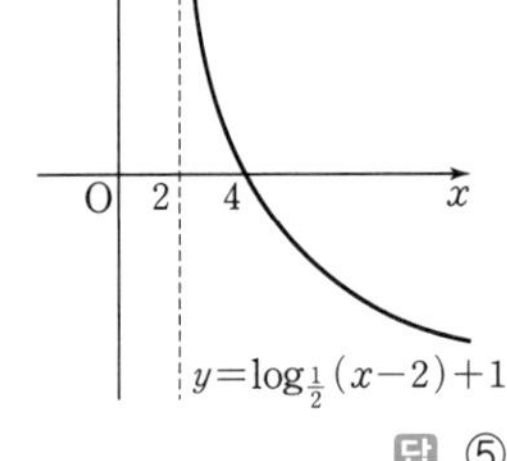

1-2

$y=\log_3 \dfrac{x+3}{9}=\log_3 (x+3)-\log_3 9$
$\qquad =\log_3 (x+3)-2$

ㄱ. $y=\log_3 \dfrac{x+3}{9}$의 그래프
　　는 $y=\log_3 x$의 그래프를
　　x축의 방향으로 -3만큼,
　　y축의 방향으로 -2만큼
　　평행이동한 것이므로 오른
　　쪽 그림과 같다. (참)

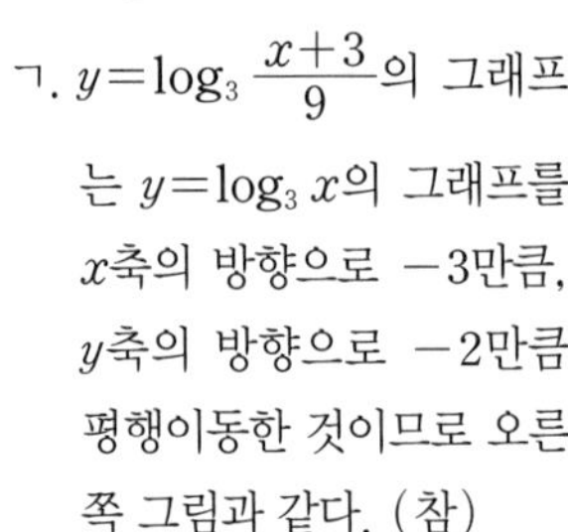

ㄴ. 정의역은 $\{x\,|\,x>-3\}$이다. (참)
ㄷ. 점근선의 방정식은 $x=-3$이다. (거짓)
따라서 옳은 것은 ㄱ, ㄴ이다.　　답 ③

유형 2

$A=\log_4 81=\log_{2^2} 9^2=\log_2 9$
$B=\log_2 12$
$C=\log_{\frac{1}{2}} 0.1=\log_{2^{-1}} 10^{-1}=\log_2 10$
이때 밑 2가 $2>1$이고 진수가 $9<10<12$이므로
$\log_2 9<\log_2 10<\log_2 12$
$\therefore A<C<B$　　답 ②

2-1

$A=-2\log_2 \dfrac{1}{7}=\log_2 7^2=\log_2 49$
$B=3+\log_2 5=\log_2 2^3+\log_2 5=\log_2 40$
$C=2+2\log_2 3=\log_2 2^2+\log_2 3^2=\log_2 36$
이때 밑 2가 $2>1$이고 진수가 $36<40<49$이므로
$\log_2 36<\log_2 40<\log_2 49$
$\therefore C<B<A$　　답 ⑤

2-2

$\log_{\frac{1}{5}} \dfrac{2}{3}=-\log_5 \dfrac{2}{3}=\log_5 \dfrac{3}{2}$
이때 밑 5가 $5>1$이고 진수가 $\dfrac{2}{3}<\dfrac{3}{2}<3$이므로
$\log_5 \dfrac{2}{3}<\log_5 \dfrac{3}{2}<\log_5 3$
따라서 가장 큰 값은 $\log_5 3$, 가장 작은 값은 $\log_5 \dfrac{2}{3}$이므로 구
하는 합은
$\log_5 3+\log_5 \dfrac{2}{3}=\log_5 \left(3\times\dfrac{2}{3}\right)=\log_5 2$　　답 $\log_5 2$

유형 3

$y=-\log_4 (x+1)=\log_{\frac{1}{4}} (x+1)$이므로 함수
$y=-\log_4 (x+1)$은 x의 값이 증가하면 y의 값은 감소한다.
즉, $15\le x\le 255$일 때
$x=15$에서 최댓값 $-\log_4 16=-\log_4 4^2=-2$,
$x=255$에서 최솟값 $-\log_4 256=-\log_4 4^4=-4$를 갖는다.
따라서 최댓값과 최솟값의 합은
$-2+(-4)=-6$　　답 ②

3-1

$y=\log_{\frac{1}{2}} 5x-2$는 x의 값이 증가하면 y의 값은 감소한다.
즉, $\dfrac{2}{5}\le x\le \dfrac{8}{5}$일 때
$x=\dfrac{2}{5}$에서 최댓값 $\log_{\frac{1}{2}} \left(5\times\dfrac{2}{5}\right)-2=\log_{\frac{1}{2}} 2-2=-3$,
$x=\dfrac{8}{5}$에서 최솟값 $\log_{\frac{1}{2}} \left(5\times\dfrac{8}{5}\right)-2=\log_{\frac{1}{2}} 8-2=-5$를 갖
는다.
따라서 최댓값과 최솟값의 합은
$-3+(-5)=-8$　　답 ④

$y=-\log_{\frac{1}{5}}(x-2)+1=\log_5(x-2)+1$이므로 함수
$y=-\log_{\frac{1}{5}}(x-2)+1$은 x의 값이 증가하면 y의 값도 증가한다. 즉, $7\leq x\leq127$일 때
$x=127$에서 최댓값 $M=-\log_{\frac{1}{5}}125+1=4$,
$x=7$에서 최솟값 $m=-\log_{\frac{1}{5}}5+1=2$를 갖는다.
$\therefore Mm=4\times2=8$

답 8

유형 4

진수의 조건에서
$3x+7>0,\ x+1>0$　　$\therefore x>-1$ …… ㉠
$\log_{\frac{1}{3}}(3x+7)-2\log_{\frac{1}{3}}(x+1)=0$에서
$\log_{\frac{1}{3}}(3x+7)=2\log_{\frac{1}{3}}(x+1)$
$\log_{\frac{1}{3}}(3x+7)=\log_{\frac{1}{3}}(x+1)^2$
즉, $3x+7=(x+1)^2$이므로
$x^2-x-6=0,\ (x+2)(x-3)=0$
$\therefore x=-2$ 또는 $x=3$
이때 ㉠에 의하여 $x=3$

답 ②

4-1

진수의 조건에서
$x+8>0,\ x-4>0$　　$\therefore x>4$ …… ㉠
$\log_9(x+8)=\log_3(x-4)$에서
$\dfrac{1}{2}\log_3(x+8)=\log_3(x-4)$
$\log_3(x+8)=2\log_3(x-4)$
$\log_3(x+8)=\log_3(x-4)^2$
즉, $x+8=(x-4)^2$이므로
$x^2-9x+8=0,\ (x-1)(x-8)=0$
$\therefore x=1$ 또는 $x=8$
이때 ㉠에 의하여 $x=8$

답 $x=8$

4-2

진수의 조건에서
$2x+5>0,\ 2-x>0$　　$\therefore -\dfrac{5}{2}<x<2$ …… ㉠
$\log(2x+5)+\log(2-x)=1$에서
$\log(2x+5)(2-x)=\log10$
$\log(-2x^2-x+10)=\log10$
즉, $-2x^2-x+10=10$이므로
$2x^2+x=0,\ x(2x+1)=0$
$\therefore x=-\dfrac{1}{2}$ 또는 $x=0$

$x=-\dfrac{1}{2},\ x=0$은 ㉠을 만족시키므로 구하는 근이다.

따라서 모든 근의 합은
$-\dfrac{1}{2}+0=-\dfrac{1}{2}$

답 ②

유형 5

진수의 조건에서
$x+1>0,\ 2x+10>0$　　$\therefore x>-1$ …… ㉠
$\log_2(x+1)\geq\log_4(2x+10)$에서
$\log_2(x+1)\geq\dfrac{1}{2}\log_2(2x+10)$
$2\log_2(x+1)\geq\log_2(2x+10)$
$\log_2(x+1)^2\geq\log_2(2x+10)$
밑 2가 $2>1$이므로 $(x+1)^2\geq2x+10$
$x^2-9\geq0,\ (x+3)(x-3)\geq0$
$\therefore x\leq-3$ 또는 $x\geq3$ …… ㉡
㉠, ㉡의 공통 범위를 구하면
$x\geq3$
따라서 구하는 정수 x의 최솟값은 3이다.

답 ④

5-1

진수의 조건에서
$12-2x>0,\ x-3>0$　　$\therefore 3<x<6$ …… ㉠
$\log_5(12-2x)+\log_{\frac{1}{5}}(x-3)>0$에서
$\log_5(12-2x)-\log_5(x-3)>0$
$\log_5(12-2x)>\log_5(x-3)$
이때 밑 5가 $5>1$이므로 $12-2x>x-3$
$3x<15$　　$\therefore x<5$ …… ㉡
㉠, ㉡의 공통 범위를 구하면
$3<x<5$
따라서 구하는 정수 x는 4이다.

답 4

5-2

진수의 조건에서
$x^2+4x-5>0,\ x+1>0$
(ⅰ) $x^2+4x-5>0$에서 $(x+5)(x-1)>0$
　　$\therefore x<-5$ 또는 $x>1$
(ⅱ) $x+1>0$에서 $x>-1$
(ⅰ), (ⅱ)에서 $x>1$ …… ㉠
$\log_{\frac{1}{9}}(x^2+4x-5)>\log_{\frac{1}{3}}(x+1)$에서
$\dfrac{1}{2}\log_{\frac{1}{3}}(x^2+4x-5)>\log_{\frac{1}{3}}(x+1)$
$\log_{\frac{1}{3}}(x^2+4x-5)>2\log_{\frac{1}{3}}(x+1)$
$\log_{\frac{1}{3}}(x^2+4x-5)>\log_{\frac{1}{3}}(x+1)^2$
이때 밑 $\dfrac{1}{3}$이 $0<\dfrac{1}{3}<1$이므로 $x^2+4x-5<x^2+2x+1$
$2x<6$　　$\therefore x<3$ …… ㉡
㉠, ㉡의 공통 범위를 구하면
$1<x<3$
따라서 $\alpha=1,\ \beta=3$이므로
$\alpha+\beta=4$

답 ④

온도가 100 °C인 물체를 온도가 20 °C인 실내에 10분 동안 놓
았으므로

$$10=-10\log\frac{T-20}{100-20}$$

$$\log\frac{T-20}{80}=-1, \ \text{즉} \ \log\frac{T-20}{80}=\log\frac{1}{10}\text{이므로}$$

$$\frac{T-20}{80}=\frac{1}{10}, \ 10T-200=80 \qquad \therefore T=28$$

따라서 10분 후 물체의 온도는 28 °C이다.   답 ③

6-1

벽을 투과하기 전 전파의 세기를 A, 투과한 후 전파의 세기를
B라 하면

$$-7=10\times\log\frac{B}{A}$$

$$\text{즉, } \log\frac{B}{A}=-\frac{7}{10}\text{이므로}$$

$$\frac{B}{A}=10^{-\frac{7}{10}}=10^{-1+\frac{3}{10}}=10^{-1}\times10^{\frac{3}{10}}$$

$$=\frac{1}{10}\times2=\frac{1}{5}$$

따라서 $B=\frac{1}{5}A$이므로 벽을 투과한 전파의 세기는 투과하기

전 전파의 세기의 $\frac{1}{5}$배이다.   답 $\frac{1}{5}$배

6-2

평균 점수가 n번째 시험에서 처음으로 85점 이상이 된다고 하면
$$40+15\log_2 n\geq85$$
$$15\log_2 n\geq45, \ \log_2 n\geq3, \ \log_2 n\geq\log_2 2^3$$
이때 밑 2가 $2>1$이므로
$$n\geq2^3=8$$
따라서 8번째 시험에서 처음으로 85점 이상이 된다.   답 ④

교과서 문제 정복하기

> 본문 28~29쪽

01 ⑤	02 ㄱ, ㄴ, ㄹ	03 ②	04 3
05 ⑤	06 ⑤	07 5	08 4
09 $x=\frac{7}{3}$	10 ③	11 ⑤	12 ①	13 ①
14 $\frac{1}{3}<a<3$		15 $\frac{99}{8}$ 분	

01

ㄱ. $f(14)=\log_3 14=\log_3(2\times7)=\log_3 2+\log_3 7$
　　$=f(2)+f(7)$ (참)

ㄴ. $f(6)=\log_3 6, \ 3f(2)=3\log_3 2=\log_3 2^3=\log_3 8$
　　이므로 $f(6)\neq3f(2)$ (거짓)

ㄷ. $f(\sqrt5)=\log_3\sqrt5=\log_3 5^{\frac{1}{2}}=\frac{1}{2}\log_3 5=\frac{1}{2}f(5)$ (참)

따라서 옳은 것은 ㄱ, ㄷ이다.   답 ⑤

02

ㄱ. $y=4^x$의 그래프는 $y=\log_4 x$의 그래프를 직선 $y=x$에 대
　　하여 대칭이동한 것이다.

ㄴ. $y=\log_4(-x)$의 그래프는 $y=\log_4 x$의 그래프를 y축에
　　대하여 대칭이동한 것이다.

ㄷ. $y=2\log_2 x=\log_{\sqrt2} x$이므로 $y=2\log_2 x$의 그래프는
　　$y=\log_4 x$의 그래프를 평행이동 또는 대칭이동하여 겹쳐질
　　수 없다.

ㄹ. $y=\frac{1}{2}\log_2 x+2=\log_{2^2} x+2=\log_4 x+2$이므로

　　$y=\frac{1}{2}\log_2 x+2$의 그래프는 $y=\log_4 x$의 그래프를 y축의

　　방향으로 2만큼 평행이동한 것이다.

따라서 $y=\log_4 x$의 그래프를 평행이동 또는 대칭이동하여 겹
쳐질 수 있는 것은 ㄱ, ㄴ, ㄹ이다.   답 ㄱ, ㄴ, ㄹ

03

② 그래프는 점 $(1, 0)$을 지난다.   답 ②

04

$y=\log_3 x$의 그래프를 x축의 방향으로 m만큼, y축의 방향으
로 n만큼 평행이동한 그래프의 식은
$$y=\log_3(x-m)+n$$
이 그래프의 점근선의 방정식은 $x=m$이므로 $m=2$
또, 그래프가 점 $(5, 0)$을 지나므로
$$\log_3 3+n=0 \qquad \therefore n=-1$$
$$\therefore m-n=2-(-1)=3 \qquad\qquad \text{답 } 3$$

05

직선 $y=x$ 위의 점은 x좌표와
y좌표가 같으므로
$1=\log_2 a$에서
$a=2^1=2$
$a=\log_2 b$에서
$b=2^a=2^2=4$
$b=\log_2 c$에서
$c=2^b=2^4=16$ 답 ⑤

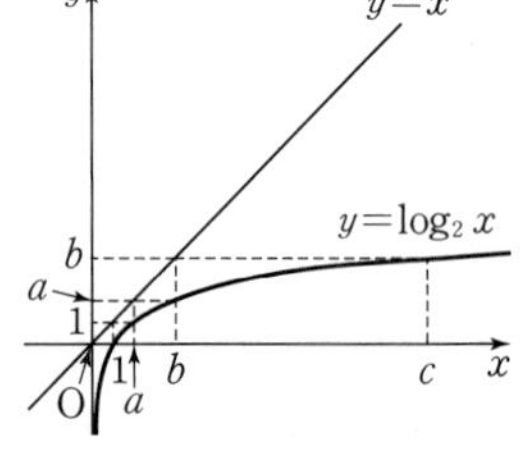

06

$1<x<2$의 각 변에 밑이 2인 로그를 취하면
$$\log_2 1<\log_2 x<\log_2 2 \qquad \therefore 0<\log_2 x<1$$

이때
$$A-B=2\log_2 x-(\log_2 x)^2$$
$$=\log_2 x\times(2-\log_2 x)>0$$
이므로 $A>B$
$0<\log_2 x<1$이므로
$0<(\log_2 x)^2<1,\ \log_2(\log_2 x)<0$
$$\therefore (\log_2 x)^2>\log_2(\log_2 x)$$
즉, $B>C$이므로
$$C<B<A \tag*{답 ⑤}$$

07

$f(x)=-x^2+2x+7$로 놓으면
$$f(x)=-(x-1)^2+8$$
$0\le x\le3$에서 $f(0)=7,\ f(1)=8,\ f(3)=4$이므로
$$4\le f(x)\le8$$
이때 주어진 함수 $y=\log_2 f(x)$에서 밑 2가 $2>1$이므로
$f(x)=8$에서 최댓값 $\log_2 8=\log_2 2^3=3$,
$f(x)=4$에서 최솟값 $\log_2 4=\log_2 2^2=2$를 갖는다.
따라서 최댓값과 최솟값의 합은
$$3+2=5 \tag*{답 5}$$

08

$\log_{\frac{1}{2}} x=t$로 놓으면
$\dfrac{1}{8}\le x\le1$에서 $\log_{\frac{1}{2}} 1\le\log_{\frac{1}{2}} x\le\log_{\frac{1}{2}}\dfrac{1}{8}$
$$\therefore 0\le t\le3$$
이때 주어진 함수는
$$y=t^2-4t+3=(t-2)^2-1$$
이므로
$t=0$에서 최댓값 $M=3$, $t=2$에서 최솟값 $m=-1$
을 갖는다.
$$\therefore M-m=3-(-1)=4 \tag*{답 4}$$

09

진수의 조건에서
$$5x+5>0,\ 3x-1>0 \qquad \therefore x>\frac{1}{3} \qquad \cdots\cdots ㉠$$
$\dfrac{1}{2}\log(5x+5)+\log\sqrt{3x-1}=1$에서
$$\frac{1}{2}\log(5x+5)+\frac{1}{2}\log(3x-1)=1$$
$$\log(5x+5)(3x-1)=2$$
$$\log(15x^2+10x-5)=\log 10^2$$
즉, $15x^2+10x-5=100$이므로
$$3x^2+2x-21=0,\ (x+3)(3x-7)=0$$
$$\therefore x=-3\ 또는\ x=\frac{7}{3}$$
이때 ㉠에 의하여 $x=\dfrac{7}{3}$
$$\tag*{답 $x=\dfrac{7}{3}$}$$

10

$(\log_2 4x)^2-3\log_2 4x^2=0$에서
$$(\log_2 4+\log_2 x)^2-3(\log_2 4+\log_2 x^2)=0$$
$$(2+\log_2 x)^2-3(2+2\log_2 x)=0$$
$$4+4\log_2 x+(\log_2 x)^2-6-6\log_2 x=0$$
$$(\log_2 x)^2-2\log_2 x-2=0$$
$\log_2 x=t$로 놓으면 $t^2-2t-2=0$ $\qquad\cdots\cdots ㉠$
이때 주어진 방정식의 두 근이 $\alpha,\ \beta$이므로 방정식 ㉠의 두 근은
$\log_2\alpha,\ \log_2\beta$이다.
따라서 근과 계수의 관계에 의하여
$$\log_2\alpha+\log_2\beta=2,\ \log_2\alpha\beta=2$$
$$\therefore \alpha\beta=2^2=4 \tag*{답 ③}$$

11

진수의 조건에서
$$x-5>0,\ x-3>0 \qquad \therefore x>5 \qquad \cdots\cdots ㉠$$
$\log_3(x-5)<1-\log_3(x-3)$에서
$$\log_3(x-5)+\log_3(x-3)<1$$
$$\log_3(x-5)(x-3)<\log_3 3$$
$$\log_3(x^2-8x+15)<\log_3 3$$
이때 밑 3이 $3>1$이므로 $x^2-8x+15<3$
$$x^2-8x+12<0,\ (x-2)(x-6)<0$$
$$\therefore 2<x<6 \qquad\cdots\cdots ㉡$$
㉠, ㉡의 공통 범위를 구하면 $5<x<6$
따라서 $\alpha=5,\ \beta=6$이므로
$$\alpha+\beta=11 \tag*{답 ⑤}$$

12

진수의 조건에서
$$\log_2 x>0,\ \log_2 x>\log_2 1 \qquad \therefore x>1 \qquad \cdots\cdots ㉠$$
$\log_3(\log_2 x)\le1$에서
$$\log_3(\log_2 x)\le\log_3 3$$
밑 3이 $3>1$이므로
$$\log_2 x\le3,\ \log_2 x\le\log_2 2^3$$
밑 2가 $2>1$이므로 $x\le8$ $\qquad\cdots\cdots ㉡$
㉠, ㉡의 공통 범위를 구하면 $1<x\le8$
따라서 정수 x는 $2,\ 3,\ 4,\ \cdots,\ 8$의 7개이다. $\tag*{답 ①}$

13

진수의 조건에서 $x>0$ $\qquad\cdots\cdots ㉠$
$\log_2 x=t$로 놓으면 $t^2+t-2<0$
$$(t+2)(t-1)<0 \qquad \therefore -2<t<1$$
즉, $-2<\log_2 x<1$이므로
$$\log_2 2^{-2}<\log_2 x<\log_2 2$$
이때 밑 2가 $2>1$이므로 $\dfrac{1}{4}<x<2$ $\qquad\cdots\cdots ㉡$

㉠, ㉡의 공통 범위를 구하면 $\dfrac{1}{4}<x<2$

따라서 구하는 정수 x의 값은 1이다.   답 ①

14

진수의 조건에서 $a>0$ …… ㉠

주어진 이차방정식의 판별식을 D라 하면

$\dfrac{D}{4}=(1+\log_{\frac{1}{3}}a)^2-2(1+\log_{\frac{1}{3}}a)<0$

$(\log_{\frac{1}{3}}a)^2-1<0$

$\log_{\frac{1}{3}}a=t$로 놓으면 $t^2-1<0$

$(t+1)(t-1)<0$ $\therefore\ -1<t<1$

즉, $-1<\log_{\frac{1}{3}}a<1$이므로

$\log_{\frac{1}{3}}\left(\dfrac{1}{3}\right)^{-1}<\log_{\frac{1}{3}}a<\log_{\frac{1}{3}}\dfrac{1}{3}$

이때 밑 $\dfrac{1}{3}$이 $0<\dfrac{1}{3}<1$이므로 $\dfrac{1}{3}<a<3$ …… ㉡

㉠, ㉡의 공통 범위를 구하면 $\dfrac{1}{3}<a<3$ 답 $\dfrac{1}{3}<a<3$

15

초기 온도가 20 ℃인 화재 장소에서 화재가 발생한 지 $\dfrac{9}{8}$분 후의 온도가 365 ℃이므로

$365=20+k\log\left(8\times\dfrac{9}{8}+1\right)$

$\therefore\ k=345$

또, 화재가 발생한 지 t분 후의 온도가 710 ℃라 하면

$710=20+345\log(8t+1)$

$345\log(8t+1)=690$

$\log(8t+1)=2$

$8t+1=10^2=100$

$\therefore\ t=\dfrac{99}{8}$

따라서 화재가 발생한 후 온도가 710 ℃가 되는 데 걸리는 시간은 $\dfrac{99}{8}$분이다.   답 $\dfrac{99}{8}$분

되짚어 보기   ▶ 본문 30쪽

01 (1) $\dfrac{3}{5}$ (2) $\dfrac{4}{5}$

    (3) $\dfrac{3}{4}$

02

삼각비 \ A	0°	30°	45°	60°	90°
$\sin A$	0	$\dfrac{1}{2}$	$\dfrac{\sqrt{2}}{2}$	$\dfrac{\sqrt{3}}{2}$	1
$\cos A$	1	$\dfrac{\sqrt{3}}{2}$	$\dfrac{\sqrt{2}}{2}$	$\dfrac{1}{2}$	0
$\tan A$	0	$\dfrac{\sqrt{3}}{3}$	1	$\sqrt{3}$	×

03 (1) $\dfrac{\pi}{6}$ (2) $\dfrac{\pi}{12}$

04 (1) 12   (2) 30

[05 삼각함수]

교과서 유형 흐름잡기   ▶ 본문 33~35쪽

유형 **1** ㄴ, ㄹ	**1-1** ㄴ, ㄷ	**1-2** ③
유형 **2** ⑤	**2-1** ③	**2-2** ③
유형 **3** ④	**3-1** ①	**3-2** ①
유형 **4** ④	**4-1** ②	**4-2** 제3사분면
유형 **5** ③	**5-1** ②	**5-2** ③
유형 **6** ②	**6-1** ④	**6-2** ④

유형 1

ㄱ. $400°=360°\times1+40°$ $\therefore$ 제1사분면

ㄴ. $950°=360°\times2+230°$ $\therefore$ 제3사분면

ㄷ. $-200°=360°\times(-1)+160°$ $\therefore$ 제2사분면

ㄹ. $-520°=360°\times(-2)+200°$ $\therefore$ 제3사분면

따라서 제3사분면의 각은 ㄴ, ㄹ이다.   답 ㄴ, ㄹ

1-1

ㄱ. $-700°=360°\times(-2)+20°$ $\therefore$ 제1사분면

ㄴ. $-240°=360°\times(-1)+120°$ $\therefore$ 제2사분면

ㄷ. $1180°=360°\times3+100°$ $\therefore$ 제2사분면

ㄹ. $1400°=360°\times3+320°$ $\therefore$ 제4사분면

따라서 제2사분면의 각은 ㄴ, ㄷ이다.   답 ㄴ, ㄷ

1-2

θ가 제2사분면의 각이므로

$360°\times n+90°<\theta<360°\times n+180°$ (n은 정수)

$\therefore\ 120°\times n+30°<\dfrac{\theta}{3}<120°\times n+60°$

(i) $n=3k$ (k는 정수)일 때,

$$120°×3k+30°<\frac{\theta}{3}<120°×3k+60°$$

$$\therefore 360°×k+30°<\frac{\theta}{3}<360°×k+60°$$

즉, $\dfrac{\theta}{3}$ 는 제1사분면의 각이다.

(ii) $n=3k+1$ (k는 정수)일 때,

$$120°×(3k+1)+30°<\frac{\theta}{3}<120°×(3k+1)+60°$$

$$\therefore 360°×k+150°<\frac{\theta}{3}<360°×k+180°$$

즉, $\dfrac{\theta}{3}$ 는 제2사분면의 각이다.

(iii) $n=3k+2$ (k는 정수)일 때,

$$120°×(3k+2)+30°<\frac{\theta}{3}<120°×(3k+2)+60°$$

$$\therefore 360°×k+270°<\frac{\theta}{3}<360°×k+300°$$

즉, $\dfrac{\theta}{3}$ 는 제4사분면의 각이다.

(i)~(iii)에서 $\dfrac{\theta}{3}$ 는 제1사분면 또는 제2사분면 또는 제4사분면의 각이므로 $\dfrac{\theta}{3}$ 를 나타내는 동경은 제3사분면에 존재할 수 없다. **답** ③

유형 2

부채꼴의 반지름의 길이를 r라 하면 호의 길이가 3π이므로

$$r×\frac{\pi}{6}=3\pi \qquad \therefore r=18$$

따라서 부채꼴의 넓이는

$$\frac{1}{2}×18×3\pi=27\pi$$ **답** ⑤

다른 풀이

부채꼴의 반지름의 길이가 18이므로 부채꼴의 넓이는

$$\frac{1}{2}×18^2×\frac{\pi}{6}=27\pi$$

2-1

부채꼴의 반지름의 길이를 r라 하면 호의 길이가 $\dfrac{3}{4}\pi$이므로

$$r×\frac{\pi}{4}=\frac{3}{4}\pi \qquad \therefore r=3$$

따라서 부채꼴의 넓이는

$$\frac{1}{2}×3×\frac{3}{4}\pi=\frac{9}{8}\pi$$ **답** ③

2-2

부채꼴의 반지름의 길이를 r, 중심각의 크기를 θ라 하면
호의 길이가 2π이므로 $r\theta=2\pi$ ...... ㉠

넓이가 6π이므로 $\dfrac{1}{2}×r×2\pi=6\pi$ $\therefore r=6$

$r=6$을 ㉠에 대입하면

$$6\theta=2\pi \qquad \therefore \theta=\frac{\pi}{3}$$ **답** ③

유형 3

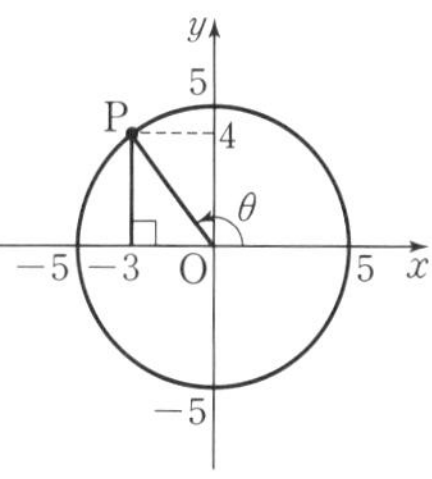

오른쪽 그림에서

$$\overline{OP}=\sqrt{(-3)^2+4^2}=5$$이므로

$$\sin\theta=\frac{4}{5}, \cos\theta=\frac{-3}{5}=-\frac{3}{5}$$

$$\therefore \sin\theta+\cos\theta=\frac{4}{5}-\frac{3}{5}=\frac{1}{5}$$ **답** ④

3-1

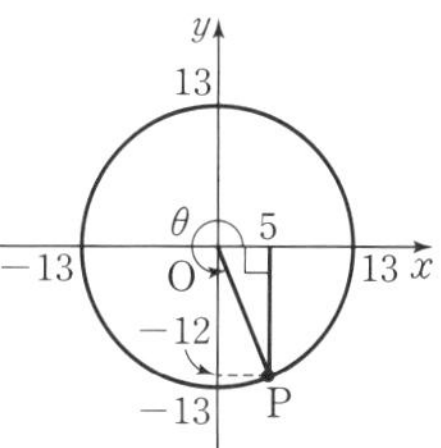

오른쪽 그림에서

$$\overline{OP}=\sqrt{5^2+(-12)^2}=13$$이므로

$$\sin\theta=\frac{-12}{13}=-\frac{12}{13},$$

$$\cos\theta=\frac{5}{13}$$

$$\therefore \sin\theta-\cos\theta=-\frac{12}{13}-\frac{5}{13}$$

$$=-\frac{17}{13}$$ **답** ①

3-2

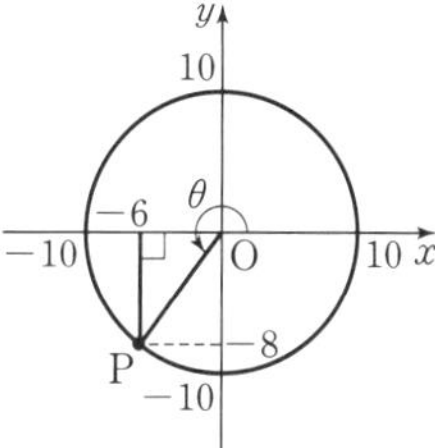

오른쪽 그림에서

$$\overline{OP}=\sqrt{(-6)^2+(-8)^2}=10$$이므로

$$\sin\theta=\frac{-8}{10}=-\frac{4}{5},$$

$$\cos\theta=\frac{-6}{10}=-\frac{3}{5}$$

$$\therefore \sin\theta+\cos\theta=-\frac{4}{5}+\left(-\frac{3}{5}\right)$$

$$=-\frac{7}{5}$$ **답** ①

유형 4

(i) $\sin\theta\cos\theta<0$에서

$\sin\theta>0, \cos\theta<0$ 또는 $\sin\theta<0, \cos\theta>0$
즉, θ는 제2사분면 또는 제4사분면의 각이다.

(ii) $\cos\theta\tan\theta<0$에서

$\cos\theta>0, \tan\theta<0$ 또는 $\cos\theta<0, \tan\theta>0$
즉, θ는 제4사분면 또는 제3사분면의 각이다.

(i), (ii)에서 θ는 제4사분면의 각이다. **답** ④

4-1

(i) $\sin\theta\tan\theta<0$에서

$\sin\theta>0, \tan\theta<0$ 또는 $\sin\theta<0, \tan\theta>0$
즉, θ는 제2사분면 또는 제3사분면의 각이다.

(ii) $\cos\theta\,\tan\theta>0$에서

$\cos\theta>0,\ \tan\theta>0$ 또는 $\cos\theta<0,\ \tan\theta<0$

즉, θ는 제1사분면 또는 제2사분면의 각이다.

(i), (ii)에서 θ는 제2사분면의 각이다.   답 ②

4-2

(i) $\sin\theta\cos\theta>0$에서

$\sin\theta>0,\ \cos\theta>0$ 또는 $\sin\theta<0,\ \cos\theta<0$

즉, θ는 제1사분면 또는 제3사분면의 각이다.

(ii) $\dfrac{\sin\theta}{\tan\theta}<0$에서

$\sin\theta>0,\ \tan\theta<0$ 또는 $\sin\theta<0,\ \tan\theta>0$

즉, θ는 제2사분면 또는 제3사분면의 각이다.

(i), (ii)에서 θ는 제3사분면의 각이다.   답 제3사분면

유형 5

$\sin^2\theta+\cos^2\theta=1$이므로

$\sin^2\theta+\left(-\dfrac{4}{5}\right)^2=1 \qquad \therefore \sin^2\theta=\dfrac{9}{25}$

이때 θ가 제3사분면의 각이므로 $\sin\theta<0$

$\therefore \sin\theta=-\dfrac{3}{5}$

또한, $\tan\theta=\dfrac{\sin\theta}{\cos\theta}=\dfrac{-\dfrac{3}{5}}{-\dfrac{4}{5}}=\dfrac{3}{4}$이므로

$\sin\theta+\tan\theta=-\dfrac{3}{5}+\dfrac{3}{4}=\dfrac{3}{20}$ 답 ③

다른 풀이

θ가 제3사분면의 각이고

$\cos\theta=-\dfrac{4}{5}$이므로 오른쪽 그림과

같이 원점을 중심으로 하고 반지름의

길이가 5인 원을 그리면 각 θ를 나타

내는 동경과 만나는 점 P의 좌표는

$P(-4,\ -3)$

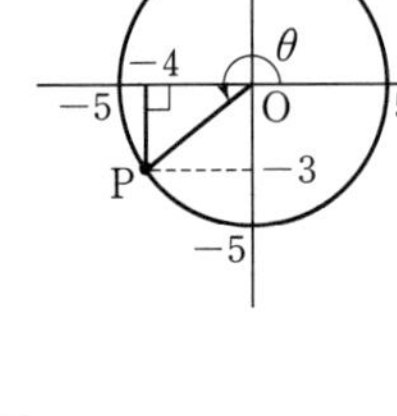

따라서 $\sin\theta=-\dfrac{3}{5}$, $\tan\theta=\dfrac{3}{4}$이므로

$\sin\theta+\tan\theta=-\dfrac{3}{5}+\dfrac{3}{4}=\dfrac{3}{20}$

5-1

$\sin^2\theta+\cos^2\theta=1$이므로

$\left(\dfrac{5}{13}\right)^2+\cos^2\theta=1 \qquad \therefore \cos^2\theta=\dfrac{144}{169}$

이때 θ가 제2사분면의 각이므로 $\cos\theta<0$

$\therefore \cos\theta=-\dfrac{12}{13}$

$\therefore \tan\theta=\dfrac{\sin\theta}{\cos\theta}=\dfrac{\dfrac{5}{13}}{-\dfrac{12}{13}}=-\dfrac{5}{12}$ 답 ②

다른 풀이

θ가 제2사분면의 각이고

$\sin\theta=\dfrac{5}{13}$이므로 오른쪽 그림과 같

이 원점을 중심으로 하고 반지름의

길이가 13인 원을 그리면 각 θ를 나

타내는 동경과 만나는 점 P의 좌표는

$P(-12,\ 5)$

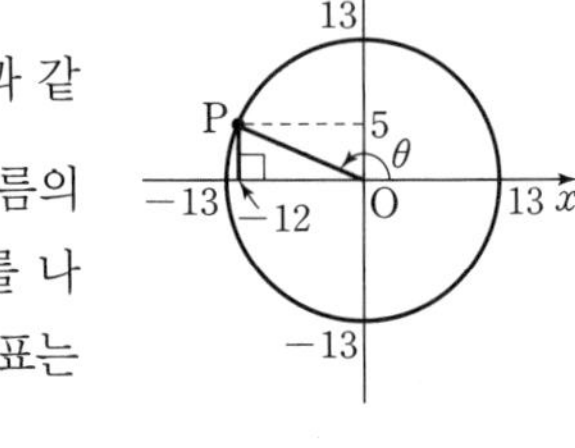

$\therefore \tan\theta=-\dfrac{5}{12}$

5-2

$\tan\theta=-\dfrac{1}{3}$에서 $\dfrac{\sin\theta}{\cos\theta}=-\dfrac{1}{3}$이므로

$\cos\theta=-3\sin\theta$ $\cdots\cdots$ ㉠

㉠을 $\sin^2\theta+\cos^2\theta=1$에 대입하면

$\sin^2\theta+9\sin^2\theta=1 \qquad \therefore \sin^2\theta=\dfrac{1}{10}$

이때 θ가 제4사분면의 각이므로 $\sin\theta<0$

$\therefore \sin\theta=-\dfrac{\sqrt{10}}{10},\ \cos\theta=\dfrac{3\sqrt{10}}{10}\ (\because$ ㉠$)$

이때 $\cos\theta-\sin\theta>0$이므로

$\sqrt{(\cos\theta-\sin\theta)^2}=|\cos\theta-\sin\theta|=\cos\theta-\sin\theta$

$\qquad\qquad =\dfrac{3\sqrt{10}}{10}-\left(-\dfrac{\sqrt{10}}{10}\right)$

$\qquad\qquad =\dfrac{4\sqrt{10}}{10}=\dfrac{2\sqrt{10}}{5}$ 답 ③

다른 풀이

θ가 제4사분면의 각이고

$\tan\theta=-\dfrac{1}{3}$이므로 오른쪽 그림과

같이 원점을 중심으로 하고 반지름

의 길이가 $\sqrt{10}$인 원을 그리면 각 θ

를 나타내는 동경과 만나는 점 P의

좌표는 $P(3,\ -1)$

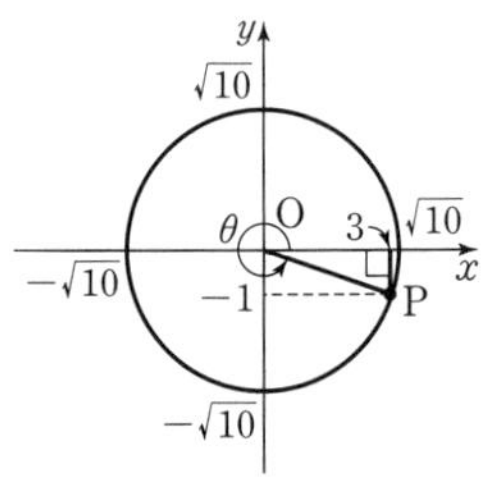

$\therefore \sin\theta=-\dfrac{1}{\sqrt{10}}=-\dfrac{\sqrt{10}}{10},\ \cos\theta=\dfrac{3}{\sqrt{10}}=\dfrac{3\sqrt{10}}{10}$

이때 $\cos\theta-\sin\theta>0$이므로

$\sqrt{(\cos\theta-\sin\theta)^2}=|\cos\theta-\sin\theta|=\cos\theta-\sin\theta$

$\qquad\qquad =\dfrac{3\sqrt{10}}{10}-\left(-\dfrac{\sqrt{10}}{10}\right)$

$\qquad\qquad =\dfrac{4\sqrt{10}}{10}=\dfrac{2\sqrt{10}}{5}$

유형 6

$\sin\theta+\cos\theta=\dfrac{1}{3}$의 양변을 제곱하면

$\sin^2\theta+\cos^2\theta+2\sin\theta\cos\theta=\dfrac{1}{9}$

$1+2\sin\theta\cos\theta=\dfrac{1}{9},\ 2\sin\theta\cos\theta=-\dfrac{8}{9}$

$\therefore \sin\theta\cos\theta=-\dfrac{4}{9}$ 답 ②

6-1

$\sin\theta-\cos\theta=\dfrac{1}{\sqrt{2}}$의 양변을 제곱하면

$\sin^2\theta+\cos^2\theta-2\sin\theta\cos\theta=\dfrac{1}{2}$

$1-2\sin\theta\cos\theta=\dfrac{1}{2}$, $2\sin\theta\cos\theta=\dfrac{1}{2}$

$\therefore \sin\theta\cos\theta=\dfrac{1}{4}$ 답 ④

6-2

$(\sin\theta-\cos\theta)^2=\sin^2\theta+\cos^2\theta-2\sin\theta\cos\theta$

$\qquad\qquad\qquad\quad =1-2\times\left(-\dfrac{1}{2}\right)=2$

이때 $\dfrac{\pi}{2}<\theta<\pi$이므로 $\sin\theta>0$, $\cos\theta<0$

따라서 $\sin\theta-\cos\theta>0$이므로

$\sin\theta-\cos\theta=\sqrt{2}$ 답 ④

교과서 문제 정복하기

▶ 본문 36~37쪽

01 ②	02 ②	03 ④	04 $\dfrac{3}{4}\pi$
05 $\dfrac{175}{3}\pi$ cm²	06 ③	07 200 m²	08 ③
09 ①	10 ②	11 $2(\sin\theta-\cos\theta)$	12 ⑤
13 ②	14 $\dfrac{\sqrt{6}}{2}$	15 $\dfrac{13}{27}$	16 ①

01

ㄱ. $30°=30\times\dfrac{\pi}{180}=\dfrac{\pi}{6}$ (거짓)

ㄴ. $135°=135\times\dfrac{\pi}{180}=\dfrac{3}{4}\pi$ (참)

ㄷ. $-210°=-210\times\dfrac{\pi}{180}=-\dfrac{7}{6}\pi$ (참)

ㄹ. $216°=216\times\dfrac{\pi}{180}=\dfrac{6}{5}\pi$ (거짓)

따라서 옳은 것은 ㄴ, ㄷ이다.   답 ②

02

① $-880°=360°\times(-3)+200°$ $\therefore$ 제3 사분면

② $650°=360°\times1+290°$ $\therefore$ 제4 사분면

③ $1280°=360°\times3+200°$ $\therefore$ 제3 사분면

④ $-\dfrac{20}{3}\pi=2\pi\times(-4)+\dfrac{4}{3}\pi$ $\therefore$ 제3 사분면

⑤ $\dfrac{13}{4}\pi=2\pi\times1+\dfrac{5}{4}\pi$ $\therefore$ 제3 사분면

따라서 각을 나타내는 동경이 존재하는 사분면이 나머지 넷과 다른 하나는 ②이다.   답 ②

03

각 θ를 나타내는 동경과 각 4θ를 나타내는 동경이 일치하므로

$4\theta-\theta=2n\pi$ (n은 정수)

$3\theta=2n\pi$ $\therefore \theta=\dfrac{2n\pi}{3}$ ······ ㉠

$0<\theta<\pi$에서 $0<\dfrac{2n\pi}{3}<\pi$이므로 $0<n<\dfrac{3}{2}$

n은 정수이므로 $n=1$

이것을 ㉠에 대입하면 $\theta=\dfrac{2}{3}\pi$ 답 ④

참고 두 동경 OP, OQ가 나타내는 각을 각각 θ_1, θ_2라 하면 두 동경의 위치 관계에 대하여 다음이 성립한다. (단, n은 정수)

① 두 동경이 일치한다. $\Longleftrightarrow \theta_1-\theta_2=2n\pi$

② 두 동경이 원점에 대하여 대칭이다. $\Longleftrightarrow \theta_1-\theta_2=2n\pi+\pi$

③ 두 동경이 x축에 대하여 대칭이다. $\Longleftrightarrow \theta_1+\theta_2=2n\pi$

④ 두 동경이 y축에 대하여 대칭이다. $\Longleftrightarrow \theta_1+\theta_2=2n\pi+\pi$

⑤ 두 동경이 직선 $y=x$에 대하여 대칭이다.

$\qquad \Longleftrightarrow \theta_1+\theta_2=2n\pi+\dfrac{\pi}{2}$

04

각 θ를 나타내는 동경과 각 5θ를 나타내는 동경이 일직선 위에 있고 방향이 반대이므로

$5\theta-\theta=2n\pi+\pi$ (n은 정수)

$4\theta=2n\pi+\pi$ $\therefore \theta=\dfrac{(2n+1)\pi}{4}$ ······ ㉠

$\dfrac{\pi}{2}<\theta<\pi$에서 $\dfrac{\pi}{2}<\dfrac{(2n+1)\pi}{4}<\pi$이므로

$2<2n+1<4$ $\therefore \dfrac{1}{2}<n<\dfrac{3}{2}$

n은 정수이므로 $n=1$

이것을 ㉠에 대입하면 $\theta=\dfrac{3}{4}\pi$ 답 $\dfrac{3}{4}\pi$

참고 각 θ를 나타내는 동경과 각 5θ를 나타내는 동경이 일직선 위에 있고 방향이 반대이므로 오른쪽 그림과 같다.

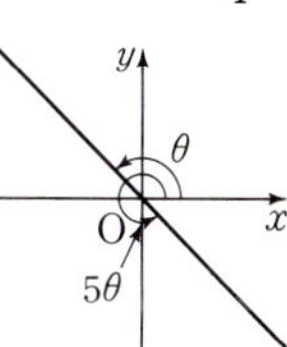

05

날개를 펼친 부분의 넓이는 반지름의 길이가 10 cm, 중심각의 크기가 $\dfrac{7}{6}\pi$인 부채꼴의 넓이와 같으므로

$\dfrac{1}{2}\times10^2\times\dfrac{7}{6}\pi=\dfrac{175}{3}\pi\,(\text{cm}^2)$ 답 $\dfrac{175}{3}\pi$ cm²

06

부채꼴의 반지름의 길이를 r라 하면 호의 길이가 8이고, 넓이가 12이므로

$\dfrac{1}{2}\times r\times8=12$ $\therefore r=3$

따라서 부채꼴의 둘레의 길이는
$2 \times 3 + 8 = 14$　　　　　　　　　　　**답** ③

07

부채꼴 OCD의 반지름의 길이를 r m, 중심각의 크기를 θ라 하면 호 CD의 길이가 10 m이므로
$$r\theta = 10 \qquad\qquad \cdots\cdots \text{㉠}$$
호 AB의 길이가 30 m이므로
$$(r+10)\theta = 30, \quad r\theta + 10\theta = 30$$
㉠에서 $r\theta = 10$이므로
$$10 + 10\theta = 30 \qquad \therefore \theta = 2$$
이것을 ㉠에 대입하면 $r = 5$
따라서 도형 ABDC의 넓이는 부채꼴 OAB의 넓이에서 부채꼴 OCD의 넓이를 빼면 되므로
$$\frac{1}{2} \times 15 \times 30 - \frac{1}{2} \times 5 \times 10 = 200\,(\text{m}^2)$$
　　　　　　　　　　　답 $200\ \text{m}^2$

08

둘레의 길이가 16인 부채꼴의 반지름의 길이를 r라 하면 부채꼴의 호의 길이는 $16-2r$이므로 부채꼴의 넓이는
$$\frac{1}{2}r(16-2r) = -r^2 + 8r = -(r-4)^2 + 16 \ (0 < r < 8)$$
따라서 부채꼴의 넓이는 $r=4$일 때 최대이므로 구하는 반지름의 길이는 4이다.
　　　　　　　　　　　답 ③

09

오른쪽 그림과 같이 각 $\theta = \frac{4}{3}\pi$를 나타내는 동경과 단위원의 교점을 P라 하고, 점 P에서 x축에 내린 수선의 발을 H라 하면

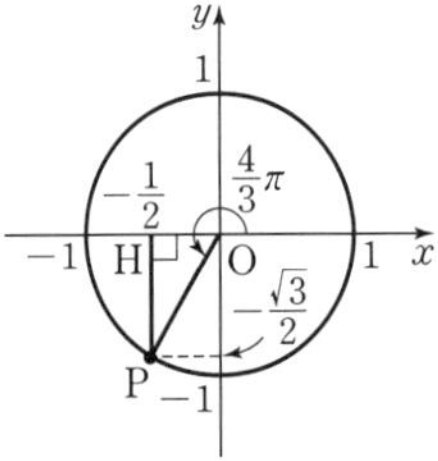

$\overline{\text{OP}} = 1$, $\angle \text{POH} = \frac{\pi}{3}$이므로
$$\text{P}\left(-\frac{1}{2},\ -\frac{\sqrt{3}}{2}\right)$$
따라서 $\sin\theta = -\frac{\sqrt{3}}{2}$, $\cos\theta = -\frac{1}{2}$, $\tan\theta = \sqrt{3}$이므로
$$(\sin\theta + \cos\theta) \times \tan\theta = \left\{-\frac{\sqrt{3}}{2} + \left(-\frac{1}{2}\right)\right\} \times \sqrt{3}$$
$$= -\frac{\sqrt{3}+1}{2} \times \sqrt{3} = -\frac{3+\sqrt{3}}{2}$$
　　　　　　　　　　　답 ①

10

오른쪽 그림과 같이 원점을 중심으로 하고 반지름의 길이가 5인 원이 직선 $3x+4y=0$, 즉 $y = -\frac{3}{4}x$와 만나는 점 중 제2사분면 위의 점을 P라 하면
$$\text{P}(-4,\ 3)$$

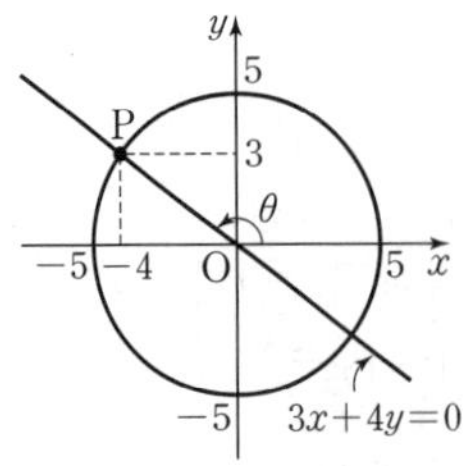

$\overline{\text{OP}} = 5$이므로
$$\sin\theta = \frac{3}{5}, \quad \cos\theta = -\frac{4}{5}$$
$$\therefore 5(\sin\theta + \cos\theta) = 5\left\{\frac{3}{5} + \left(-\frac{4}{5}\right)\right\} = -1 \qquad \textbf{답}\ ②$$

11

θ가 제2사분면의 각이므로
$$\sin\theta > 0, \ \cos\theta < 0$$
즉, $\sin\theta - \cos\theta > 0$, $\cos\theta - \sin\theta < 0$
$$\therefore \sqrt{(\sin\theta - \cos\theta)^2} + \sqrt{(\cos\theta - \sin\theta)^2}$$
$$= |\sin\theta - \cos\theta| + |\cos\theta - \sin\theta|$$
$$= \sin\theta - \cos\theta - (\cos\theta - \sin\theta)$$
$$= 2(\sin\theta - \cos\theta) \qquad \textbf{답}\ 2(\sin\theta - \cos\theta)$$

12

$\frac{1-\cos\theta}{1+\cos\theta} = \frac{1}{5}$에서 $5 - 5\cos\theta = 1 + \cos\theta$
$$6\cos\theta = 4 \qquad \therefore \cos\theta = \frac{2}{3}$$
이때 $\sin^2\theta + \cos^2\theta = 1$이므로
$$\sin^2\theta = 1 - \cos^2\theta = 1 - \left(\frac{2}{3}\right)^2 = \frac{5}{9}$$
θ가 제4사분면의 각이므로 $\sin\theta < 0$
$$\therefore \sin\theta = -\frac{\sqrt{5}}{3} \qquad \textbf{답}\ ⑤$$

다른풀이

$\frac{1-\cos\theta}{1+\cos\theta} = \frac{1}{5}$에서 $5 - 5\cos\theta = 1 + \cos\theta$
$$6\cos\theta = 4 \qquad \therefore \cos\theta = \frac{2}{3}$$
θ가 제4사분면의 각이고 $\cos\theta = \frac{2}{3}$이므로 오른쪽 그림과 같이 원점을 중심으로 하고 반지름의 길이가 3인 원을 그리면 각 θ를 나타내는 동경과 만나는 점 P의 좌표는

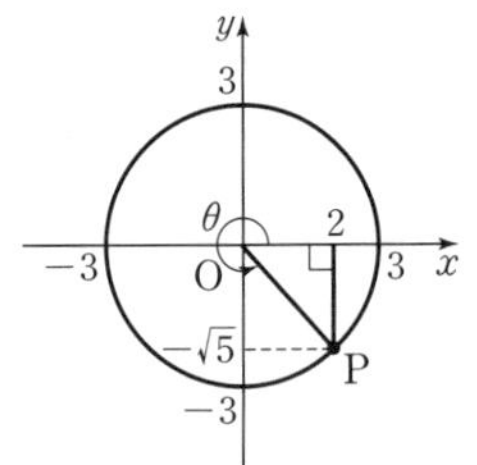

$$\text{P}(2,\ -\sqrt{5})$$
$$\therefore \sin\theta = -\frac{\sqrt{5}}{3}$$

13

$$\frac{\cos\theta}{1+\sin\theta} + \frac{\cos\theta}{1-\sin\theta}$$
$$= \frac{\cos\theta(1-\sin\theta) + \cos\theta(1+\sin\theta)}{(1+\sin\theta)(1-\sin\theta)}$$
$$= \frac{\cos\theta - \cos\theta\sin\theta + \cos\theta + \cos\theta\sin\theta}{1-\sin^2\theta}$$
$$= \frac{2\cos\theta}{\cos^2\theta} = \frac{2}{\cos\theta} \qquad\qquad \textbf{답}\ ②$$

14

$\cos\theta-\sin\theta=-\dfrac{\sqrt{2}}{2}$의 양변을 제곱하면

$\sin^2\theta+\cos^2\theta-2\sin\theta\cos\theta=\dfrac{1}{2}$

$1-2\sin\theta\cos\theta=\dfrac{1}{2},\ 2\sin\theta\cos\theta=\dfrac{1}{2}$

$\therefore\ \sin\theta\cos\theta=\dfrac{1}{4}$

$\therefore\ (\sin\theta+\cos\theta)^2=\sin^2\theta+\cos^2\theta+2\sin\theta\cos\theta$

$$=1+2\times\dfrac{1}{4}=\dfrac{3}{2}$$

θ가 제1 사분면의 각이므로 $\sin\theta>0$, $\cos\theta>0$에서
$\sin\theta+\cos\theta>0$

$\therefore\ \sin\theta+\cos\theta=\sqrt{\dfrac{3}{2}}=\dfrac{\sqrt{6}}{2}$ **답** $\dfrac{\sqrt{6}}{2}$

15

$\sin\theta-\cos\theta=\dfrac{1}{3}$의 양변을 제곱하면

$\sin^2\theta+\cos^2\theta-2\sin\theta\cos\theta=\dfrac{1}{9}$

$1-2\sin\theta\cos\theta=\dfrac{1}{9},\ 2\sin\theta\cos\theta=\dfrac{8}{9}$

$\therefore\ \sin\theta\cos\theta=\dfrac{4}{9}$

$\therefore\ \sin^3\theta-\cos^3\theta$

$\quad=(\sin\theta-\cos\theta)(\sin^2\theta+\sin\theta\cos\theta+\cos^2\theta)$

$\quad=\dfrac{1}{3}\times\left(1+\dfrac{4}{9}\right)=\dfrac{13}{27}$ **답** $\dfrac{13}{27}$

16

이차방정식 $4x^2+2x+k=0$에서 근과 계수의 관계에 의하여

$\sin\theta+\cos\theta=-\dfrac{1}{2}$

$\sin\theta\cos\theta=\dfrac{k}{4}$ ...... ㉠

$\sin\theta+\cos\theta=-\dfrac{1}{2}$의 양변을 제곱하면

$\sin^2\theta+\cos^2\theta+2\sin\theta\cos\theta=\dfrac{1}{4}$

$1+2\sin\theta\cos\theta=\dfrac{1}{4},\ 2\sin\theta\cos\theta=-\dfrac{3}{4}$

$\therefore\ \sin\theta\cos\theta=-\dfrac{3}{8}$ ...... ㉡

㉠, ㉡에서 $\dfrac{k}{4}=-\dfrac{3}{8}$ $\therefore\ k=-\dfrac{3}{2}$ **답** ①

본문 39~41쪽

06 삼각함수의 그래프

교과서 유형 흐름잡기

유형 1 ④	1-1 ②	1-2 ③
유형 2 ②	2-1 ②	2-2 ㄱ
유형 3 ⑤	3-1 ②	3-2 ㄴ, ㄷ
유형 4 ②	4-1 ①	4-2 ①
유형 5 ②	5-1 ④	5-2 ②
유형 6 ⑤	6-1 ①	

6-2 $0\leq x\leq\dfrac{\pi}{3}$ 또는 $\pi\leq x\leq\dfrac{4}{3}\pi$

유형 1

$y=\sin 4x$의 주기는 $\dfrac{2\pi}{4}=\dfrac{\pi}{2}$이므로 $a=\dfrac{\pi}{2}$

$y=\cos\dfrac{1}{3}x$의 주기는 $\dfrac{2\pi}{\frac{1}{3}}=6\pi$이므로 $b=6\pi$

$\therefore\ a+b=\dfrac{\pi}{2}+6\pi=\dfrac{13}{2}\pi$ **답** ④

1-1

$y=\sin\dfrac{\pi}{2}x$의 주기는 $\dfrac{2\pi}{\frac{\pi}{2}}=4$이므로 $a=4$

$y=\tan\sqrt{2}\pi x$의 주기는 $\dfrac{\pi}{\sqrt{2}\pi}=\dfrac{\sqrt{2}}{2}$이므로 $b=\dfrac{\sqrt{2}}{2}$

$\therefore\ ab=4\times\dfrac{\sqrt{2}}{2}=2\sqrt{2}$ **답** ②

1-2

ㄱ. $y=\sin\dfrac{1}{4}x$의 주기는 $\dfrac{2\pi}{\frac{1}{4}}=8\pi$

ㄴ. $y=\tan x$의 주기는 π

ㄷ. $y=\cos\dfrac{1}{2}x$의 주기는 $\dfrac{2\pi}{\frac{1}{2}}=4\pi$

ㄹ. $y=\cos 2x$의 주기는 $\dfrac{2\pi}{2}=\pi$

따라서 주기가 π인 것은 ㄴ, ㄹ이다. **답** ③

유형 2

$-1\leq\sin\dfrac{1}{2}x\leq1$이므로

$-3\leq3\sin\dfrac{1}{2}x\leq3$ $\therefore\ -2\leq3\sin\dfrac{1}{2}x+1\leq4$

따라서 최댓값 $M=4$, 최솟값 $m=-2$, 주기 $p=\dfrac{2\pi}{\frac{1}{2}}=4\pi$이
므로

$\dfrac{Mmp}{\pi}=\dfrac{4\times(-2)\times4\pi}{\pi}=-32$ **답** ②

참고 삼각함수의 최대 · 최소

삼각함수	최댓값	최솟값
$y=a\sin(bx+c)+d$	$\lvert a\rvert+d$	$-\lvert a\rvert+d$
$y=a\cos(bx+c)+d$	$\lvert a\rvert+d$	$-\lvert a\rvert+d$
$y=a\tan(bx+c)+d$	없다.	없다.

2-1

$-1\leq\cos\pi x\leq1$이므로

$-2\leq2\cos\pi x\leq2$ $\therefore -5\leq2\cos\pi x-3\leq-1$

따라서 최댓값 $M=-1$, 최솟값 $m=-5$, 주기 $p=\dfrac{2\pi}{\pi}=2$이

므로

$M+m+p=-1+(-5)+2=-4$ 답 ②

2-2

$-1\leq\sin 2x\leq1$이므로

$-\dfrac{1}{2}\leq\dfrac{1}{2}\sin 2x\leq\dfrac{1}{2}$ $\therefore \dfrac{1}{2}\leq1+\dfrac{1}{2}\sin 2x\leq\dfrac{3}{2}$

ㄱ. 함수 $f(x)$의 최댓값은 $\dfrac{3}{2}$이다. (참)

ㄴ. 함수 $f(x)$의 최솟값은 $\dfrac{1}{2}$이다. (거짓)

ㄷ. 함수 $f(x)$의 주기는 $\dfrac{2\pi}{2}=\pi$이다. (거짓)

따라서 옳은 것은 ㄱ뿐이다.   답 ㄱ

유형 3

① 주기는 $\dfrac{2\pi}{2}=\pi$이다.

②, ③ $-1\leq\sin\left(2x-\dfrac{\pi}{2}\right)\leq1$이므로

$-2\leq2\sin\left(2x-\dfrac{\pi}{2}\right)\leq2$

$\therefore -1\leq2\sin\left(2x-\dfrac{\pi}{2}\right)+1\leq3$

즉, 최댓값은 3, 최솟값은 -1이다.

④ $y=2\sin\left(2x-\dfrac{\pi}{2}\right)+1$

$=-2\sin\left(\dfrac{\pi}{2}-2x\right)+1$

$=-2\cos 2x+1$

따라서 주어진 함수의 그래프는 함수 $y=-2\cos 2x+1$의

그래프와 일치한다.

⑤ $y=2\sin\left(2x-\dfrac{\pi}{2}\right)+1$

$=2\sin 2\left(x-\dfrac{\pi}{4}\right)+1$

이므로 함수 $y=2\sin 2x$의 그래프를 x축의 방향으로 $\dfrac{\pi}{4}$만

큼, y축의 방향으로 1만큼 평행이동한 것이다.

답 ⑤

3-1

① 주기는 $\dfrac{2\pi}{\frac{1}{2}}=4\pi$이다.

②, ③ $-1\leq\cos\left(\dfrac{x}{2}-\dfrac{\pi}{3}\right)\leq1$이므로

$-2\leq-2\cos\left(\dfrac{x}{2}-\dfrac{\pi}{3}\right)\leq2$

$\therefore -3\leq-2\cos\left(\dfrac{x}{2}-\dfrac{\pi}{3}\right)-1\leq1$

즉, 최댓값은 1, 최솟값은 -3이다.

④ $y=2\cos\left(\dfrac{x}{2}-\dfrac{4}{3}\pi\right)-1$

$=2\cos\left(\dfrac{4}{3}\pi-\dfrac{x}{2}\right)-1$

$=2\cos\left(\pi+\dfrac{\pi}{3}-\dfrac{x}{2}\right)-1$

$=-2\cos\left(\dfrac{\pi}{3}-\dfrac{x}{2}\right)-1$

$=-2\cos\left(\dfrac{x}{2}-\dfrac{\pi}{3}\right)-1$

따라서 주어진 함수의 그래프는 함수

$y=2\cos\left(\dfrac{x}{2}-\dfrac{4}{3}\pi\right)-1$의 그래프와 일치한다.

⑤ $y=-2\cos\left(\dfrac{x}{2}-\dfrac{\pi}{3}\right)-1$

$=-2\cos\dfrac{1}{2}\left(x-\dfrac{2}{3}\pi\right)-1$

이므로 함수 $y=-2\cos\dfrac{x}{2}$의 그래프를 x축의 방향으로

$\dfrac{2}{3}\pi$만큼, y축의 방향으로 -1만큼 평행이동한 것이다.

답 ②

3-2

ㄱ. $f(x)=3\tan\left(\dfrac{1}{2}x+\pi\right)-2$의 최댓값과 최솟값은 존재하

지 않는다. (거짓)

ㄴ. $f(x)=3\tan\left(\dfrac{1}{2}x+\pi\right)-2$

$=3\tan\dfrac{1}{2}(x+2\pi)-2$

이므로 함수 $y=f(x)$의 그래프를 x축의 방향으로 2π만큼,

y축의 방향으로 2만큼 평행이동하면

$y=3\tan\dfrac{1}{2}(x-2\pi+2\pi)-2+2$

$=3\tan\dfrac{1}{2}x$

즉, $y=3\tan\dfrac{1}{2}x$의 그래프와 겹쳐진다. (참)

ㄷ. $f(0)=3\tan\pi-2=0-2=-2$이므로 함수 $y=f(x)$의

그래프는 점 $(0,\ -2)$를 지난다. (참)

따라서 옳은 것은 ㄴ, ㄷ이다.   답 ㄴ, ㄷ

유형 4

$$\cos\left(\frac{\pi}{2}-\theta\right)+\sin(-\theta)+\sin(4\pi+\theta)$$
$$=\sin\theta-\sin\theta+\sin\theta=\sin\theta \qquad \text{답 ②}$$

4-1

$$\sin\left(\frac{\pi}{2}+\theta\right)-\cos\left(\frac{\pi}{2}-\theta\right)\tan\left(\frac{\pi}{2}-\theta\right)$$
$$=\cos\theta-\sin\theta\times\frac{1}{\tan\theta}$$
$$=\cos\theta-\sin\theta\times\frac{\cos\theta}{\sin\theta}$$
$$=\cos\theta-\cos\theta=0 \qquad \text{답 ①}$$

4-2

$$\sin\frac{32}{3}\pi-\cos\frac{41}{6}\pi+\tan\left(-\frac{45}{4}\pi\right)$$
$$=\sin\left(10\pi+\frac{2}{3}\pi\right)-\cos\left(6\pi+\frac{5}{6}\pi\right)+\tan\left(-12\pi+\frac{3}{4}\pi\right)$$
$$=\sin\frac{2}{3}\pi-\cos\frac{5}{6}\pi+\tan\frac{3}{4}\pi$$
$$=\sin\left(\pi-\frac{\pi}{3}\right)-\cos\left(\pi-\frac{\pi}{6}\right)+\tan\left(\pi-\frac{\pi}{4}\right)$$
$$=\sin\frac{\pi}{3}+\cos\frac{\pi}{6}-\tan\frac{\pi}{4}$$
$$=\frac{\sqrt{3}}{2}+\frac{\sqrt{3}}{2}-1=\sqrt{3}-1 \qquad \text{답 ①}$$

유형 5

$2\sin x-1=0$에서 $\sin x=\frac{1}{2}$

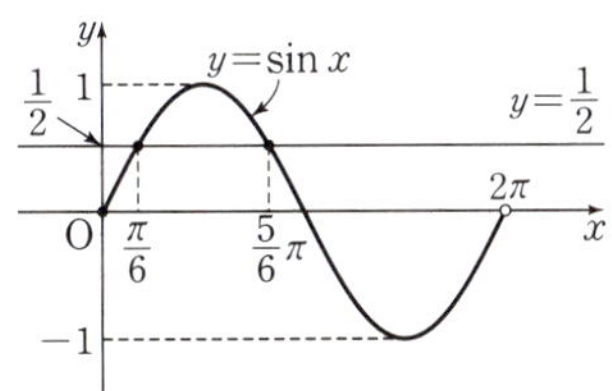

함수 $y=\sin x$ $(0\le x<2\pi)$의 그래프와 직선 $y=\frac{1}{2}$의 교점의 x좌표를 구하면 주어진 방정식의 근은

$x=\frac{\pi}{6}$ 또는 $x=\frac{5}{6}\pi$

따라서 모든 근의 합은 $\frac{\pi}{6}+\frac{5}{6}\pi=\pi$ \qquad 답 ②

5-1

$\sqrt{2}\cos x-1=0$에서 $\cos x=\frac{\sqrt{2}}{2}$

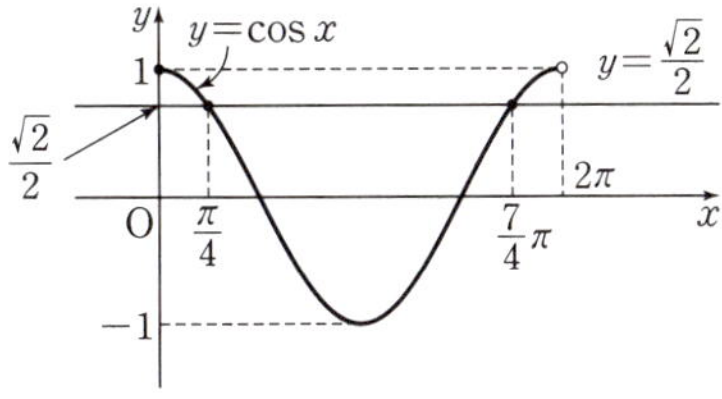

함수 $y=\cos x$ $(0\le x<2\pi)$의 그래프와 직선 $y=\frac{\sqrt{2}}{2}$의 교점의 x좌표를 구하면 주어진 방정식의 근은

$x=\frac{\pi}{4}$ 또는 $x=\frac{7}{4}\pi$

따라서 모든 근의 합은 $\frac{\pi}{4}+\frac{7}{4}\pi=2\pi$ \qquad 답 ④

5-2

$\sqrt{3}\tan x-1=0$에서 $\tan x=\frac{\sqrt{3}}{3}$

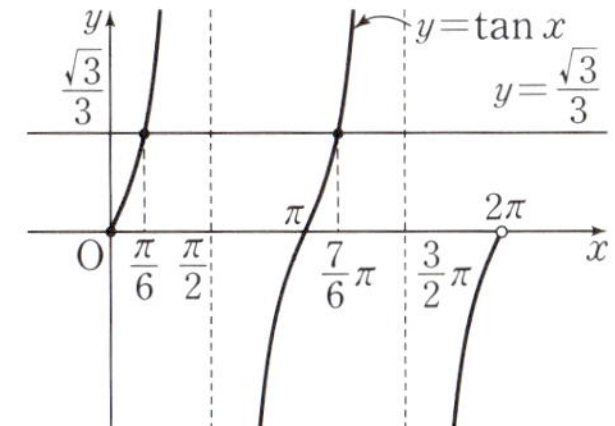

함수 $y=\tan x$ $(0\le x<2\pi)$의 그래프와 직선 $y=\frac{\sqrt{3}}{3}$의 교점의 x좌표를 구하면 주어진 방정식의 근은

$x=\frac{\pi}{6}$ 또는 $x=\frac{7}{6}\pi$

따라서 $\theta=\frac{\pi}{6}+\frac{7}{6}\pi=\frac{4}{3}\pi$이므로

$\sin\theta=\sin\frac{4}{3}\pi=\sin\left(\pi+\frac{\pi}{3}\right)=-\sin\frac{\pi}{3}=-\frac{\sqrt{3}}{2}$ \qquad 답 ②

유형 6

$1-\sqrt{2}\sin x<0$에서 $\sin x>\frac{\sqrt{2}}{2}$

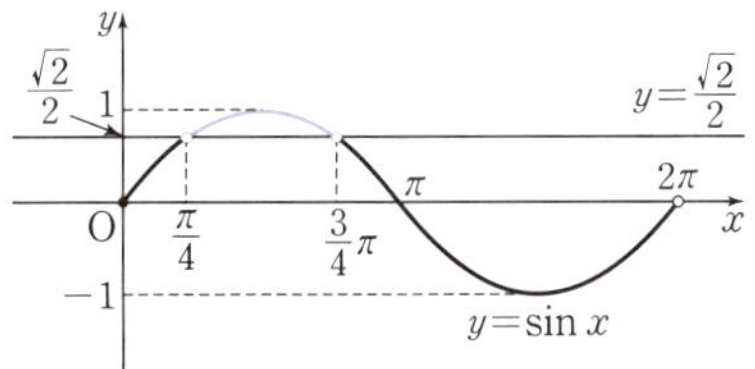

함수 $y=\sin x$ $(0\le x<2\pi)$의 그래프가 직선 $y=\frac{\sqrt{2}}{2}$보다 위쪽에 있는 x의 값의 범위를 구하면 주어진 부등식의 해는

$\frac{\pi}{4}<x<\frac{3}{4}\pi$

따라서 주어진 부등식의 해가 될 수 없는 것은 ⑤이다. \qquad 답 ⑤

6-1

$2\cos x+\sqrt{3}\le0$에서 $\cos x\le-\frac{\sqrt{3}}{2}$

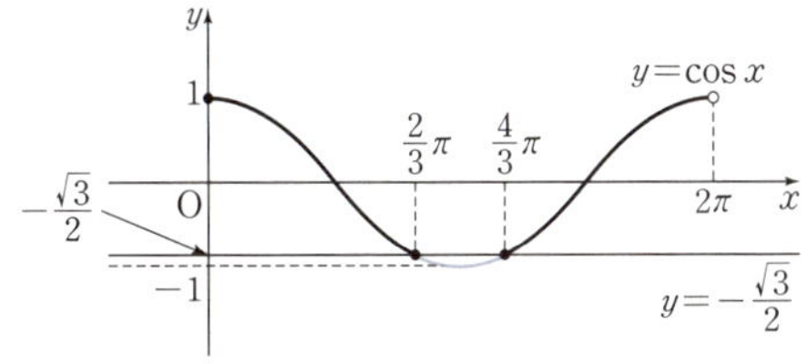

함수 $y=\cos x$ $(0\leq x<2\pi)$의 그래프가 직선 $y=-\dfrac{\sqrt{3}}{2}$과 만나거나 그보다 아래쪽에 있는 x의 값의 범위를 구하면 주어진 부등식의 해는

$$\dfrac{2}{3}\pi\leq x\leq\dfrac{4}{3}\pi$$

따라서 주어진 부등식의 해가 될 수 없는 것은 ①이다.　　답 ①

6-2

$0\leq\sqrt{3}\tan x\leq3$에서 $0\leq\tan x\leq\sqrt{3}$

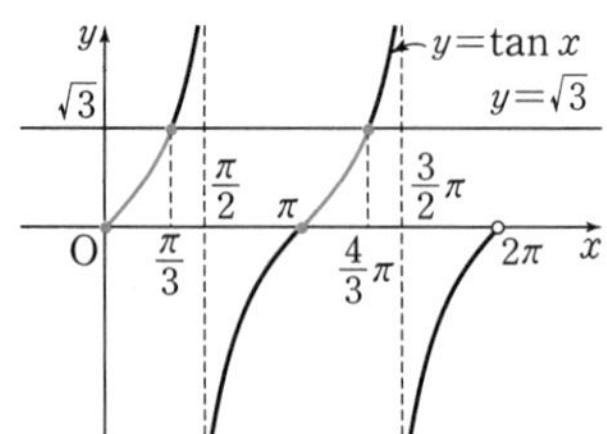

함수 $y=\tan x$ $(0\leq x<2\pi)$의 그래프가 직선 $y=0$과 만나거나 그보다 위쪽에 있고 직선 $y=\sqrt{3}$과 만나거나 그보다 아래쪽에 있는 x의 값의 범위를 구하면 주어진 부등식의 해는

$$0\leq x\leq\dfrac{\pi}{3}\ \text{또는}\ \pi\leq x\leq\dfrac{4}{3}\pi$$

답 $0\leq x\leq\dfrac{\pi}{3}$ 또는 $\pi\leq x\leq\dfrac{4}{3}\pi$

교과서 문제 정복하기

▶본문 42~43쪽

01 ②	02 ③	03 치역: $\{y\,\vert\,0\leq y\leq4\}$, 주기: 4π
04 $\dfrac{1}{15}$	05 8	06 ③ 　07 1 　08 ②
09 2	10 ②	11 -15 　12 ④ 　13 2π
14 6시간	15 $\dfrac{\pi}{6}$	

01

ㄱ. $y=\sin 3(x-\pi)$의 그래프는 $y=\sin 3x$의 그래프를 x축의 방향으로 π만큼 평행이동한 것과 같다.

ㄴ. $y=\sin(3x+\pi)=\sin 3\left(x+\dfrac{\pi}{3}\right)$의 그래프는 $y=\sin 3x$의 그래프를 x축의 방향으로 $-\dfrac{\pi}{3}$만큼 평행이동한 것과 같다.

ㄷ. $y=3\sin\left(x+\dfrac{\pi}{2}\right)$의 그래프는 $y=\sin x$의 그래프를 y축의 방향으로 3배 한 후, x축의 방향으로 $-\dfrac{\pi}{2}$만큼 평행이동한 것과 같다.

ㄹ. $y=3\sin 3x+1$의 그래프는 $y=\sin 3x$의 그래프를 y축의 방향으로 3배 한 후, y축의 방향으로 1만큼 평행이동한 것과 같다.

따라서 $y=\sin 3x$의 그래프를 평행이동하여 겹쳐질 수 있는 그래프의 식은 ㄱ, ㄴ이다.　　답 ②

02

$y=\sin\left(2x+\dfrac{\pi}{3}\right)=\sin 2\left(x+\dfrac{\pi}{6}\right)$의 그래프는 $y=\sin 2x$의 그래프를 x축의 방향으로 $-\dfrac{\pi}{6}$만큼 평행이동한 것이다.

이때 $y=\sin 2x$의 주기는 $\dfrac{2\pi}{2}=\pi$이므로 구하는 그래프는 ③이다.　　답 ③

03

$-1\leq\sin\left(\dfrac{x}{2}-\dfrac{\pi}{2}\right)\leq1$이므로 $-2\leq2\sin\left(\dfrac{x}{2}-\dfrac{\pi}{2}\right)\leq2$

$\therefore\ 0\leq2\sin\left(\dfrac{x}{2}-\dfrac{\pi}{2}\right)+2\leq4$

따라서 구하는 함수의 치역은 $\{y\,\vert\,0\leq y\leq4\}$

또한, 주기는 $\dfrac{2\pi}{\frac{1}{2}}=4\pi$이다.

답 치역: $\{y\,\vert\,0\leq y\leq4\}$, 주기: 4π

참고 $y=2\sin\left(\dfrac{x}{2}-\dfrac{\pi}{2}\right)+2=2\sin\dfrac{1}{2}(x-\pi)+2$

따라서 주어진 함수의 그래프는 $y=2\sin\dfrac{x}{2}$의 그래프를 x축의 방향으로 π만큼, y축의 방향으로 2만큼 평행이동한 것이므로 다음 그림과 같다.

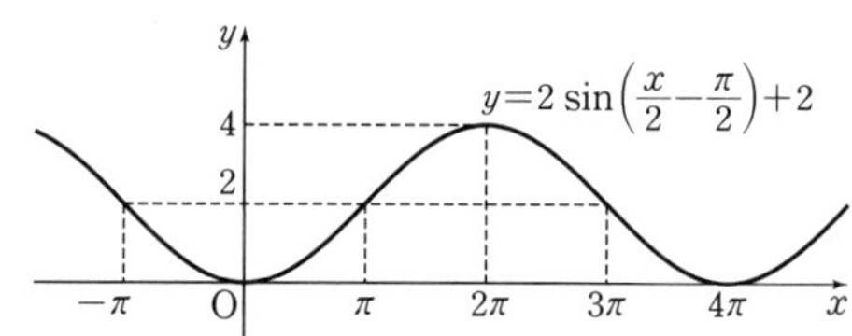

04

$y=5\sin 150\pi t$의 그래프는 $y=\sin 150\pi t$의 그래프를 y축의 방향으로 5배 한 것과 같으므로 진폭 $a=5$

이 함수의 주기 $b=\dfrac{2\pi}{150\pi}=\dfrac{1}{75}$

$\therefore\ ab=5\times\dfrac{1}{75}=\dfrac{1}{15}$　　답 $\dfrac{1}{15}$

05

조건 ㈎에서 $f(x)=a\cos bx+c$의 최댓값이 6이고 $a>0$이므로

$a+c=6$　　……㉠

또한, $f(x)$의 최솟값이 2이므로

$-a+c=2$　　……㉡

㉠, ㉡을 연립하여 풀면 $a=2$, $c=4$

조건 ㈏에서 함수 $f(x)$의 주기가 π이고 $b>0$이므로

$\dfrac{2\pi}{b}=\pi$ $\qquad \therefore b=2$

$\therefore a+b+c=2+2+4=8$ $\qquad$ **답** 8

06

주어진 함수의 최댓값이 3이고 $a>0$이므로

$a=3$

주기는 $\dfrac{5}{6}\pi-\left(-\dfrac{\pi}{6}\right)=\pi$이고 $b>0$이므로

$\dfrac{2\pi}{b}=\pi$ $\qquad \therefore b=2$

$x=\dfrac{\pi}{3}$일 때, $y=0$이므로 $y=3\sin(2x+c)$에서

$0=3\sin\left(2\times\dfrac{\pi}{3}+c\right)$

이때 $0\leq c<\pi$이므로

$c+\dfrac{2}{3}\pi=\pi$ $\qquad \therefore c=\dfrac{\pi}{3}$

$\therefore abc=3\times2\times\dfrac{\pi}{3}=2\pi$ $\qquad$ **답** ③

07

$-1\leq\sin x\leq1$이므로

$-3\leq3\sin x\leq3,\ 0\leq|3\sin x|\leq3$

$\therefore -1\leq|3\sin x|-1\leq2$

따라서 주어진 함수의 최댓값은 2, 최솟값은 -1이므로

$M=2,\ m=-1$ $\qquad \therefore M+m=1$ $\qquad$ **답** 1

참고 $y=|3\sin x|-1$의 그래프는 다음 그림과 같다.

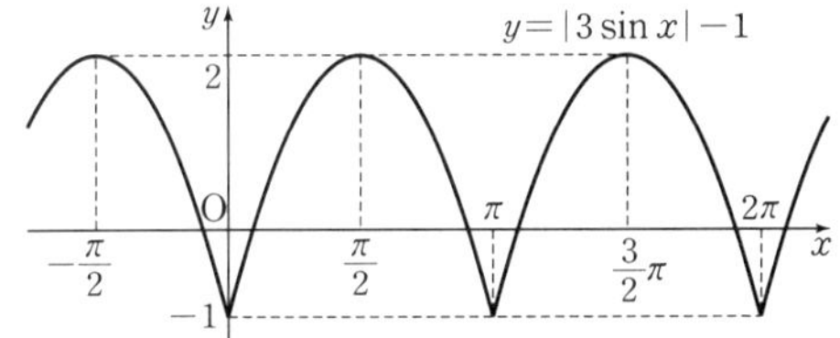

08

$\dfrac{\sin\dfrac{7}{3}\pi+\tan\dfrac{9}{4}\pi}{\cos\left(-\dfrac{\pi}{6}\right)+\tan\left(-\dfrac{\pi}{4}\right)}$

$=\dfrac{\sin\left(2\pi+\dfrac{\pi}{3}\right)+\tan\left(2\pi+\dfrac{\pi}{4}\right)}{\cos\dfrac{\pi}{6}-\tan\dfrac{\pi}{4}}$

$=\dfrac{\sin\dfrac{\pi}{3}+\tan\dfrac{\pi}{4}}{\cos\dfrac{\pi}{6}-\tan\dfrac{\pi}{4}}$

$=\dfrac{\dfrac{\sqrt{3}}{2}+1}{\dfrac{\sqrt{3}}{2}-1}=\dfrac{\sqrt{3}+2}{\sqrt{3}-2}$

$=-7-4\sqrt{3}$ $\qquad$ **답** ②

09

$\sin^2\theta+\sin^2\left(\dfrac{\pi}{2}+\theta\right)+\sin^2(\pi+\theta)+\sin^2\left(\dfrac{3}{2}\pi+\theta\right)$

$=\sin^2\theta+\cos^2\theta+\sin^2\theta+\cos^2\theta$

$=1+1=2$ $\qquad$ **답** 2

10

$\tan(90°-\theta)=\dfrac{1}{\tan\theta}$이므로

$\tan1°\times\tan2°\times\tan3°\times\cdots\times\tan89°$

$=(\tan1°\times\tan89°)\times(\tan2°\times\tan88°)\times\cdots$

$\qquad\qquad\times(\tan44°\times\tan46°)\times\tan45°$

$=\left(\tan1°\times\dfrac{1}{\tan1°}\right)\times\left(\tan2°\times\dfrac{1}{\tan2°}\right)\times\cdots$

$\qquad\qquad\times\left(\tan44°\times\dfrac{1}{\tan44°}\right)\times\tan45°$

$=1\times1\times\cdots\times1\times1=1$ $\qquad$ **답** ②

11

$\cos^2 x=1-\sin^2 x$이므로

$y=2\cos^2 x-4\sin x+1$

$\quad=2(1-\sin^2 x)-4\sin x+1$

$\quad=-2\sin^2 x-4\sin x+3$

$\sin x=t$로 놓으면 $-1\leq t\leq1$이고

$y=-2t^2-4t+3$

$\quad=-2(t+1)^2+5$

오른쪽 그림에서

$t=-1$일 때 최댓값 $M=5$,

$t=1$일 때 최솟값 $m=-3$

이므로

$Mm=-15$ $\qquad$ **답** -15

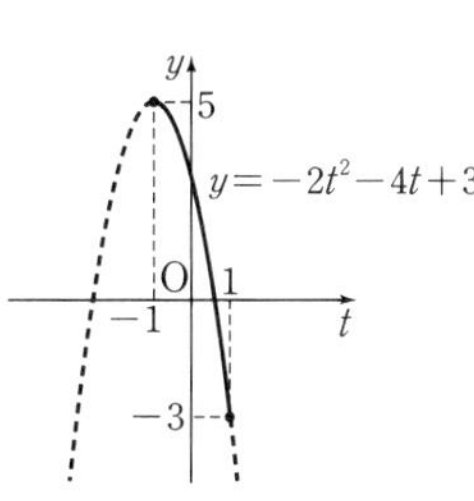

12

$x+\dfrac{\pi}{4}=t$로 놓으면

$0\leq x<2\pi$에서 $\dfrac{\pi}{4}\leq t<\dfrac{9}{4}\pi$이고 $\cos t=\dfrac{1}{2}$

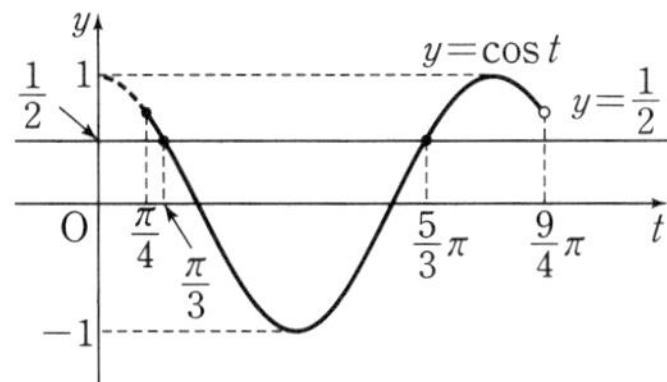

위의 그래프에서 방정식 $\cos t=\dfrac{1}{2}$의 근은

$t=\dfrac{\pi}{3}$ 또는 $t=\dfrac{5}{3}\pi$

즉, $x+\dfrac{\pi}{4}=\dfrac{\pi}{3}$ 또는 $x+\dfrac{\pi}{4}=\dfrac{5}{3}\pi$이므로

$x=\dfrac{\pi}{12}$ 또는 $x=\dfrac{17}{12}\pi$

따라서 두 근의 차는

$$\dfrac{17}{12}\pi-\dfrac{\pi}{12}=\dfrac{4}{3}\pi$$

답 ④

13

$\sin^2 x=1-\cos^2 x$이므로 $2\sin^2 x+\cos x-1=0$에서

$2(1-\cos^2 x)+\cos x-1=0$

$2\cos^2 x-\cos x-1=0$

$(2\cos x+1)(\cos x-1)=0$

$\therefore \cos x=-\dfrac{1}{2}$ 또는 $\cos x=1$

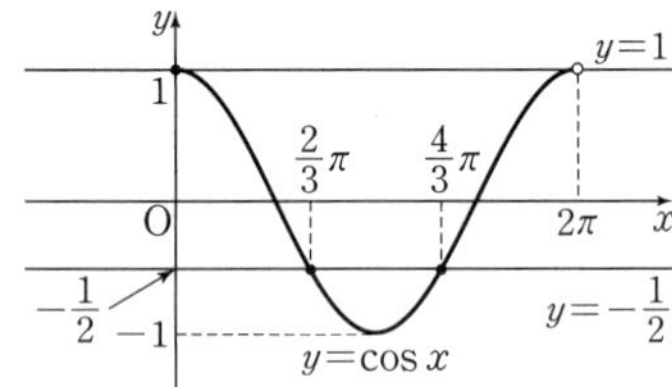

함수 $y=\cos x\ (0\leq x<2\pi)$의 그래프와 직선 $y=-\dfrac{1}{2}$의 교

점의 x좌표가 $\dfrac{2}{3}\pi$, $\dfrac{4}{3}\pi$이고, 함수 $y=\cos x\ (0\leq x<2\pi)$의

그래프와 직선 $y=1$의 교점의 x좌표는 0이므로 주어진 방정식

의 근은

$x=0$ 또는 $x=\dfrac{2}{3}\pi$ 또는 $x=\dfrac{4}{3}\pi$

따라서 모든 근의 합은

$$0+\dfrac{2}{3}\pi+\dfrac{4}{3}\pi=2\pi$$

답 2π

참고 $y=\cos x$의 그래프는 직선 $x=\pi$에 대하여 대칭이므로

방정식 $\cos x=-\dfrac{1}{2}$의 두 근의 합은 2π임을 알 수 있다.

14

유속이 $4\,\text{m/s}$ 이상일 때 발전이 가능하므로

$4\sqrt{2}\sin\dfrac{\pi}{12}x\geq 4$ $\quad \therefore \sin\dfrac{\pi}{12}x\geq\dfrac{\sqrt{2}}{2}$

$\dfrac{\pi}{12}x=t$로 놓으면 $0\leq t\leq\pi$이고

$\sin t\geq\dfrac{\sqrt{2}}{2}$

함수 $y=\sin t\ (0\leq t\leq\pi)$의 그래프가

직선 $y=\dfrac{\sqrt{2}}{2}$와 만나거나 그보다 위쪽

에 있는 t의 값의 범위를 구하면

$\dfrac{\pi}{4}\leq t\leq\dfrac{3}{4}\pi$

즉, $\dfrac{\pi}{4}\leq\dfrac{\pi}{12}x\leq\dfrac{3}{4}\pi$이므로

$3\leq x\leq 9$

따라서 조류 발전이 가능한 시간은 6시간 동안이다.

답 6시간

15

$\cos^2 x=1-\sin^2 x$이므로 $2\cos^2 x-\sin x\geq 1$에서

$2(1-\sin^2 x)-\sin x\geq 1$

$2\sin^2 x+\sin x-1\leq 0$

$(\sin x+1)(2\sin x-1)\leq 0$

$\therefore -1\leq\sin x\leq\dfrac{1}{2}$

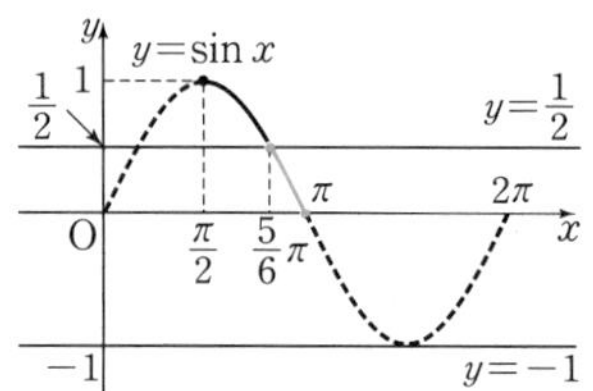

함수 $y=\sin x\left(\dfrac{\pi}{2}\leq x\leq\pi\right)$의 그래프가 직선 $y=\dfrac{1}{2}$과 만나거

나 그보다 아래쪽에 있는 x의 값의 범위와 직선 $y=-1$과 만나

거나 그보다 위쪽에 있는 x의 값의 범위를 구하면 주어진 부등

식의 해는

$\dfrac{5}{6}\pi\leq x\leq\pi$

따라서 $a=\dfrac{5}{6}\pi$, $b=\pi$이므로

$$b-a=\pi-\dfrac{5}{6}\pi=\dfrac{\pi}{6}$$

답 $\dfrac{\pi}{6}$

[07 삼각함수의 활용]

교과서 유형 흐름잡기

> 본문 45~47쪽

<table>
<tr><td>유형 1 ③</td><td>1-1 ②</td><td>1-2 ④</td></tr>
<tr><td>유형 2 ⑤</td><td>2-1 4</td><td>2-2 ③</td></tr>
<tr><td>유형 3 ③</td><td>3-1 ①</td><td></td></tr>
<tr><td></td><td colspan="2">3-2 $A=90°$인 직각삼각형</td></tr>
<tr><td>유형 4 ②</td><td>4-1 ③</td><td>4-2 $2\sqrt{19}$ m</td></tr>
<tr><td>유형 5 ③</td><td>5-1 ④</td><td>5-2 ⑤</td></tr>
<tr><td>유형 6 ④</td><td>6-1 $3+4\sqrt{3}$</td><td>6-2 $10\sqrt{3}$</td></tr>
</table>

유형 1

사인법칙에 의하여 $\dfrac{a}{\sin 45°}=\dfrac{3}{\sin 30°}$이므로

$a=\dfrac{3}{\sin 30°}\times\sin 45°=\dfrac{3}{\frac{1}{2}}\times\dfrac{\sqrt{2}}{2}=3\sqrt{2}$ 답 ③

1-1

$A+B+C=180°$이므로

$C=180°-(90°+30°)=60°$

사인법칙에 의하여 $\dfrac{a}{\sin 90°}=\dfrac{\sqrt{3}}{\sin 60°}$이므로

$a=\dfrac{\sqrt{3}}{\sin 60°}\times\sin 90°=\dfrac{\sqrt{3}}{\frac{\sqrt{3}}{2}}\times 1=2$ 답 ②

1-2

사인법칙에 의하여 $\dfrac{a}{\sin 30°}=2\times 4$이므로

$a=8\times\sin 30°=8\times\dfrac{1}{2}=4$ 답 ④

유형 2

코사인법칙에 의하여

$7^2=8^2+a^2-2\times 8\times a\times\cos 60°$

$49=64+a^2-2\times 8\times a\times\dfrac{1}{2}$

$a^2-8a+15=0,\ (a-3)(a-5)=0$

$\therefore a=5\ (\because a>3)$ 답 ⑤

2-1

코사인법칙에 의하여

$(\sqrt{13})^2=3^2+c^2-2\times 3\times c\times\cos 60°$

$13=9+c^2-2\times 3\times c\times\dfrac{1}{2}$

$c^2-3c-4=0,\ (c+1)(c-4)=0$

$\therefore c=4\ (\because c>0)$ 답 4

2-2

코사인법칙에 의하여

$\cos B=\dfrac{2^2+3^2-4^2}{2\times 2\times 3}=-\dfrac{3}{12}=-\dfrac{1}{4}$ 답 ③

유형 3

$\triangle ABC$의 외접원의 반지름의 길이를 R라 하면

$\sin A=\dfrac{a}{2R},\ \sin B=\dfrac{b}{2R},\ \cos C=\dfrac{a^2+b^2-c^2}{2ab}$

이므로 이것을 주어진 식에 대입하면

$2\times\dfrac{a}{2R}\times\dfrac{a^2+b^2-c^2}{2ab}=\dfrac{b}{2R}$

$a^2+b^2-c^2=b^2,\ a^2=c^2$ $\quad\therefore a=c\ (\because a>0,\ c>0)$

따라서 $\triangle ABC$는 $a=c$인 이등변삼각형이다. 답 ③

3-1

$\cos A=\dfrac{b^2+c^2-a^2}{2bc},\ \cos B=\dfrac{c^2+a^2-b^2}{2ca}$이므로 이것을 주

어진 식에 대입하면

$b\times\dfrac{b^2+c^2-a^2}{2bc}=a\times\dfrac{c^2+a^2-b^2}{2ca}$

$b^2+c^2-a^2=c^2+a^2-b^2,\ a^2=b^2$

$\therefore a=b\ (\because a>0,\ b>0)$

따라서 $\triangle ABC$는 $a=b$인 이등변삼각형이다. 답 ①

3-2

$\cos A=\dfrac{b^2+c^2-a^2}{2bc},\ \cos B=\dfrac{c^2+a^2-b^2}{2ca},$

$\cos C=\dfrac{a^2+b^2-c^2}{2ab}$

이므로 이것을 주어진 식에 대입하면

$a\times\dfrac{b^2+c^2-a^2}{2bc}+b\times\dfrac{c^2+a^2-b^2}{2ca}=c\times\dfrac{a^2+b^2-c^2}{2ab}$

$a^2(b^2+c^2-a^2)+b^2(c^2+a^2-b^2)=c^2(a^2+b^2-c^2)$

$a^4-2a^2b^2+b^4-c^4=0$

$(a^2-b^2)^2-(c^2)^2=0$

$(a^2-b^2+c^2)(a^2-b^2-c^2)=0$

$b^2=a^2+c^2$ 또는 $a^2=b^2+c^2$

$\therefore a^2=b^2+c^2\ (\because a>b)$

따라서 $\triangle ABC$는 $A=90°$인 직각삼각형이다.

답 $A=90°$인 직각삼각형

유형 4

$\triangle ABC$에서

$A=180°-(45°+75°)=60°$

사인법칙에 의하여

$\dfrac{15}{\sin 60°}=\dfrac{\overline{AC}}{\sin 45°}$

$\therefore\overline{AC}=\dfrac{15}{\sin 60°}\times\sin 45°=\dfrac{15}{\frac{\sqrt{3}}{2}}\times\dfrac{\sqrt{2}}{2}=5\sqrt{6}$ (m) 답 ②

4-1

$\triangle ABC$에서

$C=180°-(50°+57°)=73°$

사인법칙에 의하여

$$\frac{8}{\sin 73°}=\frac{\overline{BC}}{\sin 57°}$$

$$\therefore \overline{BC}=\frac{8}{\sin 73°}\times\sin 57°=\frac{8}{0.96}\times 0.84=7\,(m)$$ 답 ③

4-2

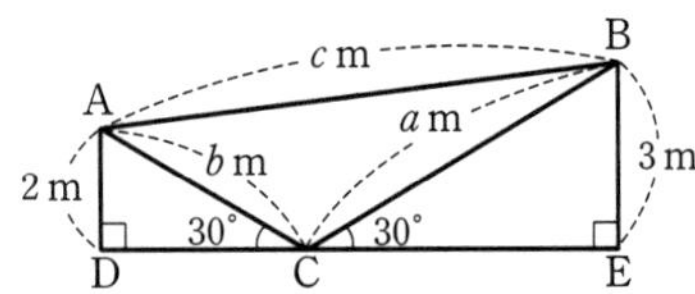

위의 그림과 같이 $\overline{BC}=a$ m, $\overline{AC}=b$ m, $\overline{AB}=c$ m라 하면

$\triangle ADC$에서 사인법칙에 의하여

$$\frac{b}{\sin 90°}=\frac{2}{\sin 30°}$$

$$\therefore b=\frac{2}{\sin 30°}\times\sin 90°=\frac{2}{\frac{1}{2}}\times 1=4$$

$\triangle BCE$에서 사인법칙에 의하여

$$\frac{a}{\sin 90°}=\frac{3}{\sin 30°}$$

$$\therefore a=\frac{3}{\sin 30°}\times\sin 90°=\frac{3}{\frac{1}{2}}\times 1=6$$

$\triangle ACB$에서 $\angle ACB=180°-(30°+30°)=120°$

$a=6$, $b=4$이므로 코사인법칙에 의하여

$$c^2=6^2+4^2-2\times 6\times 4\times\cos 120°$$

$$=36+16-2\times 6\times 4\times\left(-\frac{1}{2}\right)=76$$

$$\therefore c=2\sqrt{19}\ (\because c>0)$$

따라서 줄의 길이는 $2\sqrt{19}$ m이다.   답 $2\sqrt{19}$ m

유형 5

$\triangle ABC$에서

$a=5$, $b=7$, $c=8$이라 하면

코사인법칙에 의하여

$$\cos B=\frac{8^2+5^2-7^2}{2\times 8\times 5}=\frac{40}{80}=\frac{1}{2}$$

이때 $0°<B<180°$이므로 $B=60°$

따라서 $\triangle ABC$의 넓이는

$$\frac{1}{2}\times 8\times 5\times\sin 60°=\frac{1}{2}\times 8\times 5\times\frac{\sqrt{3}}{2}=10\sqrt{3}$$ 답 ③

5-1

$\triangle ABC$에서

$a=7$, $b=3$, $c=5$라 하면

코사인법칙에 의하여

$$\cos A=\frac{3^2+5^2-7^2}{2\times 3\times 5}=-\frac{15}{30}=-\frac{1}{2}$$

이때 $0°<A<180°$이므로 $A=120°$

따라서 $\triangle ABC$의 넓이는

$$\frac{1}{2}\times 3\times 5\times\sin 120°=\frac{1}{2}\times 3\times 5\times\frac{\sqrt{3}}{2}=\frac{15\sqrt{3}}{4}$$ 답 ④

5-2

$\triangle ABC$에서 $a=2k$, $b=3k$, $c=4k\ (k>0)$라 하면

코사인법칙에 의하여

$$\cos C=\frac{(2k)^2+(3k)^2-(4k)^2}{2\times 2k\times 3k}=\frac{-3k^2}{12k^2}=-\frac{1}{4}$$

$0°<C<180°$이므로

$$\sin C=\sqrt{1-\cos^2 C}=\sqrt{1-\left(-\frac{1}{4}\right)^2}=\frac{\sqrt{15}}{4}$$

이때 $\triangle ABC$의 넓이가 $3\sqrt{15}$이므로

$$\frac{1}{2}\times 2k\times 3k\times\sin C=\frac{1}{2}\times 2k\times 3k\times\frac{\sqrt{15}}{4}=3\sqrt{15}$$

$$k^2=4 \quad\therefore k=2\ (\because k>0)$$

따라서 $\triangle ABC$의 가장 긴 변의 길이는

$$4k=4\times 2=8$$ 답 ⑤

유형 6

오른쪽 그림과 같이 대각선 AC를 그으면 $\triangle ABC$는 이등변삼각형이므로

$$\angle ACB=\frac{1}{2}\times(180°-60°)=60°$$

따라서 $\triangle ABC$는 정삼각형이므로

$\overline{AC}=6$

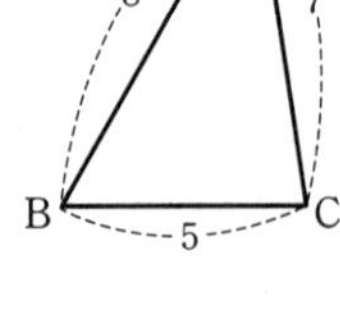

이때 $\angle ACD=90°-60°=30°$이므로

$\square ABCD=\triangle ABC+\triangle ACD$

$$=\frac{1}{2}\times 6\times 6\times\sin 60°+\frac{1}{2}\times 6\times 6\times\sin 30°$$

$$=\frac{1}{2}\times 6\times 6\times\frac{\sqrt{3}}{2}+\frac{1}{2}\times 6\times 6\times\frac{1}{2}$$

$$=9\sqrt{3}+9$$ 답 ④

6-1

오른쪽 그림과 같이 대각선 AC를 그으면 $\triangle ACD$는 이등변삼각형이므로

$$\angle CAD=\frac{1}{2}\times(180°-60°)$$

$$=60°$$

따라서 $\triangle ACD$는 정삼각형이므로

$\overline{AC}=4$

이때 $\angle BAC=90°-60°=30°$이므로

$\square ABCD=\triangle ABC+\triangle ACD$

$$=\frac{1}{2}\times 3\times 4\times\sin 30°+\frac{1}{2}\times 4\times 4\times\sin 60°$$

$$=\frac{1}{2}\times 3\times 4\times\frac{1}{2}+\frac{1}{2}\times 4\times 4\times\frac{\sqrt{3}}{2}$$

$$=3+4\sqrt{3}$$ 답 $3+4\sqrt{3}$

오른쪽 그림과 같이 대각선 AC를
긋고 $\overline{AC}=x$로 놓으면 $\triangle ABC$에
서 코사인법칙에 의하여

$x^2=7^2+4^2-2\times7\times4\times\cos60°$

$\qquad=49+16-2\times7\times4\times\dfrac{1}{2}=37$

$\therefore x=\sqrt{37}\ (\because x>0)$

$\overline{AD}=y$로 놓으면 $\triangle ACD$에서 코사인법칙에 의하여

$(\sqrt{37})^2=3^2+y^2-2\times3\times y\times\cos120°$

$37=9+y^2-2\times3\times y\times\left(-\dfrac{1}{2}\right),\ y^2+3y-28=0$

$(y+7)(y-4)=0$

$\therefore y=4\ (\because y>0)$

$\therefore \square ABCD=\triangle ABC+\triangle ACD$

$\qquad=\dfrac{1}{2}\times7\times4\times\sin60°+\dfrac{1}{2}\times3\times4\times\sin120°$

$\qquad=\dfrac{1}{2}\times7\times4\times\dfrac{\sqrt{3}}{2}+\dfrac{1}{2}\times3\times4\times\dfrac{\sqrt{3}}{2}$

$\qquad=7\sqrt{3}+3\sqrt{3}=10\sqrt{3}$ 답 $10\sqrt{3}$

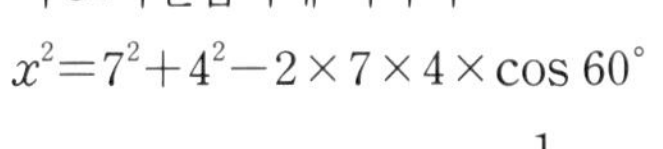

교과서 문제 정복하기
▶ 본문 48~49쪽

01 ③	02 ②	03 $2\sqrt{6}$	04 ①	05 ③
06 $\sqrt{15}$	07 $B=90°$인 직각삼각형		
08 $\dfrac{31}{4}$ km	09 $\dfrac{5}{2}$	10 ③	11 ③	12 5
13 ④	14 $2\sqrt{3}+3$	15 60°	16 $\dfrac{14\sqrt{3}}{3}$

01

$\triangle ABC$의 외접원의 반지름의 길이를 R라 하면 사인법칙에 의
하여

$\dfrac{2\sqrt{2}}{\sin45°}=2R \qquad \therefore R=\dfrac{\sqrt{2}}{\sin45°}=\dfrac{\sqrt{2}}{\frac{\sqrt{2}}{2}}=2$

따라서 $\triangle ABC$의 외접원의 넓이는

$\pi\times2^2=4\pi$ 답 ③

02

$A+B+C=180°$이므로

$A=180°\times\dfrac{1}{1+2+3}=30°,\ B=180°\times\dfrac{2}{1+2+3}=60°$

$a=2$이므로 사인법칙에 의하여

$\dfrac{2}{\sin30°}=\dfrac{b}{\sin60°}$

$\therefore b=\dfrac{2}{\sin30°}\times\sin60°=\dfrac{2}{\frac{1}{2}}\times\dfrac{\sqrt{3}}{2}=2\sqrt{3}$ 답 ②

03

원주각의 크기와 호의 길이는 정비례하므로

$A:B:C=\overset{\frown}{BC}:\overset{\frown}{CA}:\overset{\frown}{AB}=8:1:3$

$\therefore A=180°\times\dfrac{8}{8+1+3}=120°,\ B=180°\times\dfrac{1}{8+1+3}=15°,$

$\qquad C=180°\times\dfrac{3}{8+1+3}=45°$

사인법칙에 의하여 $\dfrac{6}{\sin120°}=\dfrac{\overline{AB}}{\sin45°}$

$\therefore \overline{AB}=\dfrac{6}{\sin120°}\times\sin45°=\dfrac{6}{\frac{\sqrt{3}}{2}}\times\dfrac{\sqrt{2}}{2}=2\sqrt{6}$ 답 $2\sqrt{6}$

참고 원주각의 크기와 호의 길이

① 한 원에서 같은 호에 대한 원주각의 크기는 모두 같다.

② 원주각의 크기와 호의 길이는 정비례한다.

04

사인법칙에 의하여

$a:b:c=\sin A:\sin B:\sin C=1:\sqrt{2}:1$

따라서 $a=k,\ b=\sqrt{2}k,\ c=k\ (k>0)$로 놓으면 코사인법칙에
의하여

$\cos B=\dfrac{k^2+k^2-(\sqrt{2}k)^2}{2\times k\times k}=0$ 답 ①

05

오른쪽 그림과 같이 대각선 BD를
그으면 $\triangle ABD$에서 코사인법칙에
의하여

$\overline{BD}^2=5^2+8^2-2\times5\times8\times\cos60°$

$\qquad=25+64-2\times5\times8\times\dfrac{1}{2}$

$\qquad=49$ ······ ㉠

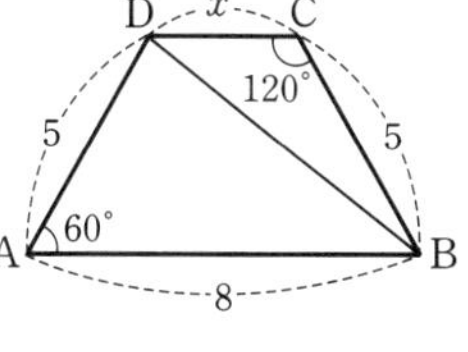

$\triangle BCD$에서 $\overline{CD}=x$라 하면 코사인법칙에 의하여

$\overline{BD}^2=5^2+x^2-2\times5\times x\times\cos120°$

$\qquad=25+x^2-2\times5\times x\times\left(-\dfrac{1}{2}\right)$

$\qquad=x^2+5x+25$ ······ ㉡

㉠, ㉡에서 $x^2+5x+25=49$

$x^2+5x-24=0,\ (x+8)(x-3)=0$

$\therefore x=3\ (\because x>0)$

$\therefore \overline{CD}=3$ 답 ③

06

$\square ABCD$가 원에 내접하므로 $A+C=180°$

$\therefore \cos A=\cos(180°-C)=-\cos C=-\dfrac{1}{6}$

$\triangle ABD$에서 코사인법칙에 의하여

$\overline{BD}^2=3^2+2^2-2\times3\times2\times\cos A$

$\qquad=9+4-2\times3\times2\times\left(-\dfrac{1}{6}\right)=15$

$\therefore \overline{BD}=\sqrt{15}\ (\because \overline{BD}>0)$ 답 $\sqrt{15}$

07

$\cos^2 A = 1 - \sin^2 A$이고 $\cos^2 B = 1 - \sin^2 B$이므로 이것을 주어진 식에 대입하면

$(1 - \sin^2 A) - (1 - \sin^2 B) = \sin^2 C$

$\therefore \sin^2 B = \sin^2 A + \sin^2 C$ ...... ㉠

$\triangle ABC$의 외접원의 반지름의 길이를 R라 하면

$\sin A = \dfrac{a}{2R}$, $\sin B = \dfrac{b}{2R}$, $\sin C = \dfrac{c}{2R}$

이것을 ㉠에 대입하면

$\left(\dfrac{b}{2R}\right)^2 = \left(\dfrac{a}{2R}\right)^2 + \left(\dfrac{c}{2R}\right)^2$

$\therefore b^2 = a^2 + c^2$

따라서 $\triangle ABC$는 $B = 90°$인 직각삼각형이다.

📋 $B = 90°$인 직각삼각형

08

$A \to B \to C \to D$를 따라 걷는 산책로는 18 km이므로

$A \to C \to D$를 따라 걷는 산책로는 17 km이다.

$\triangle ABC$에서 $\overline{AC} = x$ km라 하면

$x + \overline{CD} = 17$, $6 + \overline{BC} + \overline{CD} = 18$

이므로 $\overline{BC} = (x - 5)$ km

$\triangle ABC$에서 코사인법칙에 의하여

$x^2 = 6^2 + (x-5)^2 - 2 \times 6 \times (x-5) \times \cos 120°$

$\quad = 36 + x^2 - 10x + 25 - 2 \times 6 \times (x-5) \times \left(-\dfrac{1}{2}\right)$

$\quad = x^2 - 4x + 31$

$4x = 31 \qquad \therefore x = \dfrac{31}{4}$

따라서 $\overline{AC}$의 길이는 $\dfrac{31}{4}$ km이다. 📋 $\dfrac{31}{4}$ km

09

$\triangle ABC$에서 코사인법칙에 의하여

$\cos B = \dfrac{4^2 + 8^2 - 5^2}{2 \times 4 \times 8} = \dfrac{55}{64}$

$\triangle ABD$에서 코사인법칙에 의하여

$\overline{AD}^2 = 4^2 + 2^2 - 2 \times 4 \times 2 \times \cos B$

$\quad = 16 + 4 - 2 \times 4 \times 2 \times \dfrac{55}{64} = \dfrac{25}{4}$

$\therefore \overline{AD} = \dfrac{5}{2} \ (\because \overline{AD} > 0)$ 📋 $\dfrac{5}{2}$

10

오른쪽 그림과 같이 헬리콥터의 위치를 C라 하면 $\triangle CHA$에서

$\dfrac{\overline{AC}}{\sin 90°} = \dfrac{2}{\sin 51°}$

$\therefore \overline{AC} = \dfrac{2}{\sin 51°}$

$\triangle ABC$에서 사인법칙에 의하여

$\dfrac{\overline{AB}}{\sin 12°} = \dfrac{\overline{AC}}{\sin 39°}$

$\therefore \overline{AB} = \overline{AC} \times \dfrac{\sin 12°}{\sin 39°} = \dfrac{2}{\sin 51°} \times \dfrac{\sin 12°}{\sin 39°}$

$\quad = \dfrac{2}{0.78} \times \dfrac{0.21}{0.63}$

$\quad = 0.854\cdots$

따라서 두 지점 A, B 사이의 거리를 소수점 아래 셋째 자리에서 반올림하여 구하면 0.85 km이다. 📋 ③

11

오른쪽 그림과 같이 $\overline{BC} = x$라 하면 코사인법칙에 의하여

$(2\sqrt{7})^2 = 4^2 + x^2 - 2 \times 4 \times x \times \cos 60°$

$28 = 16 + x^2 - 4x$, $x^2 - 4x - 12 = 0$

$(x - 6)(x + 2) = 0$

$\therefore x = 6 \ (\because x > 0)$

따라서 $\overline{BC} = 6$이므로

$\triangle ABC = \dfrac{1}{2} \times 4 \times 6 \times \sin 60°$

$\quad = \dfrac{1}{2} \times 4 \times 6 \times \dfrac{\sqrt{3}}{2} = 6\sqrt{3}$ 📋 ③

12

$A + B + C = 180°$이므로

$C = 180° - (A + B)$

$\therefore \sin C = \sin(180° - (A+B))$

$\quad = \sin(A+B) = \dfrac{1}{3}$

따라서 $\triangle ABC$의 넓이는

$\dfrac{1}{2} \times 5 \times 6 \times \sin C = \dfrac{1}{2} \times 5 \times 6 \times \dfrac{1}{3} = 5$ 📋 5

13

$a : b : c = 7 : 3 : 5$이므로

$a = 7k$, $b = 3k$, $c = 5k \ (k > 0)$

로 놓으면 코사인법칙에 의하여

$\cos A = \dfrac{(3k)^2 + (5k)^2 - (7k)^2}{2 \times 3k \times 5k}$

$\quad = \dfrac{-15k^2}{30k^2} = -\dfrac{1}{2}$

이때 $0° < A < 180°$이므로 $A = 120°$

$\triangle ABC$의 넓이가 $15\sqrt{3}$이므로

$\dfrac{1}{2} \times 5k \times 3k \times \sin 120° = 15\sqrt{3}$

$\dfrac{15k^2}{2} \times \dfrac{\sqrt{3}}{2} = 15\sqrt{3}$

$k^2 = 4 \qquad \therefore k = 2 \ (\because k > 0)$

$\therefore a = 7k = 7 \times 2 = 14$ 📋 ④

14

$\triangle ABD$에서 코사인법칙에 의하여

$$\overline{BD}^2=2^2+4^2-2\times2\times4\times\cos60°$$

$$=4+16-2\times2\times4\times\frac{1}{2}=12$$

$$\therefore \overline{BD}=2\sqrt{3}\ (\because \overline{BD}>0)$$

$$\therefore \square ABCD$$

$$=\triangle ABD+\triangle BCD$$

$$=\frac{1}{2}\times2\times4\times\sin60°+\frac{1}{2}\times2\sqrt{3}\times\sqrt{6}\times\sin45°$$

$$=\frac{1}{2}\times2\times4\times\frac{\sqrt{3}}{2}+\frac{1}{2}\times2\sqrt{3}\times\sqrt{6}\times\frac{\sqrt{2}}{2}$$

$$=2\sqrt{3}+3$$

답 $2\sqrt{3}+3$

15

평행사변형 $ABCD$의 넓이가 $12\sqrt{3}$이므로

$$6\times4\times\sin B=12\sqrt{3}$$

$$\therefore \sin B=\frac{\sqrt{3}}{2}$$

$0°<B<90°$이므로 $B=60°$

답 $60°$

16

$\triangle ABC$의 내접원의 반지름의 길이가 $\sqrt{3}$이므로

$\triangle ABC$의 넓이는

$$\frac{1}{2}\times\sqrt{3}\times(6+10+14)=15\sqrt{3}$$

$\triangle ABC$의 외접원의 반지름의 길이를 R라 하면

$$\frac{6\times10\times14}{4R}=15\sqrt{3}$$

$$\therefore R=\frac{14\sqrt{3}}{3}$$

답 $\dfrac{14\sqrt{3}}{3}$

참고 $\triangle ABC$에서 세 변의 길이가 각각 a, b, c이고 내접원의 반지름의 길이가 r일 때

$$\triangle ABC=\frac{1}{2}r(a+b+c)$$

Ⅲ. 수열

되짚어 보기

> 본문 50쪽

01 (1) 11   (2) 50

02 (1) 3, 6, 9, 12, 15, 18   (2) 2, 3, 5, 7, 11, 13, 17, 19

03 (1) 5   (2) 11   (3) 17

04 (1) 2   (2) 10   (3) 50

05 (1) 1   (2) 5

[08 등차수열과 등비수열]

교과서 유형 흐름잡기

> 본문 53~55쪽

유형 1 ④	1-1 ②	1-2 제12항
유형 2 ③	2-1 제8항	2-2 ⑤
유형 3 ⑤	3-1 ①	3-2 −6
유형 4 ②	4-1 ①	4-2 192
유형 5 ③	5-1 ④	5-2 12
유형 6 ④	6-1 ①	6-2 ③

유형 1

첫째항을 a, 공차를 d라 하면

$$a_5=a+4d=72,\ a_{10}=a+9d=37$$

위의 두 식을 연립하여 풀면

$$a=100,\ d=-7$$

$$\therefore a_n=100+(n-1)\times(-7)=-7n+107$$

이때 제 n 항에서 처음으로 음수가 된다고 하면

$$-7n+107<0 \qquad \therefore n>\frac{107}{7}=15.2\cdots$$

그런데 n은 자연수이므로 처음으로 음수가 되는 항은 제 16 항이다.

답 ④

참고 $a_n=-7n+107$에서

$$a_{15}=-7\times15+107=2,\ a_{16}=-7\times16+107=-5$$

이므로 제 16 항에서 처음으로 음수가 되는 것을 확인할 수 있다.

1-1

첫째항을 a, 공차를 d라 하면

$$a_2=a+d=-10,\ a_7=a+6d=30$$

위의 두 식을 연립하여 풀면

$$a=-18,\ d=8$$

$$\therefore a_n=-18+(n-1)\times8=8n-26$$

이때 제 n 항에서 처음으로 양수가 된다고 하면

$$8n-26>0 \qquad \therefore n>\frac{26}{8}=3.25$$

그런데 n은 자연수이므로 처음으로 양수가 되는 항은 제 4 항이다.

답 ②

1-2

첫째항을 a, 공차를 d라 하면

$a_1+a_2=-8$에서 $a+(a+d)=-8$

$\therefore 2a+d=-8$ $\qquad\qquad\cdots\cdots$ ㉠

$a_3+a_4=0$에서 $(a+2d)+(a+3d)=0$

$\therefore 2a+5d=0$ $\qquad\qquad\cdots\cdots$ ㉡

㉠, ㉡을 연립하여 풀면

$a=-5,\ d=2$

$\therefore a_n=-5+(n-1)\times2=2n-7$

이때 제 n 항에서 처음으로 15보다 커진다고 하면

$2n-7>15$ $\quad\therefore n>11$

그런데 n은 자연수이므로 처음으로 15보다 커지는 항은 제12항이다. 　　　　　　　　　　　　　　　　　　　🔲 제12항

유형 2

첫째항을 a, 공비를 r라 하면

$a_2=ar=12$ $\qquad\qquad\cdots\cdots$ ㉠

$a_4=ar^3=108$ $\qquad\qquad\cdots\cdots$ ㉡

㉡÷㉠을 하면

$r^2=9$ $\quad\therefore r=3\ (\because r>0)$

$r=3$을 ㉠에 대입하여 풀면 $a=4$

$\therefore a_n=4\times3^{n-1}$

이때 제 n 항에서 처음으로 1000보다 커진다고 하면

$4\times3^{n-1}>1000,\ 3^{n-1}>250$

$3^5=243,\ 3^6=729$이므로

$n-1\geq6$ $\quad\therefore n\geq7$

따라서 처음으로 1000보다 커지는 항은 제7항이다. 　　🔲 ③

[참고] $a_n=4\times3^{n-1}$에서

$a_6=4\times3^5=972,\ a_7=4\times3^6=2916$이므로 제7항에서 처음으로 1000보다 커지는 것을 확인할 수 있다.

2-1

첫째항을 a, 공비를 r라 하면

$a_2=ar=48$ $\qquad\qquad\cdots\cdots$ ㉠

$a_5=ar^4=6$ $\qquad\qquad\cdots\cdots$ ㉡

㉡÷㉠을 하면

$r^3=\dfrac{1}{8}$ $\quad\therefore r=\dfrac{1}{2}\ (\because r$는 실수$)$

$r=\dfrac{1}{2}$ 을 ㉠에 대입하여 풀면 $a=96$

$\therefore a_n=96\times\left(\dfrac{1}{2}\right)^{n-1}$

이때 제 n 항에서 처음으로 1보다 작아진다고 하면

$96\times\left(\dfrac{1}{2}\right)^{n-1}<1,\ 2^{n-1}>96$

$2^6=64,\ 2^7=128$이므로

$n-1\geq7$ $\quad\therefore n\geq8$

따라서 처음으로 1보다 작아지는 항은 제8항이다. 　🔲 제8항

2-2

첫째항을 a, 공비를 r라 하면

$a_2+a_5=ar+ar^4=ar(1+r^3)=54$ $\qquad\cdots\cdots$ ㉠

$a_3+a_6=ar^2+ar^5=ar^2(1+r^3)=108$ $\qquad\cdots\cdots$ ㉡

㉡÷㉠을 하면 $r=2$

$r=2$를 ㉠에 대입하면

$18a=54$ $\quad\therefore a=3$

$\therefore a_n=3\times2^{n-1}$

이때 $a_n>600$에서

$3\times2^{n-1}>600,\ 2^{n-1}>200$

$2^7=128,\ 2^8=256$이므로

$n-1\geq8$ $\quad\therefore n\geq9$

따라서 자연수 n의 최솟값은 9이다. 　　　　　🔲 ⑤

유형 3

a는 4와 b의 등차중항이므로

$a=\dfrac{4+b}{2}$ $\qquad\qquad\cdots\cdots$ ㉠

b는 a와 4의 등비중항이므로

$b^2=4a$ $\qquad\qquad\cdots\cdots$ ㉡

㉠을 ㉡에 대입하면

$b^2=4\times\dfrac{4+b}{2}=2(4+b),\ b^2-2b-8=0$

$(b+2)(b-4)=0$ $\quad\therefore b=-2$ 또는 $b=4$

이를 ㉠에 각각 대입하면

$b=-2$일 때, $a=1$

$b=4$일 때, $a=4$

이때 4, a, b는 서로 다른 수이므로

$a=1,\ b=-2$

$\therefore a-b=3$ 　　　　　　　　　　　　🔲 ⑤

[참고] 4, a, b, 즉 4, 1, -2는 공차가 -3인 등차수열을 이루고, a, b, 4, 즉 1, -2, 4는 공비가 -2인 등비수열을 이룬다.

3-1

a는 4와 b의 등차중항이므로

$a=\dfrac{4+b}{2}$ $\qquad\qquad\cdots\cdots$ ㉠

b는 a와 18의 등비중항이므로

$b^2=18a$ $\qquad\qquad\cdots\cdots$ ㉡

㉠을 ㉡에 대입하면

$b^2=18\times\dfrac{4+b}{2}=9(4+b),\ b^2-9b-36=0$

$(b+3)(b-12)=0$ $\quad\therefore b=-3$ 또는 $b=12$

이때 b는 양수이므로 $b=12$

$b=12$를 ㉠에 대입하면 $a=8$

$\therefore a+b=20$ 　　　　　　　　　　🔲 ①

3-2

b는 a와 c의 등차중항이므로

$$2b=a+c \qquad \cdots\cdots ㉠$$

a는 b와 c의 등비중항이므로

$$a^2=bc \qquad \cdots\cdots ㉡$$

$abc=27$이므로 이 식에 ㉡을 대입하면

$$a^3=27 \qquad \therefore a=3$$

$a=3$을 ㉠, ㉡에 각각 대입하면

$$2b=3+c, \ bc=9$$

두 식을 연립하여 풀면

$$b=3, \ c=3 \ \text{또는} \ b=-\frac{3}{2}, \ c=-6$$

이때 a, b, c는 서로 다른 실수이므로

$$a=3, \ b=-\frac{3}{2}, \ c=-6 \qquad \text{답} \ -6$$

유형 4

첫째항을 a, 공차를 d라 하면

$$S_4=\frac{4\{2a+(4-1)d\}}{2}=16$$

$$\therefore 2a+3d=8 \qquad \cdots\cdots ㉠$$

$$S_9=\frac{9\{2a+(9-1)d\}}{2}=126$$

$$\therefore a+4d=14 \qquad \cdots\cdots ㉡$$

㉠, ㉡을 연립하여 풀면

$$a=-2, \ d=4$$

따라서 수열 $\{a_n\}$의 첫째항은 -2이다. 　답 ②

4-1

첫째항을 a, 공차를 d라 하면

$$S_5=\frac{5\{2a+(5-1)d\}}{2}=10$$

$$\therefore a+2d=2 \qquad \cdots\cdots ㉠$$

$$S_{10}=\frac{10\{2a+(10-1)d\}}{2}=45$$

$$\therefore 2a+9d=9 \qquad \cdots\cdots ㉡$$

㉠, ㉡을 연립하여 풀면

$$a=0, \ d=1$$

따라서 수열 $\{a_n\}$의 공차는 1이다. 　답 ①

4-2

첫째항을 a, 공차를 d라 하면

첫째항부터 제 8 항까지의 합이 32이므로

$$\frac{8\{2a+(8-1)d\}}{2}=32$$

$$\therefore 2a+7d=8 \qquad \cdots\cdots ㉠$$

첫째항부터 제 12 항까지의 합이 96이므로

$$\frac{12\{2a+(12-1)d\}}{2}=96$$

$$\therefore 2a+11d=16 \qquad \cdots\cdots ㉡$$

㉠, ㉡을 연립하여 풀면

$$a=-3, \ d=2$$

따라서 첫째항부터 제 16 항까지의 합은

$$\frac{16\{2\times(-3)+(16-1)\times2\}}{2}=192 \qquad \text{답} \ 192$$

유형 5

첫째항을 a, 공비를 r라 하면

$$S_5=\frac{a(1-r^5)}{1-r}=5 \qquad \cdots\cdots ㉠$$

$$S_{10}=\frac{a(1-r^{10})}{1-r}=\frac{a(1-r^5)(1+r^5)}{1-r}=20 \qquad \cdots\cdots ㉡$$

㉠을 ㉡에 대입하면

$$5(1+r^5)=20 \qquad \therefore r^5=3$$

$$\therefore S_{15}=\frac{a(1-r^{15})}{1-r}=\frac{a(1-r^5)(1+r^5+r^{10})}{1-r}$$

$$=\frac{a(1-r^5)}{1-r}\times(1+r^5+r^{10})$$

$$=5(1+3+3^2)=65 \qquad \text{답} \ ③$$

5-1

첫째항을 a, 공비를 r라 하면

$$S_{10}=\frac{a(1-r^{10})}{1-r}=2 \qquad \cdots\cdots ㉠$$

$$S_{20}=\frac{a(1-r^{20})}{1-r}=\frac{a(1-r^{10})(1+r^{10})}{1-r}=14 \qquad \cdots\cdots ㉡$$

㉠을 ㉡에 대입하면

$$2(1+r^{10})=14 \qquad \therefore r^{10}=6$$

$$\therefore S_{30}=\frac{a(1-r^{30})}{1-r}=\frac{a(1-r^{10})(1+r^{10}+r^{20})}{1-r}$$

$$=\frac{a(1-r^{10})}{1-r}\times(1+r^{10}+r^{20})$$

$$=2(1+6+6^2)=86 \qquad \text{답} \ ④$$

5-2

첫째항을 a, 공비를 r라 하면

$$S_n=\frac{a(1-r^n)}{1-r}=16 \qquad \cdots\cdots ㉠$$

$$S_{2n}=\frac{a(1-r^{2n})}{1-r}=\frac{a(1-r^n)(1+r^n)}{1-r}=24 \qquad \cdots\cdots ㉡$$

㉠을 ㉡에 대입하면

$$16(1+r^n)=24, \ 1+r^n=\frac{3}{2} \qquad \therefore r^n=\frac{1}{2}$$

$$\therefore a_{n+1}+a_{n+2}+a_{n+3}+\cdots+a_{3n}$$

$$=S_{3n}-S_n$$

$$=\frac{a(1-r^{3n})}{1-r}-16$$

$$=\frac{a(1-r^n)(1+r^n+r^{2n})}{1-r}-16$$

$$=\frac{a(1-r^n)}{1-r}\times(1+r^n+r^{2n})-16$$

$$=16\left\{1+\frac{1}{2}+\left(\frac{1}{2}\right)^2\right\}-16=12 \qquad \text{답} \ 12$$

유형 6

연이율 6 %, 1년마다의 복리로 매년 초에 30만 원씩 10년 동안 적립한 금액의 원리합계를 그림으로 나타내면 다음과 같다.

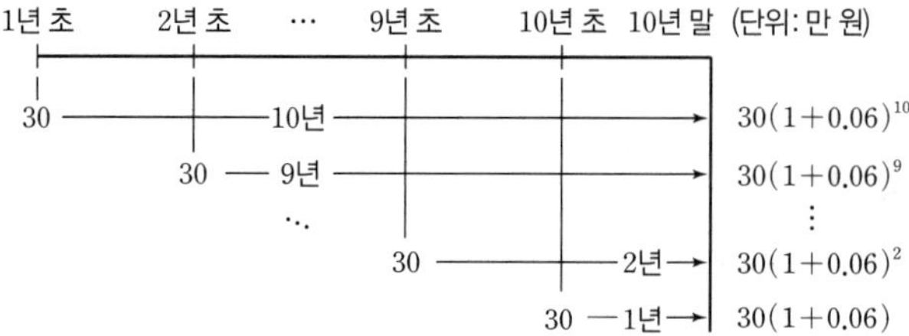

따라서 10년째 말의 적립금의 원리합계를 S라 하면
$$S=30(1+0.06)+30(1+0.06)^2+\cdots+30(1+0.06)^{10}$$
$$=\frac{30(1+0.06)\{(1+0.06)^{10}-1\}}{(1+0.06)-1}$$
$$=\frac{30\times1.06\times(1.8-1)}{0.06}=424(만 원)$$

답 ④

참고 연이율 r, 1년마다의 복리로 매년 a원씩 n년 동안 적립할 때, n년째 말의 적립금의 원리합계를 S_n이라 하면

(1) 매년 초에 적립할 때
$$S_n=a(1+r)+a(1+r)^2+a(1+r)^3+\cdots+a(1+r)^n$$
$$=\frac{a(1+r)\{(1+r)^n-1\}}{r}(원)$$

(2) 매년 말에 적립할 때
$$S_n=a+a(1+r)+a(1+r)^2+\cdots+a(1+r)^{n-1}$$
$$=\frac{a\{(1+r)^n-1\}}{r}(원)$$

6-1

연이율 5 %, 1년마다의 복리로 매년 말에 5만 원씩 12년 동안 적립한 금액의 원리합계를 그림으로 나타내면 다음과 같다.

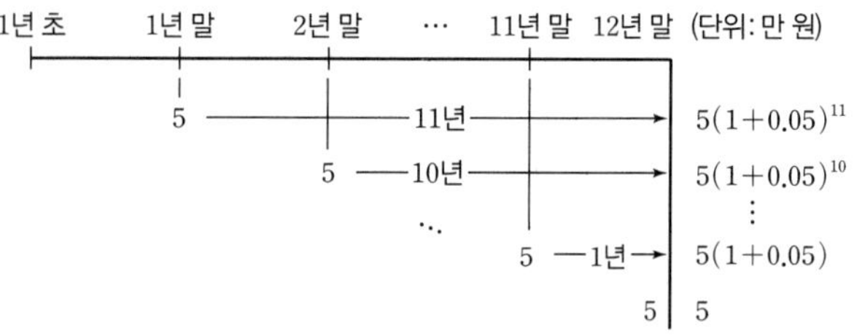

따라서 12년째 말의 적립금의 원리합계를 S라 하면
$$S=5+5(1+0.05)+5(1+0.05)^2+\cdots+5(1+0.05)^{11}$$
$$=\frac{5\{(1+0.05)^{12}-1\}}{(1+0.05)-1}$$
$$=\frac{5\times(1.8-1)}{0.05}=80(만 원)$$

답 ①

6-2

연이율 4 %의 복리로 매년 초에 a원씩 5년 동안 적립한 금액의 원리합계를 S라 하면
$$S=a(1+0.04)+a(1+0.04)^2+\cdots+a(1+0.04)^5$$
$$=\frac{a(1+0.04)\{(1+0.04)^5-1\}}{(1+0.04)-1}$$
$$=\frac{a\times1.04\times(1.2-1)}{0.04}=\frac{a\times1.04\times0.2}{0.04}(원)$$

이때 $S=1000000$이어야 하므로
$$\frac{a\times1.04\times0.2}{0.04}=1000000$$
$$\therefore a=\frac{1000000\times0.04}{1.04\times0.2}≒192000$$

따라서 매년 초에 192000원씩 적립해야 한다.

답 ③

교과서 문제 정복하기
▶ 본문 56~57쪽

01 ④	02 ④	03 ①	04 ②	05 ③
06 63	07 $\frac{25}{2}$	08 ③	09 ③	10 1010
11 $15\times\left(\frac{3}{4}\right)^8$ m		12 3069	13 $\frac{85}{16}$	
14 12520	15 $a_n=4n-5$		16 ④	

01

공차를 d라 하면 제 20 항이 83이므로
$$7+19d=83, \ 19d=76$$
$$\therefore d=4$$
따라서 주어진 등차수열의 공차는 4이다.

답 ④

02

첫째항을 a, 공차를 d라 하면
$$a_6=a+5d=15 \qquad \cdots\cdots ㉠$$
$a_3:a_9=1:9$에서 $a_9=9a_3$이므로
$$a+8d=9(a+2d), \ 4a+5d=0 \qquad \cdots\cdots ㉡$$
㉠, ㉡을 연립하여 풀면
$$a=-5, \ d=4$$
$$\therefore a_n=-5+(n-1)\times4=4n-9$$
$$\therefore a_{12}=4\times12-9=39$$

답 ④

03

공비를 r라 하면 제 4 항이 12이므로
$$-96\times r^3=12, \ r^3=-\frac{1}{8}$$
$$\therefore r=-\frac{1}{2} \ (\because r는 \ 실수)$$
따라서 주어진 등비수열의 공비는 $-\frac{1}{2}$이다.

답 ①

04

첫째항을 a, 공비를 r라 하면
$$a_3=ar^2=27 \qquad \cdots\cdots ㉠$$
$$a_7=ar^6=\frac{1}{3} \qquad \cdots\cdots ㉡$$
㉡÷㉠을 하면
$$r^4=\frac{1}{81} \qquad \therefore r=\frac{1}{3} \ (\because r>0)$$

$r=\dfrac{1}{3}$ 을 ㉠에 대입하면

$\dfrac{1}{9}a=27$ $\quad\therefore a=243$

$\therefore a_n=243\times\left(\dfrac{1}{3}\right)^{n-1}$

이때 $\dfrac{1}{81}$ 을 제 n 항이라 하면

$243\times\left(\dfrac{1}{3}\right)^{n-1}=\dfrac{1}{81}$, $\left(\dfrac{1}{3}\right)^{n-1}=\left(\dfrac{1}{3}\right)^{9}$

$n-1=9$ $\quad\therefore n=10$

따라서 $\dfrac{1}{81}$ 은 제 10 항이다. 답 ②

05

첫째항을 a, 공차를 d라 하면

$a_1+a_2+a_3=-12$에서

$a+(a+d)+(a+2d)=-12$

$3a+3d=-12$ $\quad\therefore a+d=-4$ ...... ㉠

$a_4+a_5+a_6=33$에서

$(a+3d)+(a+4d)+(a+5d)=33$

$3a+12d=33$ $\quad\therefore a+4d=11$ ...... ㉡

㉠, ㉡을 연립하여 풀면

$a=-9$, $d=5$

$\therefore a_n=-9+(n-1)\times5=5n-14$

이때 제 n 항에서 처음으로 70보다 커진다고 하면

$5n-14>70$ $\quad\therefore n>\dfrac{84}{5}=16.8$

그런데 n은 자연수이므로 처음으로 70보다 커지는 항은 제 17 항이다. 답 ③

06

등차수열 3, a, b, c, 243의 공차를 d라 하면

첫째항이 3, 제 5 항이 243이므로

$3+4d=243$ $\quad\therefore d=60$

이때 a는 제 2 항이므로

$a=3+60=63$ 답 63

07

등비수열 2, x, y, z, $\dfrac{625}{8}$의 공비를 r $(r>0)$라 하면

첫째항이 2, 제 5 항이 $\dfrac{625}{8}$이므로

$2\times r^4=\dfrac{625}{8}$, $r^4=\dfrac{625}{16}$

$\therefore r=\dfrac{5}{2}$ $(\because r>0)$

이때 y는 제 3 항이므로

$y=2\times\left(\dfrac{5}{2}\right)^2=\dfrac{25}{2}$ 답 $\dfrac{25}{2}$

2, x, y, z, $\dfrac{625}{8}$가 이 순서대로 등비수열을 이루므로 2, y, $\dfrac{625}{8}$ 도 이 순서대로 등비수열을 이룬다.

즉, y는 2와 $\dfrac{625}{8}$의 등비중항이므로

$y^2=2\times\dfrac{625}{8}=\dfrac{625}{4}$ $\quad\therefore y=\dfrac{25}{2}$ $(\because y>0)$

08

첫째항을 a, 공차를 d라 하면

$a_4=a+3d=11$

$a_8=a+7d=23$

두 식을 연립하여 풀면

$a=2$, $d=3$

따라서 첫째항부터 제 20 항까지의 합은

$\dfrac{20\{2\times2+(20-1)\times3\}}{2}=610$ 답 ③

09

공차를 d라 하면

$S_5=S_7$에서 $\dfrac{5(2\times15+4d)}{2}=\dfrac{7(2\times15+6d)}{2}$

$\therefore d=-\dfrac{30}{11}$

$\therefore a_n=15+(n-1)\times\left(-\dfrac{30}{11}\right)=-\dfrac{30}{11}n+\dfrac{195}{11}$

이때 $a_n<0$에서

$-\dfrac{30}{11}n+\dfrac{195}{11}<0$, $\dfrac{30}{11}n>\dfrac{195}{11}$ $\quad\therefore n>\dfrac{195}{30}=6.5$

따라서 자연수 n의 최솟값은 7이다. 답 ③

$S_5=S_7$에서 $S_7-S_5=0$

$\therefore a_6+a_7=0$

즉, $a_7=-a_6$이므로 제 6 항과 제 7 항의 부호는 서로 다르다.

이때 첫째항이 양수이므로 이 수열의 제 6 항까지는 양수이고, 제 7 항부터 음수이다.

따라서 $a_n<0$을 만족시키는 자연수 n의 최솟값은 7이다.

10

100 이하의 자연수 중에서 5로 나누었을 때의 나머지가 3인 수를 작은 수부터 차례대로 나열하면

3, 8, 13, 18, $\cdots$, 98

이것은 첫째항이 3, 공차가 5인 등차수열이고 98을 이 수열의 제 n 항이라 하면

$98=3+(n-1)\times5$ $\quad\therefore n=20$

따라서 첫째항이 3, 제 20 항이 98인 등차수열의 첫째항부터 제 20 항까지의 합은

$\dfrac{20\times(3+98)}{2}=1010$ 답 1010

11

n번째 튀어 오른 공의 높이를 a_n m라 하면

$a_1=15\times\dfrac{3}{4}$

$a_2=a_1\times\dfrac{3}{4}=15\times\left(\dfrac{3}{4}\right)^2$

$a_3=a_2\times\dfrac{3}{4}=15\times\left(\dfrac{3}{4}\right)^3$

$\qquad\vdots$

즉, 수열 $\{a_n\}$은 첫째항이 $15\times\dfrac{3}{4}$이고, 공비가 $\dfrac{3}{4}$인 등비수열

이므로

$a_n=15\times\dfrac{3}{4}\times\left(\dfrac{3}{4}\right)^{n-1}=15\times\left(\dfrac{3}{4}\right)^n$

따라서 $a_8=15\times\left(\dfrac{3}{4}\right)^8$이므로 8번째 튀어 오른 공의 높이는

$15\times\left(\dfrac{3}{4}\right)^8$ m이다.   **답** $15\times\left(\dfrac{3}{4}\right)^8$ m

12

첫째항을 a, 공비를 r라 하면

$a_2=ar=6$ ······ ㉠

$a_4=ar^3=24$ ······ ㉡

㉡÷㉠을 하면

$r^2=4$ $\therefore r=2\ (\because r>0)$

$r=2$를 ㉠에 대입하면

$2a=6$ $\therefore a=3$

따라서 등비수열 $\{a_n\}$의 첫째항부터 제 10 항까지의 합은

$\dfrac{3(2^{10}-1)}{2-1}=3069$ **답** 3069

13

n번째 시행에서 색칠하는 정사각형의 넓이를 a_n이라 하자.

첫 번째 시행에서 색칠하는 정사각형의 넓이는

$a_1=2^2=4$

두 번째 시행에서 색칠하는 정사각형의 넓이는 첫 번째 시행에

서 색칠한 정사각형의 넓이의 $\dfrac{1}{4}$이므로

$a_2=4\times\dfrac{1}{4}=1$

즉, 수열 $\{a_n\}$은 첫째항이 4, 공비가 $\dfrac{1}{4}$인 등비수열이므로

$a_n=4\times\left(\dfrac{1}{4}\right)^{n-1}$

따라서 4번째 시행 후 색칠한 정사각형의 넓이의 합은

$\dfrac{4\left\{1-\left(\dfrac{1}{4}\right)^4\right\}}{1-\dfrac{1}{4}}=\dfrac{16}{3}\times\dfrac{4^4-1}{4^4}$

$\qquad\qquad =\dfrac{16}{3}\times\dfrac{255}{256}=\dfrac{85}{16}$ **답** $\dfrac{85}{16}$

14

$S_n=5(5^n-1)$에서

$a_1=S_1=5\times(5-1)=20$

$a_5=S_5-S_4=5(5^5-1)-5(5^4-1)$

$\qquad =5^5\times(5-1)=12500$

$\therefore a_1+a_5=12520$ **답** 12520

15

$S_n=2n^2-3n$에서

(i) $n=1$일 때

$\qquad a_1=S_1=2\times1^2-3\times1=-1$

(ii) $n\geq2$일 때

$\qquad a_n=S_n-S_{n-1}$

$\qquad\quad =(2n^2-3n)-\{2(n-1)^2-3(n-1)\}$

$\qquad\quad =4n-5$ ······ ㉠

이때 $a_1=-1$은 ㉠에 $n=1$을 대입한 것과 같으므로

$a_n=4n-5$ **답** $a_n=4n-5$

[참고] 수열 $\{a_n\}$의 첫째항부터 제 n 항까지의 합 S_n에 대하여

$S_n=An^2+Bn+C\ (A,\ B,\ C$는 상수$)$일 때

① $C=0$이면 수열 $\{a_n\}$은 첫째항부터 등차수열을 이룬다.

② $C\neq0$이면 수열 $\{a_n\}$은 둘째항부터 등차수열을 이룬다.

16

연이율 $2\ \%$의 복리로 매년 말에 a만 원씩 6년 동안 적립한 금

액의 원리합계는

$a+a(1+0.02)+a(1+0.02)^2+\cdots+a(1+0.02)^5$

$=\dfrac{a(1.02^6-1)}{1.02-1}=\dfrac{a(1.1-1)}{0.02}$

$=\dfrac{a\times0.1}{0.02}=5a(만\ 원)$

이때 $5a=260$이므로 $a=52$ **답** ④

[09 수열의 합]

교과서 유형 흐름잡기

▶ 본문 59~61쪽

유형 **1** ③	**1**-1 ㄱ, ㄷ	**1**-2 ④
유형 **2** ②	**2**-1 ④	**2**-2 130
유형 **3** ③	**3**-1 ⑤	**3**-2 ④
유형 **4** ③	**4**-1 ①	**4**-2 1330
유형 **5** ①	**5**-1 ②	**5**-2 12
유형 **6** ②	**6**-1 $\sqrt{51}+4\sqrt{2}-1$	**6**-2 ③

유형 **1**

ㄱ. 수열 1, 4, 7, $\cdots$, 100은 첫째항이 1, 공차가 3인 등차수열
이므로 일반항을 a_n이라 하면

$a_n=1+(n-1)\times3=3n-2$

이때 $100=3\times34-2$이므로 100은 제34항이다.

$\therefore 1+4+7+\cdots+100=\sum_{k=1}^{34}(3k-2)$ (거짓)

ㄴ. 수열 1, 5, 5^2, 5^3, 5^4, 5^5은 첫째항이 1, 공비가 5인 등비수
열이므로 일반항을 a_n이라 하면

$a_n=1\times5^{n-1}=5^{n-1}$

이때 5^5은 제6항이므로

$1+5+5^2+5^3+5^4+5^5=\sum_{k=1}^{6}5^{k-1}$ (거짓)

ㄷ. $1+4+9+16+\cdots+100=1^2+2^2+3^2+4^2+\cdots+10^2$

$$=\sum_{k=1}^{10}k^2=\sum_{k=0}^{10}k^2\ (참)$$

따라서 옳은 것은 ㄷ뿐이다. **답** ③

1-1

ㄱ. $3+6+9+\cdots+30$

$=3\times1+3\times2+3\times3+\cdots+3\times10$

$=\sum_{k=1}^{10}3k$ (참)

ㄴ. 수열 1, 3, 5, $\cdots$, 51은 첫째항이 1, 공차가 2인 등차수열이
므로 일반항을 a_n이라 하면

$a_n=1+(n-1)\times2=2n-1$

이때 $51=2\times26-1$이므로 51은 제26항이다.

$\therefore 1+3+5+\cdots+51=\sum_{k=1}^{26}(2k-1)$ (거짓)

ㄷ. $1-1+1-1+1-1$

$=(-1)^0+(-1)^1+(-1)^2+(-1)^3+(-1)^4+(-1)^5$

$=\sum_{k=0}^{5}(-1)^k$ (참)

따라서 옳은 것은 ㄱ, ㄷ이다. **답** ㄱ, ㄷ

참고 수열 1, -1, 1, -1, 1, -1은 첫째항이 1, 공비가 -1
인 등비수열이므로

$1-1+1-1+1-1=\sum_{k=1}^{6}(-1)^{k-1}$

과 같이 나타낼 수도 있다.

1-2

④ $\dfrac{1}{2}\sum_{j=1}^{40}j=\dfrac{1}{2}(1+2+3+\cdots+40)$

이므로 주어진 수열의 합과 같지 않다. **답** ④

유형 **2**

$$\sum_{k=1}^{10}(2a_k-4b_k+3)=2\sum_{k=1}^{10}a_k-4\sum_{k=1}^{10}b_k+\sum_{k=1}^{10}3$$

$$=2\times25-4\times15+3\times10$$

$$=20$$

답 ②

2-1

$$\sum_{k=1}^{5}(2a_k-1)^2=\sum_{k=1}^{5}(4a_k{}^2-4a_k+1)$$

$$=4\sum_{k=1}^{5}a_k{}^2-4\sum_{k=1}^{5}a_k+\sum_{k=1}^{5}1$$

$$=4\times30-4\times10+5=85$$

답 ④

2-2

$\sum_{k=1}^{n}a_k=n^2$, $\sum_{k=1}^{n}b_k=-4n$에 $n=10$을 각각 대입하면

$\sum_{k=1}^{10}a_k=10^2=100$, $\sum_{k=1}^{10}b_k=-4\times10=-40$

$$\therefore \sum_{k=1}^{10}(3a_k+4b_k-1)=3\sum_{k=1}^{10}a_k+4\sum_{k=1}^{10}b_k-\sum_{k=1}^{10}1$$

$$=3\times100+4\times(-40)-10$$

$$=130$$

답 130

유형 **3**

$$\sum_{k=1}^{10}(k+3)^2-\sum_{k=1}^{10}(k-3)^2=\sum_{k=1}^{10}\{(k+3)^2-(k-3)^2\}$$

$$=\sum_{k=1}^{10}12k=12\sum_{k=1}^{10}k$$

$$=12\times\dfrac{10\times11}{2}$$

$$=660$$

답 ③

3-1

$$\sum_{k=1}^{10}\dfrac{k^3}{k+1}+\sum_{k=1}^{10}\dfrac{1}{k+1}=\sum_{k=1}^{10}\dfrac{k^3+1}{k+1}$$

$$=\sum_{k=1}^{10}\dfrac{(k+1)(k^2-k+1)}{k+1}$$

$$=\sum_{k=1}^{10}(k^2-k+1)$$

$$=\sum_{k=1}^{10}k^2-\sum_{k=1}^{10}k+\sum_{k=1}^{10}1$$

$$=\dfrac{10\times11\times21}{6}-\dfrac{10\times11}{2}+10$$

$$=385-55+10$$

$$=340$$

답 ⑤

3-2

$$\sum_{k=1}^{20}\frac{2+4+6+\cdots+2k}{10k}=\sum_{k=1}^{20}\frac{2(1+2+3+\cdots+k)}{10k}$$

$$=\sum_{k=1}^{20}\frac{2\times\frac{k(k+1)}{2}}{10k}$$

$$=\sum_{k=1}^{20}\frac{k+1}{10}$$

$$=\frac{1}{10}\sum_{k=1}^{20}(k+1)$$

이므로 $a=10$

$\dfrac{1}{10}\sum_{k=1}^{20}(k+1)=\dfrac{1}{10}\left(\dfrac{20\times21}{2}+20\right)=23$이므로

$b=23$

$\therefore a+b=10+23=33$ **답** ④

유형 **4**

수열 $1\times3,\ 2\times4,\ 3\times5,\ 4\times6,\ \cdots$의 일반항을 a_n이라 하면

$a_n=n(n+2)=n^2+2n$

따라서 수열 $\{a_n\}$의 첫째항부터 제 8 항까지의 합은

$$\sum_{k=1}^{8}a_k=\sum_{k=1}^{8}(k^2+2k)$$

$$=\sum_{k=1}^{8}k^2+2\sum_{k=1}^{8}k$$

$$=\frac{8\times9\times17}{6}+2\times\frac{8\times9}{2}$$

$$=204+72$$

$$=276$$ **답** ③

4-1

수열 $1^2,\ 3^2,\ 5^2,\ \cdots$의 일반항을 a_n이라 하면

$a_n=(2n-1)^2=4n^2-4n+1$

따라서 수열 $\{a_n\}$의 첫째항부터 제 12 항까지의 합은

$$\sum_{k=1}^{12}a_k=\sum_{k=1}^{12}(4k^2-4k+1)$$

$$=4\sum_{k=1}^{12}k^2-4\sum_{k=1}^{12}k+\sum_{k=1}^{12}1$$

$$=4\times\frac{12\times13\times25}{6}-4\times\frac{12\times13}{2}+12$$

$$=2600-312+12$$

$$=2300$$ **답** ①

4-2

수열 $1\times19,\ 2\times18,\ 3\times17,\ \cdots,\ 19\times1$의 일반항을 a_n이라 하면

$a_n=n(20-n)=-n^2+20n$

따라서 주어진 식은 수열 $\{a_n\}$의 첫째항부터 제 19 항까지의 합이므로

$1\times19+2\times18+3\times17+\cdots+19\times1$

$$=\sum_{k=1}^{19}(-k^2+20k)$$

$$=-\sum_{k=1}^{19}k^2+20\sum_{k=1}^{19}k$$

$$=-\frac{19\times20\times39}{6}+20\times\frac{19\times20}{2}$$

$$=-2470+3800$$

$$=1330$$ **답** 1330

유형 **5**

수열 $\dfrac{1}{3^2-1},\ \dfrac{1}{5^2-1},\ \dfrac{1}{7^2-1},\ \cdots$의 일반항을 a_n이라 하면

$$a_n=\frac{1}{(2n+1)^2-1}$$

$$=\frac{1}{4n^2+4n}$$

$$=\frac{1}{4}\times\frac{1}{n(n+1)}$$

$$=\frac{1}{4}\left(\frac{1}{n}-\frac{1}{n+1}\right)$$

따라서 수열 $\{a_n\}$의 첫째항부터 제 14 항까지의 합은

$$\sum_{k=1}^{14}a_k=\frac{1}{4}\sum_{k=1}^{14}\left(\frac{1}{k}-\frac{1}{k+1}\right)$$

$$=\frac{1}{4}\left\{\left(1-\frac{1}{2}\right)+\left(\frac{1}{2}-\frac{1}{3}\right)+\left(\frac{1}{3}-\frac{1}{4}\right)\right.$$

$$\left.+\cdots+\left(\frac{1}{14}-\frac{1}{15}\right)\right\}$$

$$=\frac{1}{4}\left(1-\frac{1}{15}\right)$$

$$=\frac{7}{30}$$ **답** ①

5-1

수열 $\dfrac{1}{1\times3},\ \dfrac{1}{3\times5},\ \dfrac{1}{5\times7},\ \cdots$의 일반항을 a_n이라 하면

$$a_n=\frac{1}{(2n-1)(2n+1)}$$

$$=\frac{1}{2}\left(\frac{1}{2n-1}-\frac{1}{2n+1}\right)$$

따라서 수열 $\{a_n\}$의 첫째항부터 제 15 항까지의 합은

$$\sum_{k=1}^{15}a_k=\frac{1}{2}\sum_{k=1}^{15}\left(\frac{1}{2k-1}-\frac{1}{2k+1}\right)$$

$$=\frac{1}{2}\left\{\left(1-\frac{1}{3}\right)+\left(\frac{1}{3}-\frac{1}{5}\right)+\left(\frac{1}{5}-\frac{1}{7}\right)\right.$$

$$\left.+\cdots+\left(\frac{1}{29}-\frac{1}{31}\right)\right\}$$

$$=\frac{1}{2}\left(1-\frac{1}{31}\right)=\frac{15}{31}$$ **답** ②

5-2

$$a_n=\frac{1}{n^2+3n+2}$$
$$=\frac{1}{(n+1)(n+2)}$$
$$=\frac{1}{n+1}-\frac{1}{n+2}$$

이므로

$$\sum_{k=1}^{n}a_k=\sum_{k=1}^{n}\left(\frac{1}{k+1}-\frac{1}{k+2}\right)$$
$$=\left(\frac{1}{2}-\frac{1}{3}\right)+\left(\frac{1}{3}-\frac{1}{4}\right)+\left(\frac{1}{4}-\frac{1}{5}\right)$$
$$+\cdots+\left(\frac{1}{n+1}-\frac{1}{n+2}\right)$$
$$=\frac{1}{2}-\frac{1}{n+2}=\frac{n}{2(n+2)}$$

즉, $\frac{n}{2(n+2)}=\frac{3}{7}$에서

$$7n=6(n+2) \qquad \therefore n=12$$

답 12

유형 6

수열 $\frac{1}{1+\sqrt{2}}$, $\frac{1}{\sqrt{2}+\sqrt{3}}$, $\frac{1}{\sqrt{3}+\sqrt{4}}$, $\cdots$의 일반항을 a_n이라 하면

$$a_n=\frac{1}{\sqrt{n}+\sqrt{n+1}}$$
$$=\frac{\sqrt{n}-\sqrt{n+1}}{(\sqrt{n}+\sqrt{n+1})(\sqrt{n}-\sqrt{n+1})}$$
$$=\sqrt{n+1}-\sqrt{n}$$

따라서 주어진 식은 수열 $\{a_n\}$의 첫째항부터 제 99 항까지의 합이므로

$$\frac{1}{1+\sqrt{2}}+\frac{1}{\sqrt{2}+\sqrt{3}}+\frac{1}{\sqrt{3}+\sqrt{4}}+\cdots+\frac{1}{\sqrt{99}+\sqrt{100}}$$
$$=\sum_{k=1}^{99}a_k=\sum_{k=1}^{99}(\sqrt{k+1}-\sqrt{k})$$
$$=(\sqrt{2}-1)+(\sqrt{3}-\sqrt{2})+(\sqrt{4}-\sqrt{3})+\cdots+(\sqrt{100}-\sqrt{99})$$
$$=-1+\sqrt{100}$$
$$=9$$

답 ②

6-1

$$\frac{2}{\sqrt{k}+\sqrt{k+2}}=\frac{2(\sqrt{k}-\sqrt{k+2})}{(\sqrt{k}+\sqrt{k+2})(\sqrt{k}-\sqrt{k+2})}$$
$$=\sqrt{k+2}-\sqrt{k}$$

이므로

$$\sum_{k=1}^{49}\frac{2}{\sqrt{k}+\sqrt{k+2}}=\sum_{k=1}^{49}(\sqrt{k+2}-\sqrt{k})$$
$$=(\sqrt{3}-1)+(\sqrt{4}-\sqrt{2})+(\sqrt{5}-\sqrt{3})$$
$$+\cdots+(\sqrt{50}-\sqrt{48})+(\sqrt{51}-\sqrt{49})$$
$$=-1-\sqrt{2}+\sqrt{50}+\sqrt{51}$$
$$=-1-\sqrt{2}+5\sqrt{2}+\sqrt{51}$$
$$=\sqrt{51}+4\sqrt{2}-1$$

답 $\sqrt{51}+4\sqrt{2}-1$

6-2

$a_n=1+(n-1)\times2=2n-1$이므로

$$\frac{1}{\sqrt{a_k}+\sqrt{a_{k+1}}}$$
$$=\frac{1}{\sqrt{2k-1}+\sqrt{2k+1}}$$
$$=\frac{\sqrt{2k-1}-\sqrt{2k+1}}{(\sqrt{2k-1}+\sqrt{2k+1})(\sqrt{2k-1}-\sqrt{2k+1})}$$
$$=\frac{\sqrt{2k+1}-\sqrt{2k-1}}{2}$$

$$\therefore \sum_{k=1}^{12}\frac{1}{\sqrt{a_k}+\sqrt{a_{k+1}}}$$
$$=\frac{1}{2}\sum_{k=1}^{12}(\sqrt{2k+1}-\sqrt{2k-1})$$
$$=\frac{1}{2}\{(\sqrt{3}-1)+(\sqrt{5}-\sqrt{3})+(\sqrt{7}-\sqrt{5})$$
$$+\cdots+(\sqrt{25}-\sqrt{23})\}$$
$$=\frac{1}{2}(-1+\sqrt{25})=2$$

답 ③

교과서 문제 정복하기

> 본문 62~63쪽

01 ⑤	02 ④	03 ⑤	04 ②	05 ②
06 4	07 ①	08 ⑤	09 285	
10 $\frac{10^{n+1}-9n-10}{81}$	11 4	12 $\frac{36}{55}$	13 ①	
14 ③	15 82	16 2000		

01

$\sum_{k=2}^{50}a_k=4$에서

$$a_2+a_3+a_4+\cdots+a_{50}=4 \qquad \cdots\cdots \text{㉠}$$

$\sum_{k=1}^{49}a_k=2$에서

$$a_1+a_2+a_3+\cdots+a_{49}=2 \qquad \cdots\cdots \text{㉡}$$

㉠-㉡을 하면

$$a_{50}-a_1=4-2=2$$

답 ⑤

02

ㄱ. $\sum_{k=1}^{n}k^2=1^2+2^2+3^2+\cdots+n^2$

$$\sum_{k=0}^{n-1}(k+1)^2=1^2+2^2+3^2+\cdots+n^2$$

$$\therefore \sum_{k=1}^{n}k^2=\sum_{k=0}^{n-1}(k+1)^2 \ (\text{참})$$

ㄴ. $\sum_{k=1}^{n}3^k=3+3^2+3^3+\cdots+3^n$

$$\sum_{k=2}^{n+1}3^k=3^2+3^3+3^4+\cdots+3^{n+1}$$

$$\therefore \sum_{k=1}^{n}3^k\neq\sum_{k=2}^{n+1}3^k \ (\text{거짓})$$

ㄷ. $\displaystyle\sum_{i=1}^{m-1} a_i + \sum_{j=m}^{n} a_j$

$\quad = (a_1 + a_2 + a_3 + \cdots + a_{m-1})$

$\qquad\qquad\qquad + (a_m + a_{m+1} + a_{m+2} + \cdots + a_n)$

$\quad = \displaystyle\sum_{k=1}^{n} a_k \ (\text{참})$

따라서 옳은 것은 ㄱ, ㄷ이다.   답 ④

03

$\displaystyle\sum_{k=1}^{6} 3^{k-1} = \frac{1 \times (3^6 - 1)}{3 - 1} = \frac{729 - 1}{2} = 364$ 답 ⑤

04

$\displaystyle\sum_{k=1}^{n} (a_{2k-1} + a_{2k})$

$= (a_1 + a_2) + (a_3 + a_4) + (a_5 + a_6) + \cdots + (a_{2n-1} + a_{2n})$

$= \displaystyle\sum_{k=1}^{2n} a_k$

즉, $\displaystyle\sum_{k=1}^{2n} a_k = 3n$이므로 이 식의 양변에 $n = 10$을 대입하면

$\displaystyle\sum_{k=1}^{20} a_k = 3 \times 10 = 30$ 답 ②

05

$\displaystyle\sum_{k=1}^{8} (2a_k + b_k) = 20$에서 $2\displaystyle\sum_{k=1}^{8} a_k + \sum_{k=1}^{8} b_k = 20$ ⋯⋯ ㉠

$\displaystyle\sum_{k=1}^{8} (a_k - b_k) = 7$에서 $\displaystyle\sum_{k=1}^{8} a_k - \sum_{k=1}^{8} b_k = 7$ ⋯⋯ ㉡

㉠, ㉡을 연립하여 풀면

$\displaystyle\sum_{k=1}^{8} a_k = 9, \quad \sum_{k=1}^{8} b_k = 2$

$\therefore \displaystyle\sum_{k=1}^{8} (a_k + b_k) = \sum_{k=1}^{8} a_k + \sum_{k=1}^{8} b_k = 9 + 2 = 11$ 답 ②

06

$\displaystyle\sum_{k=6}^{10} a_k = \sum_{k=1}^{10} a_k - \sum_{k=1}^{5} a_k = 30 - 16 = 14$

$\displaystyle\sum_{k=6}^{10} b_k = \sum_{k=1}^{10} b_k - \sum_{k=1}^{5} b_k = 20 - (-4) = 24$

$\therefore \displaystyle\sum_{k=6}^{10} (2a_k - b_k) = 2\displaystyle\sum_{k=6}^{10} a_k - \sum_{k=6}^{10} b_k$

$\qquad\qquad\qquad = 2 \times 14 - 24 = 4$ 답 4

07

$\displaystyle\sum_{k=1}^{10} (2k + a) = 2\displaystyle\sum_{k=1}^{10} k + \sum_{k=1}^{10} a$

$\qquad\qquad\quad = 2 \times \dfrac{10 \times 11}{2} + 10a$

$\qquad\qquad\quad = 110 + 10a$

즉, $110 + 10a = 80$에서 $10a = -30$ $\therefore a = -3$ 답 ①

08

$\displaystyle\sum_{k=1}^{10} \left(\sum_{j=1}^{5} jk \right) = \sum_{k=1}^{10} \left(k \sum_{j=1}^{5} j \right)$

$\qquad\qquad\quad = \displaystyle\sum_{k=1}^{10} \left(k \times \dfrac{5 \times 6}{2} \right)$

$\qquad\qquad\quad = 15 \displaystyle\sum_{k=1}^{10} k$

$\qquad\qquad\quad = 15 \times \dfrac{10 \times 11}{2}$

$\qquad\qquad\quad = 825$ 답 ⑤

09

위에서부터 각 층의 블록의 개수는

$1^2, \ 2^2, \ 3^2, \ \cdots$

따라서 9층 탑을 만들었을 때 모든 블록의 개수는 각 층의 블록의 개수의 합이므로

$1^2 + 2^2 + 3^2 + \cdots + 9^2 = \displaystyle\sum_{k=1}^{9} k^2$

$\qquad\qquad\qquad\qquad = \dfrac{9 \times 10 \times 19}{6}$

$\qquad\qquad\qquad\qquad = 285$ 답 285

10

수열 $1, \ 11, \ 111, \ \cdots, \ \underbrace{111\cdots1}_{n개}$의 일반항을 a_n이라 하면

$a_n = \underbrace{111\cdots1}_{n개}$

$\quad = 1 + 10 + 10^2 + \cdots + 10^{n-1}$

$\quad = \dfrac{1 \times (10^n - 1)}{10 - 1} = \dfrac{10^n - 1}{9}$

$\therefore 1 + 11 + 111 + \cdots + \underbrace{111\cdots1}_{n개}$

$= \displaystyle\sum_{k=1}^{n} a_k = \sum_{k=1}^{n} \dfrac{10^k - 1}{9} = \dfrac{1}{9} \sum_{k=1}^{n} (10^k - 1)$

$= \dfrac{1}{9} \left\{ \dfrac{10(10^n - 1)}{10 - 1} - n \right\}$

$= \dfrac{10^{n+1} - 9n - 10}{81}$ 답 $\dfrac{10^{n+1} - 9n - 10}{81}$

11

$\displaystyle\sum_{k=1}^{80} \log_3 \left(1 + \dfrac{1}{k} \right)$

$= \displaystyle\sum_{k=1}^{80} \log_3 \dfrac{k+1}{k}$

$= \log_3 \dfrac{2}{1} + \log_3 \dfrac{3}{2} + \log_3 \dfrac{4}{3} + \cdots + \log_3 \dfrac{81}{80}$

$= \log_3 \left(\dfrac{2}{1} \times \dfrac{3}{2} \times \dfrac{4}{3} \times \cdots \times \dfrac{81}{80} \right)$

$= \log_3 81 = \log_3 3^4 = 4$ 답 4

12

수열 $\dfrac{1}{3}$, $\dfrac{1}{3+5}$, $\dfrac{1}{3+5+7}$, $\cdots$의 일반항을 a_n이라 하면

$$a_n=\dfrac{1}{3+5+7+\cdots+(2n+1)}$$

$$=\dfrac{1}{n^2+2n}=\dfrac{1}{n(n+2)}$$

$$=\dfrac{1}{2}\left(\dfrac{1}{n}-\dfrac{1}{n+2}\right)$$

따라서 수열 $\{a_n\}$의 첫째항부터 제 9 항까지의 합은

$$\sum_{k=1}^{9}a_k=\dfrac{1}{2}\sum_{k=1}^{9}\left(\dfrac{1}{k}-\dfrac{1}{k+2}\right)$$

$$=\dfrac{1}{2}\left\{\left(1-\dfrac{1}{3}\right)+\left(\dfrac{1}{2}-\dfrac{1}{4}\right)+\left(\dfrac{1}{3}-\dfrac{1}{5}\right)\right.$$

$$\left.+\cdots+\left(\dfrac{1}{8}-\dfrac{1}{10}\right)+\left(\dfrac{1}{9}-\dfrac{1}{11}\right)\right\}$$

$$=\dfrac{1}{2}\left(1+\dfrac{1}{2}-\dfrac{1}{10}-\dfrac{1}{11}\right)=\dfrac{36}{55}$$ 　　답 $\dfrac{36}{55}$

참고 $3+5+7+\cdots+(2n+1)=\displaystyle\sum_{k=1}^{n}(2k+1)$

$$=2\times\dfrac{n(n+1)}{2}+n$$

$$=n^2+2n$$

13

$$\dfrac{3}{\sqrt{3k+1}+\sqrt{3k+4}}$$

$$=\dfrac{3(\sqrt{3k+1}-\sqrt{3k+4})}{(\sqrt{3k+1}+\sqrt{3k+4})(\sqrt{3k+1}-\sqrt{3k+4})}$$

$$=\sqrt{3k+4}-\sqrt{3k+1}$$

이므로

$$\sum_{k=1}^{n}\dfrac{3}{\sqrt{3k+1}+\sqrt{3k+4}}$$

$$=\sum_{k=1}^{n}(\sqrt{3k+4}-\sqrt{3k+1})$$

$$=(\sqrt{7}-\sqrt{4})+(\sqrt{10}-\sqrt{7})+(\sqrt{13}-\sqrt{10})$$

$$+\cdots+(\sqrt{3n+4}-\sqrt{3n+1})$$

$$=-\sqrt{4}+\sqrt{3n+4}$$

$$=-2+\sqrt{3n+4}$$

즉, $-2+\sqrt{3n+4}=6$에서 $\sqrt{3n+4}=8$

$3n+4=64$, $3n=60$

$\therefore n=20$ 　　답 ①

14

수열 $\{a_n\}$의 첫째항부터 제 n 항까지의 합을 S_n이라 하면

$$S_n=\sum_{k=1}^{n}a_k=n^2-2n$$

(i) $n=1$일 때,

$$a_1=S_1=-1$$

(ii) $n\geq2$일 때,

$$a_n=S_n-S_{n-1}$$

$$=(n^2-2n)-\{(n-1)^2-2(n-1)\}$$

$$=2n-3$$ 　　　　　$\cdots\cdots$ ㉠

이때 $a_1=-1$은 ㉠에 $n=1$을 대입한 것과 같으므로

$$a_n=2n-3$$

따라서 $a_{2k}=2\times2k-3=4k-3$이므로

$$\sum_{k=1}^{10}a_{2k}=\sum_{k=1}^{10}(4k-3)$$

$$=4\sum_{k=1}^{10}k-\sum_{k=1}^{10}3$$

$$=4\times\dfrac{10\times11}{2}-3\times10$$

$$=220-30=190$$ 　　답 ③

15

위에서 n번째 줄에 나열된 수의 개수는 $2n-1$이므로 위에서 9번째 줄까지 나열된 수의 개수는

$$\sum_{k=1}^{9}(2k-1)=2\sum_{k=1}^{9}k-\sum_{k=1}^{9}1=2\times\dfrac{9\times10}{2}-9=81$$

따라서 위에서 10번째 줄의 왼쪽에서 첫 번째에 있는 수는 82 이다. 　　답 82

16

같은 수끼리 묶어서 생각해 보면 도형에 채운 모든 수의 합은

$$2+(4+4)+(6+6+6)+\cdots+(\underbrace{20+20+\cdots+20}_{10\text{개}})$$

$$+\cdots+(34+34+34)+(36+36)+38$$

$$=(2+38)+\{(4+4)+(36+36)\}$$

$$+\{(6+6+6)+(34+34+34)\}$$

$$+\cdots+(\underbrace{20+20+20+\cdots+20}_{10\text{개}})$$

$$=40+(40+40)+(40+40+40)$$

$$+\cdots+(\underbrace{20+20+20+\cdots+20}_{10\text{개}})$$

$$=40\times1+40\times2+40\times3+\cdots+40\times9+20\times10$$

$$=40(1+2+3+\cdots+9)+200$$

$$=40\sum_{k=1}^{9}k+200$$

$$=40\times\dfrac{9\times10}{2}+200$$

$$=2000$$ 　　답 2000

10 수학적 귀납법

유형 1

$a_1=2,\ a_{n+1}=a_n+3$이므로 수열 $\{a_n\}$은 첫째항이 2, 공차가 3인 등차수열이다.

$\therefore a_n=2+(n-1)\times3=3n-1$

따라서 수열 $\{a_n\}$의 제10항은

$a_{10}=3\times10-1=29$　　　　답 ①

1-1

$a_1=6,\ a_{n+1}=3a_n$이므로 수열 $\{a_n\}$은 첫째항이 6, 공비가 3인 등비수열이다.

$\therefore a_n=6\times3^{n-1}$

따라서 수열 $\{a_n\}$의 제15항은

$a_{15}=6\times3^{15-1}=2\times3^{15}$　　　　답 ③

참고 $a_{n+1}=ra_n$으로 정의된 수열 $\{a_n\}$은 공비가 r인 등비수열이다.

1-2

$2a_{n+1}=a_n+a_{n+2}$이므로 수열 $\{a_n\}$은 등차수열이다.

$a_1=3,\ a_2=5$에서 $a_2-a_1=5-3=2$이므로 수열 $\{a_n\}$은 첫째항이 3, 공차가 2인 등차수열이다.

$\therefore a_n=3+(n-1)\times2=2n+1$

따라서 $a_5=11,\ a_6=13,\ a_7=15$이므로

$a_5+a_6+a_7=11+13+15=39$　　　　답 ⑤

유형 2

$a_{n+1}=a_n+2n$의 n에 1, 2, 3, 4, 5를 차례로 대입하면

$a_2=a_1+2\times1=1+2=3$

$a_3=a_2+2\times2=3+4=7$

$a_4=a_3+2\times3=7+6=13$

$a_5=a_4+2\times4=13+8=21$

$a_6=a_5+2\times5=21+10=31$

$\therefore a_4+a_6=13+31=44$　　　　답 ①

2-1

$a_{n+1}=\dfrac{n}{n+1}a_n$의 n에 1, 2, 3, 4, 5, 6을 차례로 대입하면

$a_2=\dfrac{1}{2}a_1=\dfrac{1}{2}\times1=\dfrac{1}{2}$

$a_3=\dfrac{2}{3}a_2=\dfrac{2}{3}\times\dfrac{1}{2}=\dfrac{1}{3}$

$a_4=\dfrac{3}{4}a_3=\dfrac{3}{4}\times\dfrac{1}{3}=\dfrac{1}{4}$

$a_5=\dfrac{4}{5}a_4=\dfrac{4}{5}\times\dfrac{1}{4}=\dfrac{1}{5}$

$a_6=\dfrac{5}{6}a_5=\dfrac{5}{6}\times\dfrac{1}{5}=\dfrac{1}{6}$

$a_7=\dfrac{6}{7}a_6=\dfrac{6}{7}\times\dfrac{1}{6}=\dfrac{1}{7}$

$\therefore 2a_7=2\times\dfrac{1}{7}=\dfrac{2}{7}$　　　　답 ④

2-2

$a_{n+1}-a_n=2^{n+1}$에서 $a_{n+1}=a_n+2^{n+1}$

위의 식의 n에 1, 2, 3, $\cdots$, $n-1$을 차례로 대입하면

$a_2=a_1+2^2=1+2^2$

$a_3=a_2+2^3=1+2^2+2^3$

$a_4=a_3+2^4=1+2^2+2^3+2^4$

$\vdots$

$\therefore a_n=a_{n-1}+2^n$

$=1+2^2+2^3+2^4+\cdots+2^{n-1}+2^n$

$=1+\dfrac{2^2\times(2^{n-1}-1)}{2-1}=2^{n+1}-3$

$a_k=509$에서 $2^{k+1}-3=509$

$2^{k+1}=512=2^9,\ k+1=9$　　$\therefore k=8$　　　　답 8

유형 3

$a_{n+1}=4a_n+3$의 n에 1, 2, 3, 4, 5를 차례로 대입하면

$a_2=4a_1+3=4\times2+3$

$a_3=4a_2+3=4(4\times2+3)+3$

$=4^2\times2+4\times3+3$

$a_4=4a_3+3=4(4^2\times2+4\times3+3)+3$

$=4^3\times2+4^2\times3+4\times3+3$

$\vdots$

$a_6=4a_5+3$

$=4^5\times2+4^4\times3+4^3\times3+4^2\times3+4\times3+3$

$=4^5\times2+3(4^4+4^3+4^2+4+1)$

$=4^5\times2+3\times\dfrac{4^5-1}{4-1}=4^5\times3-1$

$\therefore a_6+1=4^5\times3=3072$　　　　답 ③

다른 풀이

$a_{n+1}=4a_n+3$에서 $a_{n+1}+1=4(a_n+1)$이므로

수열 $\{a_n+1\}$은 첫째항이 $a_1+1=2+1=3$, 공비가 4인 등비수열이다. 즉, $a_n+1=3\times4^{n-1}$

$\therefore a_6+1=3\times4^5=3072$

[참고] $a_{n+1}=pa_n+q\,(p\neq1,\ pq\neq0)$ 꼴로 정의된 수열 $\{a_n\}$은 $a_{n+1}-\alpha=p(a_n-\alpha)$ 꼴로 변형하여 일반항을 구할 수 있다.

3-1

$a_{n+1}=2a_n+3$의 n에 1, 2, 3, $\cdots$, 8을 차례로 대입하면

$a_2=2a_1+3=2\times1+3$

$a_3=2a_2+3=2(2\times1+3)+3$

$\quad=2^2\times1+2\times3+3$

$a_4=2a_3+3=2(2^2\times1+2\times3+3)+3$

$\quad=2^3\times1+2^2\times3+2\times3+3$

$\quad\quad\vdots$

$a_9=2a_8+3$

$\quad=2^8\times1+2^7\times3+2^6\times3+\cdots+2\times3+3$

$\quad=2^8+3(2^7+2^6+\cdots+2+1)$

$\quad=2^8+3\times\dfrac{2^8-1}{2-1}$

$\quad=4\times2^8-3=2^{10}-3$

$\therefore a_9+3=2^{10}=1024$ 🔲 ①

3-2

$3a_{n+1}-a_n-6=0$에서 $a_{n+1}=\dfrac{1}{3}a_n+2$

위의 식의 n에 1, 2, 3, $\cdots$, $n-1$을 차례로 대입하면

$a_2=\dfrac{1}{3}a_1+2=\dfrac{1}{3}\times4+2$

$a_3=\dfrac{1}{3}a_2+2=\dfrac{1}{3}\left(\dfrac{1}{3}\times4+2\right)+2$

$\quad=\left(\dfrac{1}{3}\right)^2\times4+\dfrac{1}{3}\times2+2$

$a_4=\dfrac{1}{3}a_3+2=\dfrac{1}{3}\left\{\left(\dfrac{1}{3}\right)^2\times4+\dfrac{1}{3}\times2+2\right\}+2$

$\quad=\left(\dfrac{1}{3}\right)^3\times4+\left(\dfrac{1}{3}\right)^2\times2+\dfrac{1}{3}\times2+2$

$\quad\quad\vdots$

$\therefore a_n=\left(\dfrac{1}{3}\right)^{n-1}\times4+\left(\dfrac{1}{3}\right)^{n-2}\times2+\left(\dfrac{1}{3}\right)^{n-3}\times2$

$\quad\quad\quad\quad\quad\quad\quad\quad+\cdots+\dfrac{1}{3}\times2+2$

$\quad=\left(\dfrac{1}{3}\right)^{n-1}\times4+2\left\{\left(\dfrac{1}{3}\right)^{n-2}+\left(\dfrac{1}{3}\right)^{n-3}+\cdots+\dfrac{1}{3}+1\right\}$

$\quad=\left(\dfrac{1}{3}\right)^{n-1}\times4+2\times\dfrac{1-\left(\dfrac{1}{3}\right)^{n-1}}{1-\dfrac{1}{3}}$

$\quad=\left(\dfrac{1}{3}\right)^{n-1}\times4+3\left\{1-\left(\dfrac{1}{3}\right)^{n-1}\right\}$

$\quad=\left(\dfrac{1}{3}\right)^{n-1}+3$

따라서 $p=\dfrac{1}{3}$, $q=3$이므로 $pq=1$ 🔲 1

첫 번째 시행 후 그릇에 남아 있는 물의 양 a_1 L는 18 L의 $\dfrac{1}{3}$을 버리고 1 L를 새로 넣은 양이므로

$a_1=18\times\dfrac{2}{3}+1=13$

또한, $(n+1)$번째 시행 후 그릇에 남아 있는 물의 양 a_{n+1} L는 n번째 시행 후 그릇에 남아 있는 물의 양 a_n L의 $\dfrac{1}{3}$을 버리고 1 L의 물을 새로 넣은 양이므로

$a_{n+1}=\dfrac{2}{3}a_n+1\ (n=1,\,2,\,3,\cdots)$

🔲 $a_1=13,\ a_{n+1}=\dfrac{2}{3}a_n+1\ (n=1,\,2,\,3,\cdots)$

[참고] $\dfrac{1}{3}$을 버리면 그릇에 남아 있는 물의 양은 $\dfrac{2}{3}$이다.

4-1

1일 후 물탱크에 남아 있는 물의 양 a_1 L는 100 L의 10 %, 즉 $\dfrac{1}{10}$을 퍼내고 2 L의 물을 새로 넣은 양이므로

$a_1=100\times\dfrac{9}{10}+2=92$

또한, $(n+1)$일 후 물탱크에 남아 있는 물의 양 a_{n+1} L는 n일 후 물탱크에 남아 있는 물의 양 a_n L의 $\dfrac{1}{10}$을 퍼내고 2 L의 물을 새로 넣은 양이므로

$a_{n+1}=\dfrac{9}{10}a_n+2\ (n=1,\,2,\,3,\cdots)$

🔲 $a_1=92,\ a_{n+1}=\dfrac{9}{10}a_n+2\ (n=1,\,2,\,3,\cdots)$

4-2

1시간 후 살아 있는 미생물의 수 a_1은 10마리에서 3마리가 죽고 나머지는 각각 2마리로 분열한 수이므로

$a_1=2\times(10-3)=14$

또한, $(n+1)$시간 후 살아 있는 미생물의 수 a_{n+1}은 n시간 후 살아 있는 미생물의 수 a_n에서 3마리가 죽고 나머지는 각각 2마리로 분열한 수이므로

$a_{n+1}=2(a_n-3)$

$\therefore a_{n+1}=2a_n-6\ (n=1,\,2,\,3,\cdots)$

🔲 $a_1=14,\ a_{n+1}=2a_n-6\ (n=1,\,2,\,3,\cdots)$

(i) $n=1$일 때,

$\quad$(좌변)$=\dfrac{1}{1\times2}=\dfrac{1}{2}$, (우변)$=\dfrac{1}{1+1}=\dfrac{1}{2}$

이므로 ㉠이 성립한다.

(ii) $n=k$일 때 ㉠이 성립한다고 가정하면
$$\frac{1}{1\times2}+\frac{1}{2\times3}+\frac{1}{3\times4}+\cdots+\frac{1}{k(k+1)}=\frac{k}{k+1}$$
$$\cdots\cdots \text{㉡}$$

㉡의 양변에 $\boxed{\dfrac{1}{(k+1)(k+2)}}$ 을 더하면

$$\frac{1}{1\times2}+\frac{1}{2\times3}+\frac{1}{3\times4}$$
$$+\cdots+\frac{1}{k(k+1)}+\boxed{\frac{1}{(k+1)(k+2)}}$$
$$=\frac{k}{k+1}+\boxed{\frac{1}{(k+1)(k+2)}}=\frac{k(k+2)+1}{(k+1)(k+2)}$$
$$=\frac{(k+1)^2}{(k+1)(k+2)}=\boxed{\frac{k+1}{k+2}}$$

따라서 $n=k+1$일 때도 ㉠이 성립한다.

(i), (ii)에서 모든 자연수 n에 대하여 ㉠이 성립한다.

답 ⑤

5-1

(i) $n=1$일 때,
$$\text{(좌변)}=1^2=1,\ \text{(우변)}=\frac{1}{6}\times1\times2\times3=1$$
이므로 ㉠이 성립한다.

(ii) $n=k$일 때 ㉠이 성립한다고 가정하면
$$1^2+2^2+3^2+\cdots+k^2=\frac{1}{6}k(k+1)(2k+1)$$

위의 등식의 양변에 $\boxed{(k+1)^2}$ 을 더하면
$$1^2+2^2+3^2+\cdots+k^2+\boxed{(k+1)^2}$$
$$=\frac{1}{6}k(k+1)(2k+1)+\boxed{(k+1)^2}$$
$$=\frac{1}{6}(k+1)\{k(2k+1)+6(k+1)\}$$
$$=\frac{1}{6}(k+1)(2k^2+7k+6)$$
$$=\boxed{\frac{1}{6}(k+1)(k+2)(2k+3)}$$
$$=\frac{1}{6}(k+1)\{(k+1)+1\}\{2(k+1)+1\}$$

따라서 $n=k+1$일 때도 ㉠이 성립한다.

(i), (ii)에서 모든 자연수 n에 대하여 ㉠이 성립한다.

답 ㈎ $(k+1)^2$ ㈏ $\dfrac{1}{6}(k+1)(k+2)(2k+3)$

5-2

$$1+\frac{1}{2}+\frac{1}{3}+\cdots+\frac{1}{n}>\frac{2n}{n+1}\qquad\cdots\cdots\text{㉠}$$

(i) $n=2$일 때,
$$\text{(좌변)}=1+\frac{1}{2}=\frac{3}{2},\ \text{(우변)}=\frac{2\times2}{2+1}=\frac{4}{3}$$
이므로 ㉠이 성립한다.

(ii) $n=k\ (k\geq2)$일 때 ㉠이 성립한다고 가정하면
$$1+\frac{1}{2}+\frac{1}{3}+\cdots+\frac{1}{k}>\frac{2k}{k+1}\qquad\cdots\cdots\text{㉡}$$

㉡의 양변에 $\dfrac{1}{k+1}$ 을 더하면
$$1+\frac{1}{2}+\frac{1}{3}+\cdots+\frac{1}{k}+\frac{1}{k+1}>\frac{2k}{k+1}+\frac{1}{k+1}=\frac{2k+1}{k+1}$$
이때
$$\frac{2k+1}{k+1}-\frac{2(k+1)}{k+2}=\frac{(2k+1)(k+2)-2(k+1)^2}{(k+1)(k+2)}$$
$$=\frac{k}{(k+1)(k+2)}>0$$
이므로 $\dfrac{2k+1}{k+1}>\dfrac{2(k+1)}{k+2}$

$$\therefore 1+\frac{1}{2}+\frac{1}{3}+\cdots+\frac{1}{k}+\frac{1}{k+1}>\frac{2(k+1)}{k+2}$$

따라서 $n=k+1$일 때도 ㉠이 성립한다.

(i), (ii)에서 $n\geq2$인 모든 자연수 n에 대하여 ㉠이 성립한다.

답 풀이 참조

교과서 문제 정복하기　　　▶ 본문 68~69쪽

01 $\dfrac{1}{32}$	02 ①	03 ③	04 제50항
05 ①	06 제9항	07 ⑤	08 6
09 $p=\dfrac{4}{5},\ q=2$			
10 $a_{n+1}=a_n+3(n+1)\ (n=1,2,3,\cdots)$			11 128
12 ⑤	13 $\dfrac{1}{2}$	14 풀이 참조	

01

$a_{n+1}{}^2=a_na_{n+2}$이므로 수열 $\{a_n\}$은 등비수열이다.

$a_1=2,\ a_2=1$에서 $\dfrac{a_2}{a_1}=\dfrac{1}{2}$이므로 수열 $\{a_n\}$은 첫째항이 2, 공비가 $\dfrac{1}{2}$인 등비수열이다.

$$\therefore a_n=2\times\left(\frac{1}{2}\right)^{n-1}$$

따라서 $a_4=2\times\left(\dfrac{1}{2}\right)^3=\dfrac{1}{4}$, $a_5=2\times\left(\dfrac{1}{2}\right)^4=\dfrac{1}{8}$이므로

$$a_4a_5=\frac{1}{4}\times\frac{1}{8}=\frac{1}{32}$$

답 $\dfrac{1}{32}$

02

$a_{n+2}-a_{n+1}=a_{n+1}-a_n$이므로 수열 $\{a_n\}$은 등차수열이다.

$a_1=1$, $a_2=-2$에서 $a_2-a_1=-2-1=-3$이므로 수열 $\{a_n\}$은 첫째항이 1, 공차가 -3인 등차수열이다.

$\therefore a_n=1+(n-1)\times(-3)=-3n+4$

$a_k=-101$에서 $-3k+4=-101$

$-3k=-105 \qquad \therefore k=35$ 🔲 ①

03

$a_1=10$, $a_{n+1}=a_n+2$이므로 수열 $\{a_n\}$은 첫째항이 10, 공차가 2인 등차수열이다.

$\therefore a_n=10+(n-1)\times 2=2n+8$

$a_n>200$에서 $2n+8>200$

$2n>192 \qquad \therefore n>96$

따라서 구하는 자연수 n의 최솟값은 97이다. 🔲 ③

04

$a_{n+1}=a_n+\dfrac{1}{n(n+1)}$, 즉 $a_{n+1}=a_n+\dfrac{1}{n}-\dfrac{1}{n+1}$의 n에 1, 2, 3, $\cdots$, $n-1$을 차례로 대입하면

$a_2=a_1+1-\dfrac{1}{2}=1+1-\dfrac{1}{2}=2-\dfrac{1}{2}$

$a_3=a_2+\dfrac{1}{2}-\dfrac{1}{3}=2-\dfrac{1}{2}+\dfrac{1}{2}-\dfrac{1}{3}$

$\quad =2-\dfrac{1}{3}$

$a_4=a_3+\dfrac{1}{3}-\dfrac{1}{4}=2-\dfrac{1}{3}+\dfrac{1}{3}-\dfrac{1}{4}$

$\quad =2-\dfrac{1}{4}$

$\qquad \vdots$

$\therefore a_n=2-\dfrac{1}{n}=\dfrac{2n-1}{n}$

$\dfrac{99}{50}$를 제 k 항이라 하면 $\dfrac{2k-1}{k}=\dfrac{99}{50}$

$50(2k-1)=99k \qquad \therefore k=50$

따라서 $\dfrac{99}{50}$는 제 50 항이다. 🔲 제 50 항

05

$a_{n+1}=2^n a_n$의 n에 1, 2, 3, $\cdots$, 9를 차례로 대입하면

$a_2=2^1\times a_1=2\times 1$

$a_3=2^2\times a_2=2^2\times 2\times 1$

$a_4=2^3\times a_3=2^3\times 2^2\times 2\times 1$

$\qquad \vdots$

$\therefore a_{10}=2^9\times a_9$

$\qquad =2^9\times 2^8\times \cdots \times 2\times 1$

$\qquad =2^{1+2+\cdots+9}$

$\qquad =2^{\frac{9\times 10}{2}}=2^{45}$ 🔲 ①

06

$a_{n+1}=2a_n+2$의 n에 1, 2, 3, $\cdots$, $n-1$을 차례로 대입하면

$a_2=2a_1+2=2\times 3+2$

$a_3=2a_2+2=2(2\times 3+2)+2$

$\quad =2^2\times 3+2^2+2$

$a_4=2a_3+2=2(2^2\times 3+2^2+2)+2$

$\quad =2^3\times 3+2^3+2^2+2$

$\qquad \vdots$

$\therefore a_n=2a_{n-1}+2$

$\qquad =2^{n-1}\times 3+2^{n-1}+2^{n-2}+\cdots+2$

$\qquad =2^{n-1}\times 3+\dfrac{2(2^{n-1}-1)}{2-1}$

$\qquad =3\times 2^{n-1}+2\times 2^{n-1}-2=5\times 2^{n-1}-2$

$a_n>998$에서 $5\times 2^{n-1}-2>998$

$5\times 2^{n-1}>1000$, $2^{n-1}>200$

$2^7=128$, $2^8=256$이므로 $n-1\geq 8 \qquad \therefore n\geq 9$

따라서 처음으로 998보다 커지는 항은 제 9 항이다.

🔲 제 9 항

07

$a_{n+2}-a_{n+1}+a_n=0$, 즉 $a_{n+2}=a_{n+1}-a_n$의 n에 1, 2, 3, $\cdots$을 차례로 대입하면

$a_3=a_2-a_1=4-1=3$

$a_4=a_3-a_2=3-4=-1$

$a_5=a_4-a_3=-1-3=-4$

$a_6=a_5-a_4=-4-(-1)=-3$

$a_7=a_6-a_5=-3-(-4)=1$

$a_8=a_7-a_6=1-(-3)=4$

$a_9=a_8-a_7=4-1=3$

$a_{10}=a_9-a_8=3-4=-1$

$a_{11}=a_{10}-a_9=-1-3=-4$

$a_{12}=a_{11}-a_{10}=-4-(-1)=-3$

$\qquad \vdots$

즉, 수열 $\{a_n\}$은 1, 4, 3, -1, -4, -3이 이 순서대로 반복된다.

이때 $50=6\times 8+2$이므로

$a_{50}=a_2=4$ 🔲 ⑤

08

$a_{n+1}=(n+1)a_n$의 n에 1, 2, 3, $\cdots$, $n-1$을 차례로 대입하면

$a_2=2\times a_1$

$a_3=3\times a_2=3\times 2\times a_1$

$a_4=4\times a_3=4\times 3\times 2\times a_1$

$\qquad \vdots$

$\therefore a_n=n\times a_{n-1}$

$\qquad =a_1\times 2\times 3\times 4\times \cdots \times n$

$\qquad =2\times(1\times 2\times 3\times \cdots \times n)$

$\qquad =2n! \ (n\geq 2)$

이때 $5!=5\times4\times3\times2\times1$에서 $5!$, $6!$, $7!$, $\cdots$은 모두 10으로 누어 떨어지므로 a_5 이후의 항은 모두 10으로 나누었을 때의 나머지가 0이 된다.

즉, $a_1+a_2+a_3+\cdots+a_{10}$을 10으로 나누었을 때의 나머지는 $a_1+a_2+a_3+a_4$를 10으로 나누었을 때의 나머지와 같다.

이때
$$a_1+a_2+a_3+a_4=2+2\times2!+2\times3!+2\times4!$$
$$=2+4+12+48=66$$

이므로 구하는 나머지는 6이다.   답 6

09

n회 시행 후 농도가 $a_n\,\%$인 소금물 100 g에서 소금물 20 g을 덜어 내고 남은 80 g에 들어 있는 소금의 양은

$$\frac{a_n}{100}\times80=\frac{4}{5}a_n(\text{g})$$

또한, 농도가 10 %인 소금물 20 g에 들어 있는 소금의 양은

$$\frac{10}{100}\times20=2(\text{g})$$

따라서 $(n+1)$회 시행 후 소금물 100 g의 농도 $a_{n+1}\,\%$는

$$a_{n+1}=\frac{\frac{4}{5}a_n+2}{100}\times100=\frac{4}{5}a_n+2$$

$\therefore p=\dfrac{4}{5}$, $q=2$ 답 $p=\dfrac{4}{5}$, $q=2$

참고 각 시행에서 소금물 20 g을 덜어 내고 물 20 g을 다시 넣으므로 소금물의 양은 100 g으로 일정하다.

10

[1단계]의 도형을 만드는 데 필요한 성냥개비의 개수는
$$a_1=3$$
[2단계]의 도형을 만드는 데 필요한 성냥개비의 개수는
$$a_2=a_1+3\times2$$
[3단계]의 도형을 만드는 데 필요한 성냥개비의 개수는
$$a_3=a_2+3\times3$$
$$\vdots$$

따라서 $[(n+1)$단계]의 도형을 만드는 데 필요한 성냥개비의 개수는

$$a_{n+1}=a_n+3(n+1) \ (n=1,\ 2,\ 3,\ \cdots)$$
답 $a_{n+1}=a_n+3(n+1) \ (n=1,\ 2,\ 3,\ \cdots)$

11

$S_{n+1}=2S_n$에서 수열 $\{S_n\}$은 첫째항이 $S_1=a_1=4$, 공비가 2인 등비수열이므로
$$S_n=4\times2^{n-1}=2^{n+1}$$
$\therefore a_7=S_7-S_6$
$$=2^8-2^7=2^7=128$$
    답 128

12

ㄱ. $p(1)$이 참이면 $p(3)$, $p(5)$, $p(7)$, $\cdots$이 모두 참이지만 $p(4)$가 참인지는 알 수 없다. (거짓)

ㄴ. $p(2)$가 참이면 $p(4)$, $p(6)$, $p(8)$, $\cdots$이 모두 참이다.
   즉, 모든 자연수 n에 대하여 $p(2n)$이 참이다. (참)

ㄷ. $p(1)$이 참이면 $p(3)$, $p(5)$, $p(7)$, $\cdots$이 모두 참이고, $p(2)$가 참이면 $p(4)$, $p(6)$, $p(8)$, $\cdots$이 모두 참이다.
   즉, 모든 자연수 n에 대하여 $p(n)$이 참이다. (참)

따라서 옳은 것은 ㄴ, ㄷ이다.   답 ⑤

13

(i) $n=1$일 때,
$$(\text{좌변})=\frac{1}{2}, \ (\text{우변})=2-\frac{1+2}{2}=\frac{1}{2}$$
이므로 ㉠이 성립한다.

(ii) $n=k$일 때 ㉠이 성립한다고 가정하면
$$\frac{1}{2}+\frac{2}{4}+\frac{3}{8}+\cdots+\frac{k}{2^k}=2-\frac{k+2}{2^k}$$

위의 등식의 양변에 $\boxed{\dfrac{k+1}{2^{k+1}}}$을 더하면

$$\frac{1}{2}+\frac{2}{4}+\frac{3}{8}+\cdots+\frac{k}{2^k}+\boxed{\frac{k+1}{2^{k+1}}}$$

$$=2-\frac{k+2}{2^k}+\boxed{\frac{k+1}{2^{k+1}}}=2-\frac{2k+4}{2^{k+1}}+\frac{k+1}{2^{k+1}}$$

$$=2-\boxed{\frac{k+3}{2^{k+1}}}=2-\frac{(k+1)+2}{2^{k+1}}$$

따라서 $n=k+1$일 때도 ㉠이 성립한다.

(i), (ii)에서 모든 자연수 n에 대하여 ㉠이 성립한다.

이때 $f(k)=\dfrac{k+1}{2^{k+1}}$, $g(k)=\dfrac{k+3}{2^{k+1}}$이므로

$$\frac{f(1)}{g(1)}=\frac{\frac{2}{2^2}}{\frac{4}{2^2}}=\frac{1}{2}$$
    답 $\dfrac{1}{2}$

14

(i) $n=5$일 때, $(\text{좌변})=2^5=32$, $(\text{우변})=5^2=25$
이므로 주어진 부등식이 성립한다.

(ii) $n=k \ (k\geq5)$일 때 주어진 부등식이 성립한다고 가정하면
$$2^k>k^2$$
위의 부등식의 양변에 2를 곱하면
$$2^k\times2>k^2\times2, \ \text{즉} \ 2^{k+1}>2k^2$$
그런데 $k\geq5$일 때
$$2k^2-(k+1)^2=k^2-2k-1=(k-1)^2-2>0$$
이므로 $2k^2>(k+1)^2$
$$\therefore 2^{k+1}>(k+1)^2$$
따라서 $n=k+1$일 때도 주어진 부등식이 성립한다.

(i), (ii)에서 $n\geq5$인 모든 자연수 n에 대하여 주어진 부등식이 성립한다.   답 풀이 참조

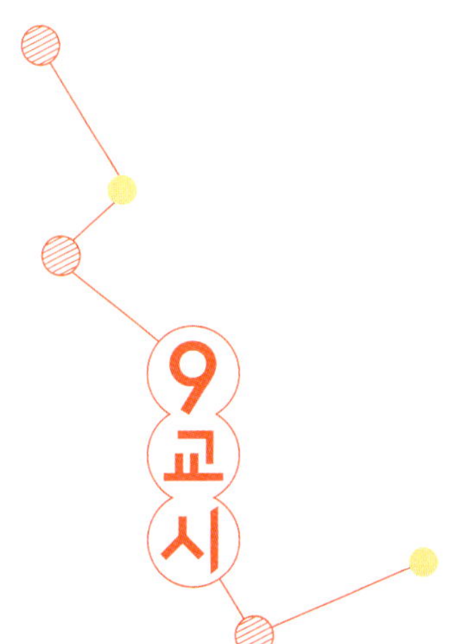

9
교
시

개념원리로 공부할 때
www.imath.tv

49만 회원이 인정한
[신뢰의 인강]

개념-유형-고난도
[난이도별 강좌 라인업]

1타 강사의 쉽고 간결한 설명
[자습 최적화 인강]

| 개념원리 인강 | Q |